戰鼓擂

良雞叫

謹
獻送
仙去的
師長和老朋友們

下旗歸山　休戰息勞

王紘久、王曉波、丘宏達、白先敬、印鐵林
朱雲漢、余光中、李　怡、李　敖、李永平
李維新、李登輝、李雅明、林正弘、林孝信
范允富、韋政通、孫淡寧、徐復觀、殷海光
祝偉中、高信疆、尉天驄、習賢德、陳少廷
陳立家、陳映真、陳毓祥、陸　鏗、黃文放
黃信介、黃石城、黃光國、楊國樞、葉日崧
劉廸強、戴　天、簡永松、顏元叔、蘇慶黎

新大學網站
https://www.theintellectual.net/
https://www.youtube.com/@user-ku9fu61n2m/videos

目　錄

序（一）

受苦、離散與新生

楊雨亭

　　《新大學》總編輯何步正兄要我為其《文集》寫一篇序言，由於 2017 年 11 月 12 日創刊的《新大學政論網站》（《新大學》），在理念上是接續民國 57 年（1968）年元月創刊的《大學雜誌》，因此我需要花一點篇幅介紹 55 年前《大學雜誌》的發展以及所帶來的影響。

　　從今天的眼光來看，當年《大學雜誌》相當多文章的品質都是相當優秀的，可以說繼《自由中國》、《文星》以後，一直到 1980 年代末期，是台灣最好的論政與文化雜誌之一，而其中有相當複雜的過程。自民國 60 年（1971）1 月起，《大學雜誌》改組，國民黨中央黨部接辦，沒有經濟壓力，卻仍對當時的時政批評火力四開，令人矚目。如果，當年國民黨黨中央雖然不見得能夠將《大學雜誌》當做機關刊物之一，但是視為一份黨內外的意見溝通橋梁（以今天的話，叫做黨與社會的溝通平台），則國民黨、黨外、民進黨、台灣、中華民國的命運將大不相同；還可以說，之後的兩岸關係、中國共產黨、中國的發展也會受到影響；再引申下去，日後美國、日本的中國、台灣政策也會不同。由此可見媒體的重要性，不論一個國家的政治體制為何，媒體的影響力都非常的大，執政者對於媒體既愛且恨，媒體工作者的壓力與風險很高。在威權與極權國家中，媒體受到的管束很大，從而也形塑與同質化著統治者與被統治者的思維與心靈。筆者認為自由主義的基本理念在每一個社會中非常重要，強調個人身體與財產安全與自由表達權利的保障，不被集體化所壓抑與威脅，欲達到這一點，基本上必須允許媒體有一定程度的自主與多

元化。

　　1968 至 1988 年的 20 年，台灣的政治、經濟與社會經歷不斷且急遽的變動，而這正好是《大學雜誌》的發展時期，因此，研究《大學雜誌》所經歷的過程具有相當的意義。從 1971 年起《大學雜誌》有兩年多的「言論假期」，我們應檢驗其中過程以及實質上達到了什麼效果？而之後《大學雜誌》的走向，亦值得注意。

　　中央研究院期刊《台灣社會學》2006 年 12 月第 12 期，其中湯志傑教授文章〈重探台灣的政體轉型：如何看待 1970 年代國民黨政權的「正當化」〉清楚勾勒當年的情形，說：「1969 年 6 月，就在釣魚台事件前不久，蔣經國接任行政院副院長。雖然蔣介石已為蔣經國鋪好接班之路，但蔣經國畢竟需要創造出一個新的、自己的『權力基礎』。這是『本土化』政策的背景，也是蔣經國默許《大學》集團倡論國政的緣由。釣魚台事件爆發後，他刻意與《大學》的成員維持良好的互動，並在 1971 到 1973 年間多次與學生、年輕知識份子和工商業代表會談。在學生運動還沒有在台灣出現前，《大學》在蔣暗示性的鼓勵下於 1971 年 1 月改組，以涵括更多的成員。…在蔣經國默許支持的基礎上，《大學》才敢於提出批判性的建議，並倡議各式各樣的改革。表面上這些言論使得整個政府都遭到壓力，實際上卻幫助蔣經國對抗保守的老一代，進行權力繼承，塑造出必須建立新的領導，以滿足年輕世代改革願望的呼聲。…『革新保台』之所以能成為國民黨政權與呼籲改革者共同接受的理念，正在於改革意謂著走出反攻大陸與法統的政治神話，正視當下的現實，在承認台灣才是當下的本土、現實上中國的基礎上，力求改革，才能真正保有這僅存的『自由的中國』，維繫住政權。在中國民族主義結合關懷本土現實的大潮流下，人們可以各取所需地把現實或本土理解成中國架構下的台灣，或只指台灣而不及於中國，並共同在保護台灣這個前提下團結起來。…不過，蔣經國固然能在背後巧妙地運用《大學雜誌》的力量，壓迫老一輩保守勢力交出權力，但知識份子終究有自己的自主性，即便是蔣經國也無法完全控制這個一部份是自發、一部份由他促成的知識份子團體的發展。」

　　我們考察張俊宏在民國 66 年（1977）出版的《我的沉思與奮鬥》，其中

回顧：「從六十年底到六十一年中，就可以感覺到氣氛已在轉變，這是山雨欲來風滿樓的時候了。智者與權者無法再圓滿相處的原因，第一，退出聯合國後，經過一段時間的緩衝，國人的情緒已漸平靜，國際的地位也漸穩固。第二，國民黨內部權力轉型完成，新內閣順利接棒，在內外情勢逐漸恢復景氣、領導權力恢復一元化的情況下，智者就不再有太大的生存空間。…這段期間，黨部開了幾次會，討論開除我的黨籍，最低限度要我離開大學雜誌，這是陳裕清主任告訴我的。…在這個時候，外省朋友們真正關心的可能是雜誌辦好之後，法律上的所有權卻在本省人手中。事實上，由楊國樞擔任總編輯時期，是這一代本省與外省青年共同合作的完美典範，和諧克服了早一代所存在地域觀念的差距。大學雜誌象徵著本省與外省知識青年的結合，只有本省人與外省人好好地攜手合作，彼此練習平等無壟斷的合作，台灣才有前途，社會也才能和諧。…隨後執政黨對青年運動的態度改變，大學雜誌內部這種暗存的差異終於成為難以彌合的裂縫。…國樞兄決定離去，對我而言是極為痛苦的。」

湯志傑的文章與張俊宏的著作前後相差近 30 年，其中的說法相當一致。蔣經國出任行政院副院長之際，海外留學生抗議美國將釣魚台交給日本，引發野火般的保釣運動，接著中華民國退出聯合國，重力衝擊台灣社會。依張俊宏與湯志傑的說法，蔣經國係透過國民黨中央黨部（筆者認為主要聯繫人應為四組主任陳裕清）「收編」《大學雜誌》，逐步發表革新文章，帶動興論，塑造國民黨革新形象，緩衝對國民黨政府的信心壓力。此事是否事實？湯志傑曾經參考張俊宏的著作，不能說沒有可能受到張俊宏的影響，然張俊宏並沒有明白說出蔣經國的角色，此事屬實機會不小。當年張俊宏、許信良皆 30 歲左右本省籍黨部幹事，屬基層人員，若無最上層授意，《大學雜誌》絕無可能主動發表支持保釣運動、更新國會、國是諍言等如此負載強大政治能量的文章，而之後開展幾次的「台灣生產力的分析」座談會中參與討論者的地位，也不可能是張俊宏等人所能夠召集的。從這個角度看，蔣經國在 1970 年開始實際負責政治權力時，同時介入與掌握國民黨中央黨部的運作，且做為《大學雜誌》背後的「影舞者」，主動出擊，見招拆招，唯一能夠賦予他如

此權力（empowerment）的，只有當時的中華民國總統暨國民黨總裁蔣介石。

　　整個 1970 年代，中華民國和台灣處於國際與國內激流的衝盪。以《大學雜誌》為主的改革派，三年之後分裂為五種力量，第一種，參加民國 1971 年 12 月開始「台灣生產力的分析」系列座談會的黨內新生派，這些人受到蔣經國注意，在政壇上的發展最好，包括李登輝、孫震、梁國樹、王作榮等；第二種，實際參與《大學雜誌》工作，對國民黨幕後利用《大學雜誌》而非進行實質性政治改革有深刻認識者，其中楊國樞離開《大學雜誌》，選擇學術路線，多年後與胡佛、張忠棟、李鴻禧、黃光國等組「澄社」，明顯對國民黨有疏離感；丘宏達終身未入國民黨，而仍然支持國民黨。楊、丘皆留美博士，國民黨上層人物子弟，時為本省青年張俊宏、許信良所寄望與依託合作，而此合作關係中斷，影響深遠；第三種，1973 年發生台大哲學系事件，曾參與《大學雜誌》的左翼外省青年王曉波（母親為共產黨員，在台被捕槍決）、陳鼓應等被迫邊緣化，港生何步正之前已返回香港，入《明報》工作；第四種，張俊宏、許信良走上反對國民黨路線，1979 底爆發美麗島事件，張俊宏坐牢、許信良逃亡美國；第五種，1974 年後，由陳少廷、陳達弘、謝正一等續辦《大學雜誌》，雖仍維持國民黨體制內改革路線，仍時有「越線」文章，《大學雜誌》似從未被查禁，是一個值得研究的議題（筆者近日赴國家檔案局查看關於《大學雜誌》解密資料，即看到當年有人檢舉陳少廷情形，日後將逐步整理發表之）。

　　1977 年爆發許信良中壢事件、1978 年初余登發案、1979 年底美麗島事件，《大學雜誌》皆以轉載方式報導，說明對國民黨的改革失望，但不主動評論。之後《大學雜誌》期間多次轉型，曾嘗試文學報導，《大學雜誌》十周年，民國 67 年（1978）1 月，改為革新版第一期，丘為君主編，從三十年代文學談到當年爭議性話題的台灣鄉土文學，由胡秋原領軍，陳映真、周玉山、鍾肇政、尉天聰、王拓等講述，這一期頗有創意，可能由於社會主義文學性質明顯而受到壓力，革新版未能延續。

　　次年，民國 68 年（1979）4 月《大學雜誌》124 期，這一期《大學雜誌》是創刊以來在內容上最好的一期之一，封面是電影明星夏玲玲。第一篇文章

為陶百川於 3 月 23 日為《大學雜誌》親自修訂的〈言論文字叛亂罪的構成要件〉，說「過去保防機關曾對匪諜嫌疑人先行逮捕，而後慢慢蒐集證據，因而造成冤獄」。當時正值「余登發匪諜案」軍法審理，陶百川應意有所指（關於余登發案，是冤案，過程極富戲劇性，余登發案導致美麗島事件，全案可拍電影。細節見龍城飛多年前發表於中國時報之《史話》專欄）。

這一期中有許南村的文章〈被壓抑、侮辱和虐待者的文學〉，敘述台灣在日本殖民地時期，被殖民者受到長期壓抑和傷害的惡性影響。一般讀者或許不了解許南村即為陳映真（1937－2016），而當時的有關單位則是清楚的，執政黨是否會感到這篇文章有影射之意，也不是不可能。陳映真在民國 57 年（1968 年，即《大學雜誌》創刊的一年）因組織讀書會閱讀魯迅與馬克思著作遭判刑十年，1975 年出獄，1979 年又遭警總與調查局逮捕，由白先勇、鄭愁予、陳鼓應等聯名抗議而釋放。1980 年代，徐復觀曾公開讚揚陳映真是「海峽兩岸第一人」。有一天，我在胡秋原（即保釣大將胡卜凱父親，胡卜凱亦為《大學雜誌》早期作者，他的姊姊胡蜀石是我在矽谷工作時同事，因此我熟識胡家兩代，我亦開始長期為《中華雜誌》撰稿）家中遇見陳映真，特別向他請教所謂「海峽兩岸第一人」究是何意？陳映真靦腆謙虛地說徐復

陳映真

觀先生太誇讚他了，到今天我還沒有了解徐復觀的意思。不過，後來中國大陸經濟發展活絡，陳映真批評中共違反馬克思主義，陳映真又被譽為「中國最後一個馬克思主義者」。陳映真晚年身體衰弱，求見者絡繹不絕，中共將他保護起來，在人民大學教書，外人難以接觸。

本期刊出〈鄧克保為什麼要寫「異域」續集〉，鄧克保就是本名郭衣洞的柏楊（1920－2008），民國 57 年（1968 年，即《大學雜誌》創刊的一年）3 月 7 日，柏楊 49 歲，因大力水手漫畫被認為影射蔣氏父子在一島上「稱孤道寡」而遭警總軍法局以「共產黨間諜」、「打擊國家領導中心」罪名，判

刑十二年，關於綠島，九年後出獄。此文雖說鄧克保泰北孤軍事，實是講述柏楊突遭逮捕、坐牢與毀家之心路歷程。

本期還刊出〈228與延安〉，詳述中共對台工作，其中四要項「武裝鬥爭、和平統戰、外交孤立、滲透顛覆」，看來今天仍然適用。關於「保釣」，說到李我焱：「在台大與共諜搞讀書會，入獄二年，出國進修後卻聯絡共諜，對留學生做統戰工作」，李我焱確實左傾，1971年9月保釣運動時組團赴中國大陸訪問，並受周恩來接待，然所謂「共諜」事有待查證。這篇文章立場雖右，但是羅列許多外界不明資料，並不是簡單的摘要。

124期碰觸國民黨的神經系統，形同黨外雜誌，看出《大學雜誌》當時主要負責人陳少廷、陳達弘、謝正一等對國民黨深為不滿。後來2000年陳少廷與柏楊同時出任陳水扁總統的國策顧問。

戰後台灣因為政治過度清洗，一直缺乏合法存在與公開交流的左翼思想群體與文藝刊物，其結果就是整個社會往右翼政治與資本主義傾斜，民主化以後的台灣政黨輪替，無法產生明確的政策分別，只能在族群與統獨話題上打轉，加上地方政治、經濟問題積重難返，且國民黨、民進黨皆一意親美，缺乏主體性與方向性，日益演變為孫隆基所描述的「有選舉無民主」的庸俗政治。同樣地，1949年後，中共在大陸上的政治過度清洗，造成整個社會往極左政治與平等式社會主義傾斜，對於資本主義經濟與自由主義思想產生抗體，鄧小平說「我們要防右，也要防左，主要是防左」，就是這個道理。然而共產黨本質就是左，大陸幹部、知識份子與一般人民在共產黨關門教育、鬥爭、宣傳七十多年，也都產生了「左旋基因」，凡事寧左勿右，鬥爭性強，未來中國要穩定地往中間路線的平衡桿上行走，還需要相當長的一段時間。

《大學雜誌》斷斷續續辦到1987年9月停刊。整體而言，20年來《大學雜誌》的歷程相當戲劇性，完整見證了一個時代的演變。當年先後參與《大學雜誌》與保釣運動的年輕人們，如同慢慢揮舞翅膀的小蝴蝶，逐漸地影響了時代的發展，是一次典型的「蝴蝶效應」。

關於釣魚台事件與保釣運動，一般很少知悉蔣經國的態度。當時國民黨政府上層包括張群等多不願因釣魚台的歸屬問題與日美衝突，但是年輕人普

遍忍無可忍，國民黨方面實需表示意見。王曉波在 2011 年參加「全球華人保釣運動四十周年」上回憶：「民國 59 年（1970）9 月我（王曉波）和王順寫《保衛釣魚台》，投稿《大學雜誌》遭拒，轉投《中華雜誌》，11 月號刊出，胡卜凱於 11 月 17 日在普林斯頓的《科學月刊》編輯小組上提出討論，並轉告在芝加哥的《科學月刊》創刊人林孝信，而發起美國台灣留學生的保釣運動。」胡卜凱昨天（2023 年 9 月 15 日）還傳給我看他寫的回憶文章，如果當年《大學雜誌》刊登了王曉波寫的《保衛釣魚台》，胡卜凱看不到《大學雜誌》，也就看不到《保衛釣魚台》文章。而《中華雜誌》是胡卜凱父親胡秋原辦的，胡秋原把當期《中華雜誌》寄給在賓州費城 Temple University 讀書的胡卜凱，胡卜凱和當時的留美學生受到王曉波文章中引用五四口號的激動：「中國的土地可以征服，不可以斷送！」這樣「陰錯陽差」地點燃了海外的保釣運動。（至於只有六平方公里大的釣魚台列嶼是誰的領土？50 年來，中台日三方爭之不休，美國則輕鬆坐壁上觀。）

民國 60 年（1971）5 月第 41 期《大學雜誌》，原來封面內頁刊出以台大校園為背景的兩幅大字「日本無理」、「美國荒謬」，出版前被審稿刪除（何步正提供照片，當時之社長陳少廷，副社長何步正、張俊宏，總編輯楊國樞，總經理陳達弘，社委包括陳鼓應、孫震、金神保等）。然兩個月後，7 月，第 42 期《大學雜誌》卻刊出社論〈嚴厲警告美日政府侵略釣魚台聲明〉，其中說：「試問美國擅自將琉球群島『歸還』日本之前，曾經詢問過當地人民的願望嗎？因此，我們認為，琉球群島的法律地位根本未定。」這篇社論措辭強硬，直指美國政府，符合蔣經國的個性（14 年前，1957 年「劉自然事件」，台北爆發大規模反美情事，美國情報單位判斷幕後即為蔣經國所指引）。此篇社論對於琉球群島地位未定的說法，遠勝釣魚台列嶼歸屬範圍（近年來中共方面開始挑戰美國將琉球主權轉至日本的法理性）。日後很少研究者注意到當時《大學雜誌》發出此社論應即代表蔣經國與國民黨黨中央的態度。當年國民黨親美，骨子裡是中國民族主義，近年來民進黨親美，則是台灣民族主義，二者皆現實主義，然立場不同。

當年，海外參與保釣運動的年輕人之間也發生了劇烈的分化，相當一部

分人轉入左傾。1971 年 9 月五位台灣留學生組成「保釣第一團」訪問大陸，成員有王正方、李我焱、陳智利、陳恆次、王春生。2005 年 7 月 11 日，王正方在《亞洲周刊》（總編輯邱立本，早年赴台港生，曾與何步正參與《大學雜誌》編輯工作）上刊載〈周恩來與台灣保釣領袖深宵密談〉，說「1971 年 11 月 23 日，在中國大陸近兩個月的訪問接近尾聲，晚上九點多鐘，周恩來總理在人民大會堂新疆廳接見我們，二十多位官員陪同，從晚上九點多談至凌晨四點，中間吃餛飩夜宵，期間避談林彪事。」「保釣第一團」訪陸時，適逢林彪一家於 9 月 13 日駕機逃亡，被飛彈擊落於蒙古。周恩來與這些台灣留學生談了六個小時，談了哪些事，我很好奇，希望日後有機會了解。後來保釣運動中有些台灣留學生回大陸服務，正逢文革，無法施展抱負，相繼回到美國。其中少數進入聯合國秘書處擔任翻譯工作，以劉大任、殷惠敏、龔忠武等相當知名，此事是否有中共方面協助，傳說多年，未見當事人表示意見。劉大任、殷惠敏文章常在李怡之《七十年代》、《九十年代》刊出。劉大任寫《杜鵑啼血》，其中描述文革初期，廣西地區出現活吃階級敵人心肝情形，我的朋友《反修樓》作者梁冬、《國家 vs 農民》作者王力堅皆證實此事，據聞中共方面很不諒解劉大任，此與陳若曦離開大陸後寫《尹縣長》，同出一轍，中共方面的意思是「我們對陳若曦很好呀！她為什麼要講這些事？」因對黨和國家形象不好。劉大任在 1971 年 1 月 29 日在美國三藩市華埠舉行示威遊行時擔任北加州保衛釣魚台聯盟發言人，當日遊行中有「七億人民一條心，全力保衛釣魚台」等向左轉的標語。之後一些保釣運動左傾留學生上了國民黨的黑名單，長期無法返台。

此處，需要說一說當年一些台灣留學生左傾的情形。龔忠武當時明確轉向中華人民共和國，也就是認同中共政權統治下的中華人民共和國唯一代表中國。1971 年 10 月 25 日，中華民國退出聯合國，六天以後，11 月 1 日，龔忠武在其主編之《群報》上發表社論〈世界的新紀元——祝賀中國恢復聯合國的合法席位和權利〉，如此說：「繼乒乓外交，尼克松總統宣布將訪問北京後，十月二十五日這一天中國又第三度成為今年轟動世界的頭條大新聞。這天的深夜，聯合國大會以壓倒性的票數（七十六對三十五票，十七票棄權）

通過了阿爾巴尼亞的提案，驅逐蔣介石政權，恢復中華人民共和國在聯合國及一切附屬機構中的合法權益。從今天起，全世界正式承認在這個地球上只有一個中國，只有一個能代表全體八億中國人的政府，它就是中華人民共和國，而不是那個中華民國的傀儡買辦政權。…在聯合國的輝煌勝利中，我們必須清醒地保持高度警覺，並認清國家的下一個目標：就是把美日勢力從祖國的領土台灣驅逐出去，徹底打倒蔣介石政權，最後完成中國統一的歷史任務。」（《春雷之後》，台北：人間出版社，2006 年，頁 426－430）龔忠武當時對中共的文化大革命狀況一無所知，卻在極短時間內完全認同中共，並要「徹底打倒蔣介石政權」，其心境轉變值得了解。

1971 年 9 月五位台灣留學生組成「保釣第一團」訪問大陸的陳恆次，在 1971 年底《燎原》第三期上刊出《我的見解和報告》，其中說：「一旦革命時機成熟，台灣人民將踏著抗日先烈及二二八革命先烈的血跡，再度起義抗暴，推翻蔣政權。…為了實地了解中國政府對台政策，我最近到大陸旅行參觀與研究兩個月，並與中國中共政府的幹部（包括周恩來總理）多次交談。我看到大陸人民生活樸素，社會風氣純樸、工作努力、工農建設進步迅速。其生活水平與台灣比較起來，大陸工人的工資收入、政治地位、福利及子女教育機會都比台灣工人所得好出甚多。至於農人，華南農村的自然條件與台灣農村相似，因此兩地的生活水平看來很接近。…因蔣幫的苛捐雜稅，造成今日台灣農家很多舉債度日。至於大陸上的知識份子，工作收入一般皆比工人農人來得高，尤以大學教師薪水更高。…台灣前途的開創，重擔就落在我們這代台灣青年的肩上，我們應比外省青年更積極去了解大陸實況。周恩來總理表示希望多聽台灣留學生對於台灣重歸中國後如何處理台灣各方面問題之意見。」（《春雷聲聲》，台北：人間出版社，頁 290－293，2001 年。）

這次我如果不是為了新大學文集寫序，遍讀當時相關材料，不會閱讀到當年左傾台灣留學生的發言。當年國民黨不讓反對意見自由表達，甚至到處查禁、逮捕、判刑，這樣和共產黨有何區別？如此國民黨要怎麼反共？三民主義統一中國？像龔忠武、陳恆次這樣的文字當時就應該原汁原味一字不改地在台灣媒體刊出，讓老百姓自己判斷是非曲直。這個原則對中共與大陸社

會一樣適用，不同意見必須保障其自由表達的權利。

　　保釣運動中另一部分海外留學生組成反共愛國聯盟（愛盟），堅決支持中華民國與國民黨，其中許多回台服務，國民黨納入黨政體系，表現優異，是這個時代中最大的受益者，包括劉志同、劉源俊、焦仁和、簡漢生、胡志強、張京育、李慶平等，其中一些成員在李登輝執政後分裂出新黨，以趙少康、郁慕明為代表。

　　另外，1970 年代的海外，台灣獨立的聲浪開始升高，和台灣退出聯合國與保釣運動有直接間接的關係，林孝信指出，當時保釣運動中主要的領導人多為外省第二代，在台上慷慨激昂，讓原本即感屈就的許多本省第二代開始認識到他們和中國的距離，也不願再接受外省青年的領導，而如何保台，也產生了不同意見。值得注意的是，保釣運動醞釀期間，1970 年 1 月 1 日，台灣獨立建國聯盟成立於紐約。4 月，行政院副院長蔣經國訪美，4 月 24 日，在紐約市廣場飯店門口，蔣經國遭台灣留美學生黃文雄槍擊未遂。以上，省籍因素扮演了一定的影響力。

近年來，我提出一個主張，中國經歷百年多來的重大變化，歷史逐步釋出了原貌，許多事的來龍去脈漸有了大致的眉目，對未來的方向已有基礎可以判斷與抉擇。由此，我們應學習對於所有的政黨與族群儘量保持中性與等距，不要過於偏向某個政黨與族群，也不要過於反對某個政黨與族群。具體來說，就是對國民黨、共產黨、民進黨、大陸人、香港人、外省人、本省人、統派、獨派、美國、日本等不要有先入為主的觀念，認為對方是「好人」或「壞人」，而應持續地以善意對待、聆聽對方。對此，一位大陸年輕歷史博士朋友（共產黨員）首先反應說「這太難了」，而他同意我說的，我們都積累了太多的成見與偏見，大家長期生活在不同的同溫層政治環境與媒體中，幾乎辨識不出自身與他人狀態中的差異中是否有道德上的色盲，也不可能主動去善待不同立場與意見的人們。但是我認為，人和動植物不同，動植物的演化需要非常長的時間，而一個人的反思與改變是可能的，就在我們的心靈中與態度上嘗試表現出對他人的同理心與真誠的關切。

《新大學》今後如何定位？如何嘗試逐漸超然於中國大陸、兩岸與台灣島內

的藍紅綠鬥爭而指出未來中國與世界一個可能的良性方向？是我的期待。

談了「公事」，談談「私事」。

《新大學》總編何步正是廣東人，也是香港人，不過，他在紅旗下只待了五年，幼年曾見家鄉解放後中共進城之秧歌舞（扭秧歌為中共在陝北發展出的民俗藝術，文革期間出現效忠毛主席之「忠字舞」和此應有關聯）。1950 年代初中共對於邊境還沒有管得那麼緊時，少年何步正一個人徒步從珠海進入澳門。那時，他七歲，是我們這個大時代裡一個年齡最小的「單獨逃難者」。何步正的父親是地主，解放後，成份不好，何步正的母親和家人在香港。於是，何步正的父親就要何步正在某一天邊境開放的時刻，跟著人群走，海關的檢查入員以為何步正是某人的小孩，沒有查驗，於是何步正就這樣過關了，他的母親在前面等著他。此後，何步正的父親一生沒有離開大陸。這光景，一個小男孩，脫開父親的手，單獨地走在人群裡，跨過了時代的分界線，接上了母親的手，回首遙望猶在瞻望著的父親，從一個世界到另一個世界，從此是永遠的隔絕嗎？何步正告訴我他的童年經驗，令我常感扎心，因為我母親留下三個兒子，也就是我的哥

（左圖）媽媽與二哥、三哥，時間約在 1949 年，地點在江蘇六合

（右圖）大哥，時間約在 1948 年，地點在江蘇六合

哥們，在江蘇長江北方的一個鎮上，說好不久爸爸媽媽就從台灣回來接他們，而那卻是永世的隔絕，其中三個兒子中的老二，也就是我二哥，大約是何步正的年齡，之後他們分別在大躍進中淹死、餓死，我的母親在她過世前從來不知道、也不相信。

我認識何步正是由美麗島事件中的「叛亂份子」、

民進黨前代理主席、秘書長張俊宏的介紹。張俊宏會和我結識，是由於他看到我 2008 年出版的前半生回憶錄《上校的兒子》。張俊宏好奇台灣還有這樣的一個外省人，一方面，我和其他多數外省人一樣，終其一生活在國民黨編織的夢境裡，另一方面，我居然在嘗試反思自己與群體今後如何免於集體淘汰的命運。張俊宏告訴我，外省第二代在素質上雖然普遍優秀，但是整個時空環境和過去完全不同，這些人在台灣民主化後大多數沒有舞台，他們缺乏上一代的視野、歷練與主動，卻都還在習慣性地等待著「上面」給他機會。而事實上，「上面」已經換成了李登輝和民進黨，就像母鳥餵小鳥，多數外省第二代如同巢中的小鳥不再被餵食，40 年來逐漸地瘦弱、枯萎，內心中充滿了不滿、浮躁與憤怒。張俊宏以大鵬鳥的例子說明外省第二代的處境，外省第一代在大陸見過遼闊的中國與經歷不斷的戰亂。他們在大陸失敗，就像鵬鳥群遭遇颶風，被打落到海外的一個島上，外省第二代就生長在這個島上，卻活在石頭的縫隙裡，翅膀退化，不會飛了，再也不能上天萬里，只能以海蟑螂為生。後來我把這個寓言告訴一位上海復旦留美的馮姓朋友，他馬上查 Google，居然找到了在南太平洋的一個島上確實有這樣的鳥。從此，我常在夢魘裡化身為海島上石頭縫隙裡一隻看起來雄偉的鳥，卻不能飛也不能游，望著遼闊的大海，永遠地回不去最初的原鄉。十幾年來，張俊宏對我們族群的描繪經常激勵著我，要非常地警覺自身的宿命，嘗試努力走出一條不同而有希望的路子。有張俊宏這位「活化石」朋友，對我閱讀黨外、民進黨以及李登輝擔任總統初期的歷史很有幫助。張俊宏安排我訪問許信良以及宋楚瑜，保留下兩份珍貴的口述歷史。之後，何步正認真經營《新大學》，收入了許多重要的文章。

　　何步正幼年傳奇地離開中國大陸，因此他的少年經驗和在大躍進、文革中逃離中國的港人不同，他在台灣的經歷，也使得他和其他許多香港人不同。可以說何步正是我們時代中相當獨特的一個人，和中國、香港、台灣、共產黨、國民黨以及民進黨之間的關係與距離，使他內心裡集結了許多矛盾與衝突的因素。他在這本文集中收入我在《上校的兒子》裡的〈坐牢爸爸與他的家人〉，文章回憶我少年時期，對大陸來台一個受難外省家庭的描

述，那個家庭的父親由於牽涉到政治問題而被關押，在50、60年代，會被以軍法重判甚至處決。由那個家庭的母親奔走與照顧孩子的艱難處境，我認為何步正聯想到他在香港的母親與留在大陸的父親。何步正的父親以及我留在大陸的親人，1949年代後所經歷的，是近代許許多多中國人、台灣人的「受苦（Suffering）」，而離開中國、台灣的人們則經歷著長期的「離散（Diaspora）」。這一對語詞：「受苦」與「離散」，在我們的一生中，像幽靈一般地糾纏著，既去不掉，也不忍捨去，幾乎是無時無刻地啃蝕著我們的心靈。

結束這篇冗長的序言前，我想談談張光直（1931－2001）。經歷1949

張光直

年「四六事件」的張光直，他的哥哥是共產黨員，留在大陸，他的老師、同學中許多左傾，張光直被警總逮捕時是人犯（多數是台大、師大學生）中最年輕的，建國中學才要畢業，18歲。他在不同的牢房中整整待了一年，查不出他有從事共產黨工作的證據，張光直的父親張我軍託友人楊肇嘉向警備總部副總司令彭孟緝說項，才終於釋放了張光直。在牢裡，張光直和人犯們天天唱「紅歌」，其中有「安息罷，死難的同胞，別再為祖國擔憂；你流的血照亮著路，我們會繼續前走。」可見當年左傾學生們的理想主義與堅定意志。後來，關進來了一批軍人，其中一位高大的漢子問張光直們犯了什麼罪，他們回答「匪嫌」，對方聽不懂，他們再解釋是「有共產黨的嫌疑」，這個解釋引起那些軍人們大笑起來，高大漢子大聲回答：「我們都是共產黨！」原來是正牌（台灣話叫正港）的共產黨來了，高大漢子是團政委。有一天，所長走來，問這些人有何要求，他們說唯一的要求是見他們被捕受傷的團長，所長安排他們見面了，這些共產黨軍人見面後，不是苦苦哀求，準備後事，而是研究金門這一仗是怎麼打敗的？原來是天氣預告錯了，共軍在古寧頭登陸，遇到退潮，國軍正好在那裡有一輛坦克，兩挺五零機槍不停掃射，一個團千把個人就幾乎打光了。這些共軍俘虜後來如何處置，張光直沒有說明。待張光直出獄後，人生觀整個改變，他後來選

擇學習人類學，因為在大時代的激烈變動中，看到人與人之間產生了這麼多的對立、恐懼、仇恨、殘酷，而又在特定環境中表現出人性，於是他開始對人這樣的「物種」感到興趣。我閱讀張光直的回憶錄《蕃薯人的故事》，1946 年張光直一家從北平到台灣，他經歷二二八，又遭逮捕關押，後來去美國取得哈佛大學人類學博士，一生勤懇開朗，成就非凡，仍對中國情深不改，盼望不斷經歷劫難的中國能夠真正地復興。

張光直和哈佛研究生同學余英時（1931－2021）的政治觀點不同，但二人皆令我十分佩服。余英時在收入《四海為家》中悼念張光直的文章中說 1978 年 10 月間二人在中國大陸參訪漢代遺址，張光直告訴他：「如果能為人類、國家或民族做出一件大有貢獻的事，而自己炸得粉身碎骨，那才是最痛快不過的。」這番壯烈的話令余英時大為驚異，因此稱張光直是「一座沒有爆發的火山」。我認為張光直青少年時期受到身邊一些與眾不同的共產黨人的浸染很深，這些人改天換地的意志和熱情，遠超過當時的一般人。然 1949 年後中共在毛澤東的帶領下走向極左災難，造成整代共產黨人與中國民族的悲劇。從這一點看，余英時和他的老師錢穆的視野與抉擇相對是比較正確的。

我中年以後修讀歷史學，想搞清楚我們這個時代到底是怎麼一回事？等到我取得博士學位時，整個時代幾乎是走過去了，想見人也多離世了，我才開始感受到什麼是真正的寂寞。而再看山是山，水是水，漸覺悟到中國儒家道家思想經歷近三千年的風霜，其中盡人事，知天命的寧靜致遠，似方是生命可寄託之處。

2023 年 9 月 15 日，台灣台北天母陽明山麓

序（二）

台灣心、中華魂、世界夢—台灣如何走出困局

張文基

步正兄老驥伏櫪壯心不已，近年來致力於發揚早年創辦"大學雜誌"的精神，聯絡台、港及美歐各地志同道合之士，創建"新大學政論網站"，影響力與日俱增。今年他決定收集幾年來朋友們的代表性文章，編輯專書，希望在這個紛擾的世局和巨變的時代中，台海兩岸的和平、和解、盡書生之力。遵從他的要求，讓我寫序，分享我們這批台灣長大，住在美國幾十年的華人知識份子的感受和對世局的看法。

五十多年前大學雜誌創辦於台灣島內政治轉變的關鍵時刻，大學雜誌透過它的文章促進了台灣的本土化，美式民主化，也培養了許多後來影響臺灣政治的明星。相對於世界上其他許多地方，臺灣的政治轉型是相對和平、理性和成功的。然而，它成功背後的負面影響，幾十年後也是顯而易見的！由於台灣急於複製美式民主的表像，而忽略了美式民主的本質，它不可避免地複製了今天許多異化後的美式民主的缺陷：政治腐化、口號化、虛偽化，而直接結果就是社會貧富加劇，和年青人對未來喪失信心！

台灣本土化的另一個盲點就是非常愚蠢的、危害本身長遠利益的"去中國化"，雖然，這有它的特殊歷史因素和時代背景。台灣的獨特歷史和中國的近代史是不可分割的，它和大陸的分離是由於 1895 年甲午戰爭中國的失敗，1945 年它的回歸中國象徵著中國邁向全面復興的第一步，1949 後的再度與大陸分離，也是國共兩黨對於如何採取西方文明來復興中華的路線不同而產生的矛盾：國民黨選擇了美式的自由主義民主制度，共產黨選擇了蘇聯共產主義。1991 年蘇聯和東歐共產國家的解體，標示著史達林式共產主義的失敗，美國成為了世界唯一的超強，美式的"自由民主"價值觀成為了全世界，包括俄羅斯和中國，都擁抱的學習典範。

2023 年八月，郵輪上，中美論壇社友慶賀張紹遷 88 毫壽
後排右起：高志雲、范湘濤、印尼 Mozart，、印度 Domingo、張文基。
前排右起：王台順、何秀冰、何步正、張紹遷、王曉明、范美倫。

美國的新保守主義著名學者 福山，甚至在他 1992 年出版的廣為流傳的書，《歷史的終結和最後的人》中，預言自由民主可能構成人類意識形態進化的終點，並代表人類政府的最終形式。 在這種情勢下，台灣和大陸的留學生無可避免的迷信"美式民主"。

然而，中國共產黨的領導人卻始終頭腦清醒的在尋找一條適合中國國情的發展道路，除了重申"不忘為人民服務的初心"，更是堅持國防、金融和高科技領域的獨立安全性。 因此，它必然的成為主導美國政治的金融財團打擊的主要目標。 任何客觀理智的人都會質疑用"民主與威權的鬥爭"來詮釋美中矛盾的本質是正確的嗎？還是一個具有強烈欺騙性的宣傳口號，用來欺騙美國人民，及世界各地人民？

沒有人反對民主，但是把民主定義於美式民主，就是不客觀的，何況把定義民主的權力局限於西方國家，這本身就是不民主！

蘇聯解體後，美國有一個前所未有的機會來展示美式民主的優越性，但是他們失敗了，卅多年來，世界變得更不好、更動蕩、貧富更兩極分化，而美國本身也是如此！ 1991 年後，美國領導的西方國家集團在世界各地發動無休止的戰爭，造成數以百萬計的傷亡、幾千萬的難民流離失所、幾十個國家和社會的動蕩。 美國本身因為這些戰爭的額外軍費開支就超過 7 萬億美元，造成國內嚴重的通貨膨脹、巨大的貧富差異、失控的治安環境。 2023 年美國的聯邦赤字高達 1.4 萬億美元，這意味著聯邦政府可任意支出的 1.6 萬億美元預算中的 1.4 萬億是須要借的（2023 年美國聯邦政府的總預算是 5.8 萬億美元，但是許多是強制性的支出諸如退休人員的社會安全金。） 也就是美國須要借錢才能維繫包括國防、安全等各領域的正常運做，這就是世界首富，首強的國家？

有人驕傲的說美式民主好，因為如果當政者做不好就可以換人，換黨做做看！然而，如果換來換去都是一樣的糟，那就是制度的問題！最新蓋洛普的民意調查顯示僅有 10% 的美國人民對於美國民主的重要機制，美國國會，仍有信心！ 美式民主的失能才是美國的根本問題！

本書的海外作者們，許多人早年都參與保衛釣魚台運動，當時也有不同的

政治傾向，有支持台灣的，有同情大陸的，但是幾十年後，許多昔日的對手卻有一個相同的世界觀：不再迷信美國精英所宣傳的"美式民主"，認為世界須要更開放的、接受不同制度的和平競爭，彼此學習，才能撥亂反正帶來進步！

為什麼幾十年後我們會不約而同的有類似的結論？因為我們親眼目睹了美國的衰退！我們到美國的時候，美國正是接近巔峰，美國人民普遍有信心，因為自信就產生了濃厚的自由民主的氛圍，和理性的討論及面對不同的制度。然而，幾十年來卻每況愈下，為什麼？一個主要的原因是美元與黃金的脫鉤，和石油美元的建立，從此美國告別了實業建國的國策，走向靠舉債、靠金融炒作來製造無根的"財富"！

越來越多的美國人覺悟到美式民主走錯路了，希望改變！今年美國總統大選，民主黨出現了一個不一樣的候選人，小羅伯特·甘迺迪。根據六月十四日《經濟學人》和 YouGov 發佈的一項民意調查，顯示甘迺迪在所有現任 2024年總統候選人中擁有最高的好感度。 49% 的受訪者表示對他有正面的感受，而僅有 44% 的受訪者對現任總統拜登和前總統川普有好感。 而各種民意調查也顯示約 20% 的民主黨選民支持他成為民主黨的總統候選人。

他對過去卅年美國價值觀的錯誤提出尖銳的批評。甘迺迪的出現和被許多選民接受，代表了美國部分人民的覺醒：他明確的指出最近幾十年的美式民主被金融寡頭竊取而成為了危害世界和平繁榮的最大威脅！必須回歸美國憲法所闡釋的普遍福利的進步民主思潮。如果大多數美國人民醒悟了，世界的和平才有希望。

今天世界各地越來越多的各地人民都看清了"民主與威權鬥爭"論述的虛偽性，慢慢覺醒了。 一個例子就是最近金磚國家的擴容，邀請沙特、埃及、阿聯酋、阿根廷、伊朗、衣索比亞正式成為金磚大家庭成員。一個直接的影響是它將直接衝擊美國霸權的基礎，石油美元！

另外一個例子就是"77 國集團和中國"峰會 9 月 15 日在古巴首都哈瓦那開幕，這是世界最大的發展中國家合作組織，成員國超過 130。 古巴國家主席迪亞斯 - 卡內爾在開幕式致辭中表示，當今世界面臨多重危機，國際經濟秩序受到嚴重衝擊，"77 國集團和中國"肩負著在國際舞臺維護大多數國家利益的巨大責任，應團結爭取發展權，推動國際關係民主化。 他強調，中國國家主席習近平提出的全球發展倡議具有重要意義和價值，這一包容性倡議順應了建立新的公平公正國際秩序的時代潮流。

我們有幸正處於人類歷史上一個關鍵時刻：蘇聯解體後的 32 年，二戰結

束 78 年，鴉片戰爭後 180 年，西方主宰世界 500 年，中華文明成熟 3000 年。它涵蓋了軍事、經濟、金融、科技和思想各領域的轉變。 更深刻的說這是人類文明重要的轉折時期，從 500 年來基督教文明主導的世界，或 300 年來盎格魯薩克森為主導的文明，回歸到歷史上各古老文明的復甦和融合的時期。 而主導的力量之一就是復興的中華文明。 這必然會帶來不安和動蕩，而我們正處於這個時代之中。

對於許多我所認識的朋友們及我個人而言，五十多年來，我們唯一不變的信念，就是對中華文明的熱愛和信心，深信中華文明在歷經百餘年的危機後，在吸取西方文明的優點後，必定會在 21 世紀重新崛起，成為促進人類進步，造福世界絕大多數人民，的一個重要力量！

我個人的信心來自於在我少年時代非常幸運能讀到錢穆先生的有關中國歷史精神的論著，讓我在全面崇拜西方思想的時代浪潮中，保持了清醒的態度。 雖然，對中華文明需如何昇華，在不同的時代有不同的認知，但是信念始終如一。 即使在 1991 年蘇聯和東歐共產政權瓦解，美國價值觀成為不可挑戰的標準時，我們的信心依舊。1992 年，在華夏政略研究會成立時的宣言中，我們清晰的表達獨特的觀點："我們相信解決人類所面臨的許多問題，有賴於東西文化和思想的良性結合。 一百五十年來，飽受摧殘的中華民族和中華文化，將會振衰起弊，在廿一世紀發出新的光芒，促進人類文明登上另一個高峰。"

許多人在當時可能認為這是虛幻的夢想。 然而，過去卅年的發展証明了金融寡頭控制下的美國和西方的虛偽、貪婪和走向衰退。 我們有幸正處在人類歷史的重要轉捩點，台灣人民尤其必須珍惜和掌握這個機遇，懷著台灣心、中華魂、世界夢，不要迷信"民主"和"集權"的標籤式口號，務實的看世界，才能追求持久的和平、繁榮和公義。

唐代禪宗大師 青原行思 提出參禪的三重境界：參禪之初，看山是山，看水是水；禪有悟時，看山不是山，看水不是水；禪中徹悟，看山仍然山，看水仍然是水。 這也許代表了我們許多人的相同領悟。

（左起）陳立家、張文基、張一飛、高志雲

序（三）

六十年來家國，鄉梓情懷不變

關品方

　　我中學時期就讀於名校皇仁書院，教中文和中史的老師雷鏡鎏畢業於中山大學，取得博士學位。雷老師和社會學家費孝通是同班同學。解放前他來到香港，以他的資質和學歷，絕對可以在香港大學中文系當教授。但由於證書遺失無從證明，最後只能夠屈就，來到官校教中學。但我亦因此受惠，和雷老師結緣。他對我關懷備至，邀我到他家為其幼子補習。依稀往事似曾見，如今回顧起來猶歷歷在目。在這求學及啟蒙的過程中，我遂逐步建立家國鄉梓的情懷。1966 年中國發生文化大革命，波及全球，學生運動興起，年輕人躁動之心也波及香港，掀起反殖民統治的思潮。1967 年，受到內地的影響，反英抗暴的運動終於到來，社會動亂波及到高年級的中學生。當年我剛從中四升中五，同級同學有三位投身到激烈的反殖運動中去，被當年的港英政府拘捕，暴動罪成被判監禁。由於尚未成年，作為年輕囚犯（YP，young prisoners）被關押在赤柱監獄，為數不少。何安頓，李繼潘和蔡文田，他們三人都是我的好同學。蔡君不幸英年早逝。我和何李二君保持聯繫一直到今天。也是由於這段歷史，從那時起我開始孕育出對家國的樸素感情，對中國近代歷史尤其敏銳，深受觸動。家父是文員協會成員，有左派背景。家裡有毛澤東選集，我課餘時拿來細讀。我以理科生出任中文學會主席和校內學生報"文苑"的總編輯。我亦活躍在中學生聯校活動，17 歲的夏天即主持舉辦香港中學生校報出版人聯合會議，參加"青年世界"社會組織，參加"青年論壇"論政組織，參加"爭取中文成為法定語文"運動，參加大專學生社會服務隊從事義務勞動，也參加到各類文社及出版刊物的活動中去。比較有

名氣和實力的文社，當年以開放，青梅和烈焰三家文社最有名氣，聚集了一大批熱血沸騰的青年，大學生和中學生，年齡大約差距有十年八年，我參加"開放"文社，那是屬於較年輕的一批，受到年長六年七年的師兄師姐，視為畏友。受到他們的薰陶和感染，到我入讀香港大學時，已不折不扣地以學生運動為職志，全情投入。儘管絕對可攻讀醫學但毅然放棄，以經國濟民為人生目標，於是選讀經濟學。我積極參予領導保衛釣魚臺運動，先後出任釣魚臺研究及行動委員會主席，香港大學學生會副

1972 年 12 月，湖南韶山沖。香港大學學生會赴韶山井岡山參觀訪問學習

會長，香港專上學生聯會副會長，香港大學學生會評議會主席，參予安排第一批香港的大學生到內地旅遊學習。在香港大學四年（1970-74）包括攻讀碩士研究生課程但未完成，其後留學日本），主要都是在學生運動中度過，示威遊行演說，出席國際會議，出版"運動"週刊，可以說是廢寢忘餐，不分晝夜。

當年在文社活動中認識的一批好朋友，印象中有譚聯輝，黃錦滿，陳以衍，劉創楚，鐘倫納，吳兆華，周魯逸，陳佩芳，何步正，容志超，李維鏗等人，舉辦論壇，參加辯論，舉辦宿營，發表文章，歌唱祖國；研究國共兩黨的鬥爭史，研究中國近代被西方列強欺凌的屈辱史，研究各類革命主張，哲學理論和政治主義。往事並不如煙，如今回想起來，過去 57 年的時光並未虛度，多少年來走過，無悔天地山河。今生今世，山河歲月，不忘初心，攜書挾劍，回望半生出走，歸來仍是少年。本人數十年來於文字方面所下功夫不輟，積累起來也許已經寫了三四百萬字，陪伴了雪泥鴻爪，印證著歷史足跡。這些文字紀錄，或可以為戰後所謂嬰兒潮世代的心路歷程留下印記，為將來有志於研究這一段歷史的學者專家們提供集體回憶且可信度較高的重要參考引用。

本人深信，培育家國情懷，關繫到建國方略，民族複興和國家存續的發

展大局。香港特區自從回歸以來，經歷的跌宕起伏尤其曲折複雜。概括言之，當前的國際大勢，中美分道揚鑣各自發展，已成定局。世界正急劇地一分為二。這是由美國主動挑起，因為美國堅持世界霸權，壓制中國和平崛起，不惜挑起戰爭。這已是明擺著的事實，全世界越來越多人看得一清二楚。

在美西方主流媒體的筆下和眼內，中國沒有一樣是合理的。它們閉上眼睛抹黑中國，無所不用其極，究其原因，是以取悅選民爭取選票為動機的政治制度。一犬吠影，百犬吠聲。在美西方，這種近乎全面地盲目反對中國的趨勢已成，很難在短期內改變過來。

例如美西方於新冠疫情期間批評中國疫情數據不透明，已近乎盲目的情緒化。美西方輿論界對中國官方發表的真實數據置之不理，因為立場先行，總而言之，想方設法，捏造理由，就是不相信。香港仍有不少人， 由於歷史偏見和現實利益，對散佈反中言論的媒體報導，儘管是憑空捏造的謊言也深信不疑。這種對美西方的雙重標準和盲目偏見全盤接受的人，就筆者所見所聞和細心觀察，今後仍將會長期存在。只有在中國真正和平崛起之後，以無可辯駁的事實證明誰對誰錯，輿論界的局面才能夠有所改變。

當前的國際形勢，掌握國際話語權的鬥爭可說是迫在眉睫。大致而言，從 2008 到今天， 美國重返亞太以來不斷挑起事端，中美之間的戰略形勢是美國主動出擊，中國忍讓防守，15 年來一直是美國戰略進攻，中國戰略防禦。從 2021 年中美高層戰略對話開始，楊潔篪的一番話震驚世界，從此開始中美雙方戰略相持的階段。 這是一場持久戰。到什麼時候中美雙方的相持抗衡會轉變為中國戰略反攻，美國戰略退卻？估計現時還言之尚早。

中國堅持求同存異，互動共贏。從最初提出太平洋足夠寬闊足以讓中美雙方共同合作，到近年提出全世界足夠寬闊足以讓中美雙方分別發展，顯然已有微妙而根本的變化。總而言之，中國站在時代的前端，高瞻遠矚，巍然不動，而且現在已經有充分準備。中國經反覆驗證後，確認這個現實就是：美國霸權主義不會自動退出歷史舞臺，全世界一分為二，兩種制度，不同的意識形態和價值觀念長期抗衡的形勢已經形成，只能從容面對，充分準備最惡劣的場景隨時有可能發生。在策略上， 相持的形勢既成，就一定要針鋒相

對，寸步不讓，持之以恆地創造條件，準備日後的戰略反攻。因此，你打你的，我打我的，不打無把握之仗，忍耐等待，不為所動，靜候時機打殲滅戰，同時堅定不移地走中國的道路以壯大自己的實力，廣結同盟，遠交近攻。中國既有大國擔當，亦有大國沉穩。

過去數年來，中國在外交戰線上的表現不慍不火，有理有節，化解了好幾次美西方的極限施壓和橫蠻挑釁，凡是客觀理性地看問題的人，都對中國在外交戰線上的成就充分肯定，甚至擊節讚賞。

中美分道揚鑣，各自發展的大勢已成。說到底，中美雙方此消彼長，離不開軍事，科技，經濟，文化和話語權五大方面的綜合實力。為什麼過去180多年來儘管中國為求主權獨立，民族復興和自身發展盡了極大的努力，成績斐然，全世界有目共睹，是任何客觀公正的人都不否認這個事實，但美西方就偏偏要否認這個事實，唱衰中國，醜化中國，而且狠命打壓中國的和平崛起？

中國現還在為明清兩朝長達543年老祖宗犯下的某些舊時代的歷史錯誤埋單。我們作為炎黃子孫，這個十分沉重的欠債必須還。在這個過程中我們不能再犯顛覆性的錯誤。中國人民必須堅持民族立場，必須充分理解和全力支持新時代新階段的國家大策。

中美雙方現階段的戰略相持是全方位的激烈競爭。軍事，科技和經濟只是其中三個方面。更重要的是在文化和話語權的競爭。這兩個方面，中國自從改革開放以來的進步十分顯著，方向正確。中國過去720多年出現過好幾次歷史關節點上的轉折，遠的不說，單是改革開放初期就曾經有一段時間思想混淆，五四運動以來全盤西化的想法揮之不去，柏楊《醜陋的中國人》曾經風靡一時，中華民族還在重建文化自信的過程中，自然在話語權方面弱於已築基了500多年的西方殖民帝國文化。但這個情況正在快速改善中。如今14億多的中國人要求民族復興的思想已逐漸統一，更進一步提出了人類追求和平發展的方向。人類命運共同體的概念也逐漸受到主要是亞非拉發展中國家的支持。

然而，在西方長期的洗腦下，文化和話語權之爭將是一個漫長的過程，

也是包括香港特區市民在內全體中國人的共同責任和義務。這責任和義務，就是要改變美西方對中國的偏見，首先要從下一代做起。 香港特區是東西方文化匯聚的國際大都會，有其獨特優勢和條件，在這方面責無旁貸，應該能夠生動地，正面地，積極地，以西方聽得懂和容易接受的方式，說好中國的故事和香港特區的故事。

總而言之，東西方意識形態和價值觀念的對抗會是長期的，更是艱難的，是這個新時代的一個重要組成部分。別的不說，將來台灣回到祖國的懷抱後，台灣民眾的完全回歸，最後還是離不開文化層面的終極回歸。 其實在輿論界尤其是缺乏有效監管的互聯網社交平臺，在不同程度上，長期存在不少文化虛無主義者，文化洋奴，文化漢奸，甚至是文化賣國賊。美西方不斷利用手中嚴格掌控的宣傳機器，針對中國造謠生事擴大其反對中國的影響力，是引致民眾思想混亂的最大的禍源。我們必須從官方到民間都加倍小心，提高警惕，才能夠逐漸取得必要的話語權，化被動為主動。因為殘酷的客觀形勢是無論中國怎樣做，做得怎樣對，美西方的聲音一定要反對。他們為反中而反，完全不會顧及自身的邏輯矛盾，雙重標準成為他們的普遍標準。美西方只是把跡近僵化的政治偏見以概念口號的方式不斷重複。長遠而言，筆者相信中國體制的綜合組織力，中國民眾的韌性和耐力以及中國經濟的復甦能力，將會以無可辯駁的事實，通過自身的成長，建設和發展，全方位淩駕而前，明擺著優於美西方，要等到這一天到來，才能夠最終扭轉來自美西方輿論界的八級颱風。

中國為世界的和平發展添磚加瓦，正爭取和更多有共同理念的國家團結起來。其中一個最重要的外交戰場就是反對那些唱衰中國的聲音。美西方搞分裂，破壞和戰爭。反之，中國呼籲團結，建設與和平，以自身的戰略定力和實踐努力，全方位反對美西方針對中國進行的毫無原則和底線的幹擾。中國如果持之以恆努力不懈，唱衰中國的美西方勢力最終或可重上理性的軌道。但這個過程將十分艱巨，短期內能否有明顯成績？筆者毫不樂觀。事實上香港特區的輿論界，尤其是在無法有效管理的網上平臺，每天都有或明目張膽或潛藏很深的仇恨中國的偏頗言論，時而冷嘲熱諷，時而惡意中傷，甚至捏

造謊言，視頻做假。他們的共同特點是缺乏民族立場，投降於美西方的思維，甘願做美西方國家殖民意識的傳遞者。

冷酷的事實是：只要中國始終保持大國崛起不可抵擋的態勢，美西方就一定會不斷唱衰中國，就一定不會停止唱衰。

21 世紀的中國崛起，現正造成主導世界 400 多年之久的西方中心主義，逐步演變成今天東西方之間相持不下的大致均衡。對於中國的成就，美西方不可能給予中國肯定，鼓勵和掌聲。在資源有限，利益寡缺，高度競爭的國際環境下，美西方只會繼續給中國製造各種麻煩和非難，為了遏制中國，全面唱衰中國。近期唱衰中國的主題是中國戰略擴張，中國稱霸世界，中國經濟脅迫，中國經濟崩潰，中國無民主自由人權法治，中國種族滅絕，等等。 筆者深以為憂，苦無簡單對策，最有效的方法就是傳播正能量，筆耕不輟，努力不懈。爭奪話語權也是一場持久戰。於近代學者，本人獨推崇梁啟超和胡適，以他們為楷模。他們著作等身，可謂汗牛充棟。筆者回看細看自己，數十年的伏案已完成三百萬字，今後如能夠整理並結集成書，此生不枉。得到讀者們的衷心支持，將是對本人的深切鼓勵和鞭策。遵何步正兄囑，謹以本文自勉，同時亦與讀者們互勉，是為新大學文摘序。他日江湖再遇，後會定當有期，諸君有約在此。

（左起）謝悅漢、何太、何步正、關品方、趙建中、
黃炳鏐、葉燦坤、邱立本
（何、關、邱都是六十年代香港開放文社社友）

「新希望雜誌」一甲子——
「自覺運動」與「新希望雜誌」的反思

劉容生

楔子

　　「自覺運動」發生於 1963 年台大校園裡，是國民政府來台後，白色恐怖時期，臺灣校園發生的第一次學生運動。「新希望雜誌」是一群台大學生為了推動自覺運動，自發性組成的一個社團，為持續推動「自覺運動」所出版的刊物．首先我們先來回顧一下當時台灣的政治和社會環境。

　　1949 年大陸淪陷，國民政府遷台，開始了中華民國政府在台灣的序幕。當時中央政府嚐受大陸戰敗的羞辱，撤退來台，萬事待興。

　　1950 年韓戰爆發，美國的介入，給台灣一個暫時喘息的機會。也從此畫下兩岸分治的現實。當年毛澤東接受訪問時、曾表示「台灣的問題可能立刻解決、也可能五十年後，也可能一百年後才能解決」。如今轉眼超過一甲子，毛的預言，果然言中。

　　1950 年 7 月 2 日臺灣舉辦第一次縣市議員選舉，台灣初嚐議會直接選舉的經驗。接著國民政府開始大幅改革包括三七五減租，耕者有其田，逐漸推動臺灣經濟的發展。從 1950 到 1959，那十年是臺灣經濟進入快速成長的第一個階段，GDP 的平均年成長率達到 11.5%，為亞洲小龍之冠。

　　1954 年台大學生發起「再展開新文化運動」，陸續出版刊物包括「台大文摘」，「台大思潮」，承續五四運動對科學民主的追求，鼓吹民主自由，社會改革，復興民族，建設國家。但這些活動均未能持續，都以停刊結束。

　　1955 年 3 月，中美共同防禦條約生效．當年 11 月，美軍協防台灣司令部成立，給台灣帶來些穩定的力量。隨著美軍來台人數的增加及美援物質的來臨，也給台灣社會帶來許多不良的風氣。　那時我就讀小學，家住北投，下

學後一入黃昏，經常看到摩托車背載穿著時摩的女郎，出入在附近的溫泉旅店，飯店外滿溢美軍高調浪蕩的笑聲，盪漾在我那時候幼稚的心靈，這種種情景至今仍然記得。

1957 年 5 月 24 日，發生劉自然事件，是政府來台戒嚴時期，第一次的群眾遊行示威及暴動事件，說明當時社會人心的不滿和浮動不安。這個事件發生的時候我才初中一年，但在年輕人的心中留下很深刻的印象和震撼。

當時台灣處於戒嚴時期，島內政治缺乏民主，政府利用「出版法時事細則」來控制言論自由。1960 年 9 月 4 日，「自由中國」被勒令停刊，創辦人雷震被捕入獄。

政治上，反攻大陸遙遙無期，國家前途茫茫。社會上人民貧窮，美援成為成為當時台灣經濟的重要支柱。同時也造成國人崇洋媚外，缺乏自信心，社會風氣浮濫，國民缺乏公德心。

台灣光復以前，全島僅一所「臺北帝國大學」，光復後改制成為「國立臺灣大學」。1949 年臺灣高等學校僅一所大學，學生規模約六千人，加上六所公私立專科學校。此後，大陸著名大學如清華，交通，加上專科升等為大學如師範，成功等陸續成校。大專聯考為當時唯一的升學管道，僧多粥少，競爭激烈，台大成為菁英追逐投考的對象。大學畢業後多選擇赴美留學，因此「來來來，來台大；去去去，去美國」成為當時多數菁英追求的目標。

自覺運動

1963 年 5 月 18 日，中央日報刊登了一篇投書《人情味與公德心》，作者是署名為狄仁華的美國留學生。在這篇文章中，他說在臺灣留學多年，深深感受到臺灣社會充滿人情味，但批評當時台灣的青年人自私，自利，冷漠，缺少公德心，考試作弊，不守秩序，買票不排隊等不良現象。這篇文章發表後，立即引起社會很大的反響。

5 月 20 日台大校園出現許多大字報，寫著「不讓歷史評判我們是頹廢自

私的一代！」，「不要成為歷史的罪人！」。學生對狄文華文章的反應都覺得是莫大羞辱，慚愧，憤怒！

接著二天，中央日報大幅報導，標題為 <台大學生自覺的呼聲，我們不是頹廢自私的一代>，並以「提高公德心」為社論。台大校園內外及社會各層人士的熱烈嚮應，各大報社及電台紛紛支援。

新希望創刊

那年我自建中畢業，保送台大電機系就讀大一（次年轉入我的第一志願物理系），號召同住在新生南路三段86號「信義學舍」幾位台大同學包括李學叡（物理三），徐大麟（物理三），王憲治（物理三），高鷹（醫科一）及陳鎮國（外文），大家都深受這幾天發生的事件感動。經過熱烈討論，大家決定創辦「新希望雜誌」來長期地推動這個運動。我們六人立即展開活動，分工負責登記，募款，撰稿，出版等。名稱也很快就決定為「新希望雜誌」，家父劉行之是個書法家，「新希望雜誌」的題字是家父的手筆。

在短短的16天內，六月六日第一期「新希望雜誌」出版。在此我要強調，那時段正值大學的期末考，我們為雜誌的出版，努力拚命和衝勁，現在回顧是難以想像的！

我因為曾擔任過「建中青年」的主編，就自然而然成為「新希望」的主編。但萬萬沒有想到，就這樣，日後我大學一半的時間都投入在「新希望雜誌」這一個課外活動。後來參與的人多了，鄧維楨，王曉波，汪其楣分別接任過主編的工作。參與編輯撰文的還包括林孝信，袁家元，殷海光，何秀煌，張系國，曹亮吉，黃碧端，李學叡等人。

我在第一期「新希望雜誌」的社論撰文以「榮耀屬於中國」為題，呼籲「不要讓歷史批判我們是頹廢自私的一代」。自覺運動就在校園中自發性地展開了！

「新希望雜誌」創刊時打著「提高國民道德，恢復中華榮耀」為口號，獲得全國各校熱烈支持。新希望雜誌經過二年的經營，經費全靠小額捐助，及少數社會人士資援，從未拿過救國團任何補助。

但隨著新希望參與人數的增多，雜誌討論的範圍日趨廣泛深入。文章如：第四期的「民主觀念的力量」（劉容生筆名中庸）；第六期的社論「培養民主的性格」；第七期的社論「扛起科學與民主的大旗」，「我們應打破容忍與沈默」（何秀煌），「論儒」（張系國）。第七期＜編者的話＞這麼說：

「殷海光先生是台大最受歡迎的教授之一，從以前他寫的＜我為什麼反共＞，我們可以看出來殷先生是一位自由主義的鬥士。殷教授的文章，在台灣也是句句警語，好久不在寫文章的殷教授，很熱心的為本刊寫了＜論讀書初階＞。我們以為一個運動員的持久，不在於其短暫的狂熱，而在持續的理性之光，我們也只有充實自己的學問，才能使「五二０自覺運動」在這代青年身上寫出他的輝煌。」

第八期的「容忍與姑息」（王曉波），「羅素：我願生活的世界」（鄧維楨譯），「愛因斯坦：論自由」（劉君燦譯），及「羅素：自由或死亡」（許慶生譯）。最後一篇文章，因為羅素主張寧可與共產黨和平相處，甚至妥協，但不願因核戰而導致人類的毀滅。後來成為反核戰的名言：「Rather Red than Die」。此文學校審核未准，但我們基於人道的考慮，還是決定將其發表。

新希望停刊

第八期於民國五十四年四月十日出版，四月卅日即收到訓導處的公文，勒令新希望停刊。公文稱..

「查新希望第八期所刊編輯委員包括各大專及一部分中學，超過本校規定範圍，不能列為本校學生社團，且該刊第八期稿件之發行不接受本校之指導，應即取消該刊登記。」

該文件之第一點是指，第八期新希望雜誌的發行已經遍及全國，各地的學校都有聯絡人。那期汪其楣（台大）擔任社長，發行總負責人為施平義（台大），校本部負責人為藍震坤（台大化工），其他校園負責人為：施平義（台大法學院），郭耀鵬（師大），高行疆（中國文化學院），袁士敬（中興大學校本部），姚文隆（中興大學法商學院），官裿宗（臺北醫學

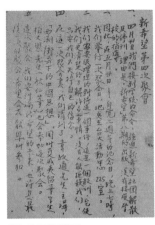

院），賴武清（佛光商專），劉水池（建中），郭繼生（高雄中學），謝文生（台中一中），黃樹藩（嘉義中學），張崇信（高雄醫學院），江祐男（基隆海專）及劉全生（美國加州大學）。事實上，所列的各校負責人只是負責轉發「新希望雜誌」的工作。但這樣的組織架構，在當時大學的訓導處眼中，視為校際之間的串聯活動。在戒嚴年代，若非是上級主導，這種活動是不被允許的，這也種下了「新希望雜社」被勒令停刊的一個重要原因。

民國五十四年五月一日「新希望雜誌」被校方勒令停刊，經過整整二年減 19 天的校園自發性的自覺運動宣告結束。自覺運動開始是一個校園突發的事件，反映著那個時代，年青人的心情和長期壓抑著的苦悶。同時也反映著那一代年青人對社會的理想和盼望。自覺運動雖然沒有像「五四運動」那樣對社會造成持續性長期的影響。但它卻是國民政府遷台後，戒嚴時代第一次由大學知識份子發起，遍及到整個社會的一個社會啟蒙運動。

我要附帶一提的是，「新希望雜誌」停刊以後，我接到錢思亮校長辦公室召見我的通知，這是我大學四年裡唯一的一次有榮幸單獨給校長接見。當時他給我很多訓誡和忠告，詳細的內容我都不記得了，只有一句話至今我未曾忘記。他說：「停刊是最輕微的處分了，你甚至可以被學校開除的。」這句話 60 年後的今天，仍銘刻在心。

畢業後，我還是跟著大時代的潮流「去去去，去美國」，也去了美國。當時這一群人陸陸續續都也到了美國。但大家依然充滿了理想和熱情。那時候沒有電腦，沒有電子郵件，甚至全錄(Xerox)的影印機都還不十分流行，海內外的這一群朋友繼續靠著手寫連環信＜我們的信＞的通訊方式，繼續保持著連繫。連環信的方式也從手寫紙本，再經過郵寄傳送，到手寫影印，進步到打字方式。

根據我手邊僅存的一份第四期的「我們的信」，出版於民國五十七年十

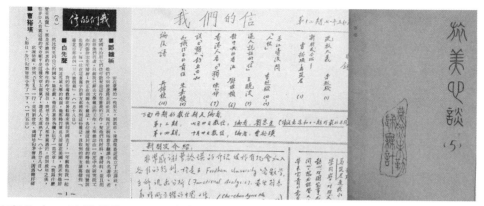

月臺北市，結餘款為426元台幣。通訊錄上的名單有43人，多為在美國的留學生，其中多為台大理工科系。國內有十餘人包括鄧維楨（台大心理）、儲楓（台大數學）、陳一川（東海哲學）、翁武忠（台大電機）、徐明達（台大化學）、黃碧端（台大政治）、張蕙元（台大）、孫隆基（台大歷史）等人。不少後來陸續出國，這些當時的菁英份子，後來在各自領域都有傑出的表現。

釣魚台運動、 科學月刊、 大學雜誌…

1971年，海外華人留學生爆發了＜釣魚台運動＞。 全美各地風起雲湧，我也去過紐約參加保釣遊行。結束後，回到學校冷靜思考，我面臨著兩個選擇：一個是專心讀書彌補我在大學時荒廢的學業；另外一個是再次投入另外一個歷史性的運動。我選擇了前者走入了實驗室，專心從事科學研究。但是許多參加過自覺運動的夥伴，紛紛的又捲入到另一個歷史的洪流「 釣魚台運動」。這一批人包括林孝信，劉源俊，曹亮吉，李怡嚴等，後來開辦「科學月刊」，從事科學教育，為了理想奮鬥一輩子。也有一批人，去了聯合國，為了祖國的復興貢獻了一生。

總之，回想起來，那是一個偉大的時代，一個動亂的時代，一個充滿激情的時代。不論是＜自覺運動＞，＜新希望＞，＜科學月刊＞，＜大學雜誌＞，＜釣魚台運動＞，還有許許多多的其他刊物，其中不少人都曾經歷過自覺運動，或是日後的釣魚台運動。絕大數參加的人，都不是為自己，不為官，不為名，不為利。只是憑年輕人的一份熱情，一個理想，盡己之力，做一些認

為當時該做的事，為了追求一個未來更好的社會，為子子孫孫創造一個更好的生活環境．

中國青年自覺運動推行會

值得一提的是 1963 年下半年，當自覺運動推展的如火如荼的時候，全國各大中學校園及社會各階層熱烈回應，各大報社都以大幅篇幅報導自覺運動的新聞。因為自覺運動的初期是以提升社會的公德心，加強國民的愛國及民族情操。救國團認為民意可用，遂成立了「中國青年自覺運動推行會」（簡稱自覺會）。這是一個被救國團認可，出資輔助的團體。當時較活躍的學生如陳鎮國（台大），許席圖（政大代聯會總幹事）均加入了這一個組織，號召學生從事社會工作。但可惜這二位學生領袖人物各有其不同的政治理念，逐漸偏離了「自覺會」的初衷。後來陳鎮國以挪用公款之罪名，被台大開除學籍；許席圖則於 1969 年依＜懲治叛亂條例＞被捕入獄。

我個人因為在高中時曾被救國團選拔參加在陽明山舉辦的「第一屆全國青年代表大會」，為全臺北唯一的高中學生代表。雖然我一生未參加任何黨派活動，但一直受到救國團的信任和依重，維持良好關係。所以「新希望雜誌」雖於 1965 年 5 月被學校當局勒令停刊，但個人尚未受到任何處罰（除了得到錢思亮校長的破例召見外）。1967 年我也得以順利出國留學。

自覺運動一甲子之後

如今、一甲子後，台灣歷經了民主的洗禮和政黨的輪替，如今民主的體制已經建立，但中華民族的情操，卻漸行漸遠。而中國大陸經過改革開放，勵精圖治，國家經濟突飛猛進，成為世界第二大經濟體系。但猛回頭看兩岸關係，導致新希望停刊的第八期新希望的那篇文章「羅素：自由或死亡」（許慶生譯），值得我們重新詳細地再審視一次；

「一九六〇年代冷戰高峰，美俄競相發展核子武器，戰爭一旦爆發，核武的威力足以毀滅全人類。英國著名哲學家羅素寫了一篇有名的文章「人類的未來」，提出「如果在『讓共產黨統治』或是『人類因戰爭而毀滅』兩個選項擇其一的話，我寧願選擇接受共產黨統治」。

逡此「寧可赤化，不要死亡」（Better Red than Dead）成為冷戰期間反戰者有力 的口號。隨著冷戰結束、蘇聯解體、共產主義體質的改變，這句口號已逐漸成為歷史的詞彙。

沒想到半個世紀後，長期生活在和平繁榮台灣的人民，卻面臨類似的選擇 - 台灣的未來：赤化（自然或非自然的統一）或是死亡（武力或非武力的戰爭導致一方或雙方災難）？現代的戰爭何需戰場？現代的殺傷又何需炮火？

我最近重遊美國首都華盛頓，在林肯紀念碑前停留甚久，碑下刻劃林肯總統一生堅信的一句話：「美國聯邦的完整性是不容許任何一個州或邦聯來破壞；他會用盡任何的方法來保護聯邦的完整性。

美國南北戰爭死了六十二萬人（超過美軍在二次世界大戰死亡人數的總和），許多人都認為林肯是為了解放黑奴而打南北戰爭，事實上林肯是為了憲法所授予美國聯邦的不可分割性而宣戰。人道上，南北戰爭讓黑奴解放，林肯贏得後世景仰；戰爭雖讓南北雙方都付出慘痛代價，但最後的勝利維持美國的統一，而使得林肯成為美國最偉大的總統。…」（聯合報民意論壇, 2016 年 4 月 14 日）.

兩岸的未來

「新希望雜誌」創刊時打著「提高國民道德，恢復中華榮耀」為自覺運動的目標，獲得當時社會大眾熱烈支持。如今國民道德是否有全面的提昇值得探討。但可以確定的是「恢復中華民族的榮耀」已非當前政府，甚至人民所關心的議題。隨著國際政治環境的變化，中美關係的惡化，台灣的未來也充滿巨大的不確定性。

兩岸的和平基礎長期建立在雙方都接受的「九二共識」之上，事實上這

個共識等於是承認「一個中國」不可分裂的基本內涵，大陸歷任領導人都堅持這個兩岸賴以維持和平共生的核心價值。台灣的歷屆領導人也都接受，直到蔡英文上任。

　　台灣的領導人每四年面臨一次改選，所以台灣島上二千三百萬人對「台灣的未來」每當政府改選，就面臨著一個不確定的選擇。新政府能否接受這個維持兩岸和平的核心價值，考驗著新領導人的智慧和勇氣。如果美國南北戰爭是一個歷史的借鏡，哲學大師羅素的話雖不合時代，但大師悲天憫人的理性睿智及寬容的心胸，值得台灣新領導人參考不論是那個黨派。

****

聯絡方式：liuysdr@gmail.com
作者：劉容生（臺灣清華大學榮譽講座教授（前副校長），「新希望雜誌」發起人暨主編，「建中青年」主編，工業技術研究院副院長暨光電所所長，臺灣光電協進會首席顧問暨常務理事，台大物理系傑出系友。美國光學學會會士，俄羅斯國際工程院院士。）

****

參考資料：

1.「啟蒙，狂飆，反思－保釣運動四十年」謝小芩，劉容生，王智明主編，清華大學圖書館特藏組策畫整理，國立清華大學出版社，ISBN 978-986-85667-4-3。(2010 年 11 月出版)。

2. 臺灣科學社群 40 年風雲－記錄六十，七十年代理工知識份子與科學月刊」，林照真著，國立交通大學出版社，ISBN 978-986-6301-03-2。（2010 年 1 月 1 日初版)。

（左起）劉容生、王曉波、黃樹民、鄧維楨、黃默、何步正

大洋彼岸，兩位老人的哭泣……

許金聲

《村里的舞台》
在那遙遠的異地，
有兩位老人在哭泣……
一位壯志未酬，
痛別已有之權力；
一位面對父老鄉親，
憶起痛楚的往昔……（1）

我在鬆軟的沙灘上漫步，
白雲在蔚藍的天空遷徙，
耳聽潮水的低語，
心中迴響千年之豪語：
老驥伏櫪，志在千里，
烈士暮年，壯心不已……

在那地球之另一面，
有兩位老人在哭泣，
哭聲大不相同，
卻都喊著"USA 第一"。

他們都共同祈求"上帝"，
——"上帝"是否真的如此安排不移？
我抬頭問藍天，白雲紛紛消匿……
我低頭問大海，大海依舊是潮汐……

我看見老子騎牛西去，
兩千多年，是否早已繞過幾圈，
如今回歸故里？（2）
"道可道，非常道……"一聲竹笛，
吹出綿延悠長，若隱若現的天籟神曲……
東方，西方，究竟哪裡有更多好天氣？
南方，北方，一個村子演出，等看更多好戲！
—————
2021-1-21 於惠東雙月灣

（1）拜登在故鄉演講，談到與鄉親告別，
　　　想起自己去世的兒子，泣不成聲。
（2）地球是圓的，老子仍然在世。

請點閱 www.theintellectal.net 新大學 / 海峽波濤 / 天壇筆記
本文原載於通心派詩歌

中國不再尊重美國 他們有理由這樣做

范湘濤

　　知名記者和專欄作家湯瑪斯・弗裡德曼（Thomas Friedman）最近為《《紐約時報》寫了一篇文章，標題是"中國不再尊重美國，他們有理由這樣做"（China doesn't respect US anymore—-for good reason）。這篇文章掀起一場圍繞中國的大辯論，紐約時報特別在留言區放出的評論數多達2018條。

　　先來看看文章寫了啥，摘錄重點如下，讀完之後可能會震驚于作者的"自我剖析"：

1，兩國之間最令人不安的對比：中國仍然可以搞定大事；美國則不然。

2，對於我們的許多政治領導人而言，執政已經成為了體育競技、娛樂或僅僅是無腦的爭吵。

3，我們從2009年開始每週都在搞舉國的『基建周』，但我們什麼都沒有做。中國看到問題就解決問題，他們修了一個水壩，而我們卻在爭論如何為它更名。

4，中國領導人是兇狠而脆弱的，正是因為他們不是由選民選出的，他們每天醒來都害怕他們的人民，這使他們非常注重業績；相比之下，美國的政客是從安全的、操縱劃分選舉版圖的選區選出的，他們僅僅是通過為選民「表演」民粹主義橋段來尋求繼續執政。

5，實際上，我對中國不感興趣，我在乎的是美國。我的目的是通過讓更多的美國人明白，中國雖然非常邪惡，它也非常專注於教育人民、建設基礎設施、採用商業和科學最佳實踐以及憑業績提拔政府官員；如果我們在這些方面不能與其匹敵，那麼譴責中國的邪惡行為將產生不了任何影響。

6，感到意外嗎？我們的上任總統激勵他的追隨者洗劫我們的國會大廈；他的

黨派中多數人不承認我們的民主選舉結果；左翼無政府主義者被允許接管波特蘭市中心的一部分，造成數月之久的破壞；在大流行期間，中國增發貨幣是為了投資更多的基礎設施，而美國增發貨幣以幫助消費者保持支出；美國的槍枝暴力已經失控；你們認為以上這些中國人沒有注意到嗎？

7，習近平政府提出「中國製造 2025」的倡議，這是中國製造業基地現代化的十年計劃，通過大規模投入政府資源，使習近平定義的 10 個 21 世紀關鍵高科技產業佔主導地位，這無疑是在向美國發出挑戰。

8，我要對中國說的是：小心點。你的某些外交官聽起來太自大了，正如諺語所說：「驕傲在敗壞以先，狂心在跌倒之前」；美國在許多領域仍然表現出色。

9，我要對美國同胞說的是：我們現在必須重新並加倍使用我們的成功秘訣，那就是：教育我們的勞動力，使其達到並超越技術所需要的水平；建設世界上最好的港口、公路和電信基礎設施；吸引世界上最具活力和高智商移民以加強我們的大學以及開展新業務；制定最佳監管以激勵冒險精神同時遏制罔顧後果的行為；並且穩步增加政府資助的研究項目，以突破科學極限，使我們的企業家能夠將最有前途的新想法轉化為初創企業。

10，尊重人權、民主，擁有獨立的司法機構、自由市場、對少數族裔的保護；在世界範圍內贏得支持；由於我們過去的確實踐了這些美國理念，所以我們強大了；但如果我們繼續像最近那樣表現，那麼我們的理念帶來的力量也會被削弱，無論我們如何大喊「美國，美國，美國」，我們對中國乃至整個世界的影響力都將逐漸減弱…。

　　再來看看《紐約時報》網站顯示，這篇文章下方的留言達到 2018 條，而這只是時報公開顯示的結果，落選的評論"遺珠"應當更多。流覽這些評論，發現似乎比弗裡德曼的文章更精彩、更尖銳，順手選錄幾條：

1，為什麼中國以及其他國家非要尊重美國？美國憑什麼受別國尊重？

2，美國不需要擔心中國，它需要擔心自己，並且永遠不要想到或說出（未完）

閱讀全文請點閱 https://www.theintellectual.net 新大學 / 名家專欄 / 范湘濤
本文原載於中美論壇專刊第 401 期

美國反智傳統的淵源（上）

孫隆基

(1)

近來參加了一場讀書會，閱讀霍夫士達特（Richard Hofstadter）的《美國的反智傳統》（Anti-Intellectualism in American Life）。該書台譯本剛面世，而不少人對川普現象也不無困惑，乃有此議題。我是主講者之一，不足一小時，言猶未盡，因此在這裡繼續發揮，期待這個討論在場外能持續。

會上主持人說：他初次從臺灣赴美留學、因期待與現實之間出現巨大不協調而感到文化震撼。因此我也以"文化震撼"破題，我本身早已對"震撼"免疫，遂轉述同校園的一位大陸研究生的震撼，他說：未來到美國前，以為美國是"科技先進國"，但他在數學系任助教，卻被班上投訴有"外國人口音"，沒能解釋清楚為什麼 1/2+1/2 不等於 2/4 ！

我任教的那個校園裡的趣事還包括下列一宗：一名學生中了獎、贏得了一張赴夏威夷的來回機票，但在地圖上找不到目的地，很鼓氣，就去找老師問，老師發現他是在墨西哥灣搜尋夏威夷！

美國高校裡這類無知像是常態。根據問卷，明尼蘇達州有 70% 的大學生不知他們的鄰居是加拿大。有臺灣學生曾來問我，說看到網路上謂美國大學生竟然不知加拿大在哪裡，然否？我回答說此提法不準確，該說不知美國在哪裡，好比說不知俄、日、韓、越南坐落何方，中國不是沒有了座標。

而且，為什麼只把對象限於學生，家長呢？兩名從前南斯拉夫來寄住的女生告訴我，她們在談去年遊覽義大利的見聞，她們的美國主人插嘴時卻露了餡：她以為"歐羅巴"是義大利境內的一個地方！這還是有心申請歐洲學生來自己家短住的"接待家庭"（host family)哩！有從路易士安納到孟菲斯

的鄉巴佬，在填表格時遇到填寫是否公民欄，問："路易士安納是否美國？"為什麼只把對象限於一般老百姓？美國的領導人呢？老布希的副總統奎爾 (Dan Quayle) 十分白目，他去糾正小學生的簡單拼字，反而是自己錯了，因此常成為傳媒的取笑對象。它們編了一則笑話：奎爾訪問拉丁美洲，在外交場合致詞、如此開頭："請包涵，我得用英語致辭，因為我不諳拉丁文！"

2008 年共和黨副總統競選人、阿拉斯加州長裴林 (Sarah Palin) 的無知更是騰笑國際，她顯然對美國捲入伊拉克的動亂惘無頭緒；她受電視臺訪問被問及：萬一她將來接替總統職，有對付俄國的良方否？裴林顧左右而言他，謂：俄國與阿拉斯加是鄰居嘛，俄國總統訪美必然先降落阿拉斯加！

這些菁英也受過高等教育的，我不無懷疑：這是否他們與選民親和的招數？奎爾還在參選時，我曾與一名美國老婦人指他是文盲，對方卻回答："是又怎樣，他有性格 (he has character)！"看來，無知還是贏招與賣點。

姑勿論政客是否上演"不脫離群眾"的戲碼，至少上述老百姓那些例子都有點"扯"，除非親聞，連想像力最豐的作家都杜撰不來。的確，除了剛降落地球的外星人，不可能對世界如此無知。他們肯定都接觸過我們所謂的"常識"，只是沒放在心上、或不知所云，終墮入兩者之間的惡性循環。

有人用美國人"夜郎自大"去解釋他們對世界的罔顧。問題是他們的無知也涉及本國，而且不限於世界地理知識，還包括數學與英文—是的，也包括英文！故"夜郎自大說"是一種只從有意識的動機甚至道德立場解釋一切的思維，人與社會現象的複雜性卻遠勝於此。（未完）

黃榮村，胡卜凱，鄧維楨，孫隆基，何步正，
黃樹民

閱讀全文請點閱 https://www.theintellectual.net 新大學 / 名家專欄 / 孫隆基
本文原載於 2021/4/26 方格子網

誰使美國更有悲劇性

張系國

毛玲道德 (Maureen Dowd) 是紐約時報的專欄作家。
她雖然姓道德，其實並非道貌岸然之媛，文筆犀利幽默，
是我很喜歡的一位專欄作家，喜歡的程度差不多可以和我
喜歡早期的柏楊相提並論，雖然他們的文風和題材截然不
同。

若干年前毛玲道德寫過一本小書《男人有用嗎？》
(Are men necessary? 2005)，狠狠修理大男人，並且痛宰男人的迷思。她說
男人都會為閃爍亮晶晶的東西 (shining objects) 例如金錢、勛章、頭銜當然
還有跑車、游艇等等所迷惑，為了這些亮晶晶的東西什麼都可出賣，真是一
針見血。她這麼了解男人，所以始終小姑獨處。

她最近在紐約時報發表了一篇文章，題目就很有趣，典型的毛玲道德式
幽默。有部迪斯尼的卡通電影叫做 The Lady and the Tramp，中文片名是
「小姐與流氓」，是關於狗的卡通片。我還記得「小姐與流氓」的宣傳短片
就是小姐狗和流氓狗共吃一根意大利麵條。毛玲道德借用這部電影作題目但
改了一個字母，變成 The Lady and the Trump，改的非常巧妙，還真不好
翻譯。我譯為「小姐與瘤氓」。

「小姐與瘤氓」裡的小姐指戴安娜王妃。雖然她逝世多年，人們對戴安
娜王妃的興趣始終不減反增。尤其最近 Netflix 流媒體公司推出「王冠」(The
Crown) 連續劇，掀起新一波高潮。至於「小姐與瘤氓」裡的瘤氓呢？當然指
的是川普總統。

毛玲道德認為，戴安娜王妃和川普總統有些共通點。例如他兩人都懂得
玩弄媒體但最後都被媒體所誤，都有廣大忠貞不二的粉絲，都愛不依照常規
行事而為正統所不喜，都身居高位仍舊不快樂，都愛躲在家裡看電視播出關

於自己的新聞節目。戴安娜王妃幾乎摧毀了英國王室，川普總統則幾乎摧毀了美國民主政體。兩人都是悲劇性的人物。

戴安娜王妃是悲劇性的人物，殆無疑問。她最後在巴黎河邊大道車禍身亡，出事原因到現在還是個謎團，有種種陰謀論，包括英國王室下令滅口。連她為何接受記者採訪都可能是被人欺騙！現在梅根和哈利又和英國王室失和，益增人們對戴安娜悲劇遭遇的關注。至於川普總統是否悲劇性的人物呢？這是本文要探討的主題。

從外在因素來看，川普當然是悲劇性的人物。悲劇人物都有一個共同特徵就是執迷不悟，這點川普的確當仁不讓。就是因為他對新冠病毒的一貫輕視，而且始終不肯接受現實，結果造成美國多冤死超過五十萬人。他不承認敗選，搞出許多胡鬧行徑，他的鐵粉甚至攻擊國會山莊釀成流血事件，幾乎摧毀了美國民主政體。這對美國無疑是個悲劇。

更深一層看，美國文化有關悲劇的作品不論是小說或是戲劇都有個共同特徵，就是和資本主義有千絲萬縷的關係。從《嘉麗妹妹》(Sister Carrie)、《孽海痴魂》(Emer Gantry)、《大亨小傳》(The Great Gatsby) 到《推銷員之死》(Death of a Salesman)，都和人在資本主義社會的處境有關。川普無疑百分之百是美國資本主義社會的產物。據華盛頓郵報統計，川普一生打了不下三千五百次官司。他不只是美國資本主義社會的產物，也是美國資本主義社會的最壞樣板。川普式的美國悲劇是合乎以上規律的。

可是有人會說，對美國是個悲劇，並不一定等於對川普個人是個悲劇。我認為對川普個人同樣是個悲劇。川普的執迷不悟，使他可以創造另類現實。他身邊有所有希臘悲劇都有的角色，包括瘋狂國王（他自己）、白痴弄臣（他兒子）、勾起他情慾幻想的美麗女兒、文質彬彬的白面魔鬼（他女婿）、性慾不滿足的憤怒妻子、還有在〈蝙蝠俠〉裡都找不到的各種各樣怪人如前紐約市長九一一英雄朱利安尼、大砲將軍佛林等。川普式悲劇已經達到了希臘悲劇的境界，甚至有過之而無不及。（未完）

閱讀全文請點閱 https://www.theintellectual.net 新大學／名家專欄／張系國

從中期選舉看美國面臨的內外挑戰

張文基

美國 2022 年的中期選舉結果已經初步決定了，選前精英們所預測的代表共和黨的紅色浪潮沒有出現，只不過是掀起了小小的浪花：民主黨已經確定將維持參議院的主控權，而共和黨將在眾議員取得微小的多數。 這個結果反映出美國政治的什麼現實？ 對美國未來的內政和外交，特別是美中關係及台灣問題又會有什麼衝擊？ 11 月 10 日  法國發佈的最新國家戰略報告，其中不僅提及中國對全球的威脅， 更指責北京武力威脅台海現況。 這將如何影響亞太格局？ 14 日拜登與習近平舉行自拜登就職以來的首次見面會議，對美中關係能有什麼突破嗎？

美國內政將是一灘泥潭

這次選舉結果更強化了我長期以來的看法：1. 美國的選民比美國的精英階級更理性和務實，這從長遠看對於美國的撥亂反正，走回正確的道路是有利的。 2. 美國選民中的最大共識是 70% 選民認為美國民主出了問題。 然而，眼前最大的危機是對如何改正民主亂象，解決許多百姓關心的實際和切身問題，如墮胎、通脹、貧富差距、治安等等，沒有共識。 最根本的原因是 NoTrust，沒有互信，而沒有互信就是因為沒有共同的價值觀。而這也是美中之間的根本問題。

民主黨之所以能夠避免大敗的一個原因可能是大多數選民，特別是婦女們，對今年 6 月 24 日最高法院以 5 比 4 的裁決推翻了羅伊 訴 韋德案，否定了自 1973 年美國確立憲法墮胎權的里程碑式裁決 ，的不滿。 這次選舉有 5 個州提出了與墮胎有關的創制法案，包括了兩個共和黨傾向的州，肯塔基和蒙塔納的進一步限制墮胎的法案，都被選民否決；而三個州：加利福尼亞，密歇根和佛蒙特，的保証墮胎權的法案都得到通過。以我所居住的加州為例，

民主黨的選民僅佔 46.8%，但是該法案的支持率超過 66%，顯示選民對宗教勢力，特別是福音派，的極端反墮胎主張的拒絕。

這次選舉也是對川普和支持他的右翼極端力量的否定，因為，那些否定美國 2020 總統選舉的合法性的候選人，許多都被選民拋棄了，例如賓州和亞利桑那州的川普支持的參議員候選人。 而相對務實的共和黨佛羅里達州州長德 桑蒂斯不僅個人取得大勝更領導共和黨在各個職位取得壓倒性的勝利，並獲得了西裔選民的廣大支持，這些突破將使得他可能成為共和黨 2024 總統選舉的熱門候選人。 這對川普的捲土重來的企圖是嚴重的挑戰。

選舉的結果顯示未來兩年美國聯邦政府的運做更加困難。 對拜登而言失去眾院的控制權將使得許多法案的通過更為困難。 而共和黨在眾議院不到 10 席的微小優勢將使得未來的共和黨議長也可能受到黨內異議分子的挾持，很難有所作為。未來兩年的美式民主將是一灘泥潭，很難做重要的開創性決定，這對處在關鍵時刻的美國是非常不幸的。

中期選舉結果，對美國外交的影響

談兩個問題：俄烏戰爭及美中關係。

美國對烏克蘭的政策可能會調整但是不會很快，烏克蘭問題仍然是"拖"的局面，這對美國的短期利益沒有什麼不好，然而，對西歐盟友將是災難，因為烏克蘭戰爭重創了德法意等西歐國家的經濟利益，會導致這些國家的政治不安，這是美歐的根本矛盾，而今年冬天就是第一個大挑戰。

由於美聯儲在通脹的壓力下放棄了自從 2008 年金融危機後的無節制濫發美元的政策，在經濟和財政的壓力下，美國本身很難持續的對烏克蘭約每天 1.5 億美元的援助。 共和黨重新控制眾議院後，對於財政支出一向比較保守的共和黨，很可能會緊縮援助規模。 此外，共和黨內一些人對於激化美俄關係並不認同，美國很可能將希望用談判的方式結束俄烏戰爭，然而，歷史告訴我們發動戰爭容易，結束戰爭（未完）

沒有川普一世，就有川普二世

何步正

　　美國白人佔多數的川粉大隊，從中部南部各州開車數小時，湧到華盛頓串街做勢，要還給川普一個公道，不能偷走川普應得到的選票。其中，有更激進的人群，衝去團會大廈。駐衛警察沒有掏槍指向人群，一番推擠之後，就讓人群推門破窗，川粉大軍似乎是熟門熟路，國會議長辦公室的筆電，都可以公然快速被偷，國會要停止議事，議員急忽忽溜走。川粉大軍攻佔國會議事大堂，自我拍照炫耀，我們人民有多麼威風。如果那位美國退伍女大兵，不爬上玻璃門窗，警衛又不那麼慌亂開槍，這場戲沒有人在國會大廈之內死亡，或許就會好似和平地鬧劇落幕。場面可見，白人警察對待白人暴民，遠比如何對待有色人種的示威隊伍，自我克制和表現友善得多。畢竟也許不少警察同屬川粉。白人和白人，相煎何用急？

　　川粉示威人群，高呼 ”USA！USA！”。他們相信他們自己是百分之百的愛國者，我們自掏腰包開數小時的長途車，不是來遊戲的，我們是真心忠實的愛國人士，不要偷走我們的選票。American great again！還給我們的川普一個公道。

　　他們很多來自中部、中南部各州，白人佔多數。這些州農產品為主，

農產要有地，黑人是歷史上的奴隸，沒有地。美國立國以清教徒為主力，堅定的基督信仰。不墮胎，不同性戀婚，擁槍，愛白人至上主義的美國，或可以說，是美國白人至上，美國全世界優先的忠

實支持群體。所有這些，都正是川普一再攪動的主題，中南部農業州的白人，和東西兩岸城市保守的白人，保守的教徒，都是川普忠實的川粉群體，這才能解釋為什麼川普有 7500 萬選票，歷史上最高票落選的現任總統。

佐治亞州議員選舉，共和兩名競爭者都輸。但民主的票比共和的票，沒有一個超過 3% 得勝。佐治亞州沒有變色成忠實的民主藍州，只不過是變成一個搖擺州。這是在說，共和與川粉精神，不能完全切割，否則票源不穩。作為政客，所謂立場是在適當的時間，在適當的場合，向適當的人講適當中聽的話。正義是非對錯，是可以而且必需適時調整的。此所以，共和擁川普的十三名大將，在暴動定性之後，立即過半變色轉舵。但，不管形勢如何變化，共和不能沒有川粉大軍，川粉大軍是共和最重要的票源。

川粉鐵軍的最大特色，就是白人至上，美國優先例外第一。他們堅信小政府，小管制的政治體制，社會福利，人民醫保，政府都不宜介入過多。在佐治亞州的選舉，共和黨人描述民主黨人的福利，醫保，教育，是恐怖 socialism and radical，至於如何定義，實質內涵是什麼，沒有人，也用不着說清楚，反正，福利，更多的醫保，更多政府主導的教育，共和認為都是要不得的 socialism。共和得票因之不低於 47%，可見，他們代表保守又偏激的川粉精神，有起碼 47% 的市場佔有率。不管你喜不喜歡，這裡實實在在存在着 47% 有投票權的人口，有濃厚的川粉精神。這精神遠來自清教徒到美洲，殺土著奪地，殺人或自衛擁槍有其歷史性的正義必然。白人之間，平等友愛，自立自強，和天地鬥爭，在荒野中橫勇成長。小政府要給我最多的自由，是他們世世代代的基本信條。這和今天美國東西兩岸城市長大的人群，有截然不同的認知落差。城市集中了很多外來移民，他們和本地白人共同在城市長大，他們熱愛平等和自由，但更熱愛沒有槍枝恐懼的世界。他們重視婚姻，但可以接受同居，墮胎，同性彩色。面對全球化，外包工作，科技升級代替了原始人力，產業外移，工作崗位比不上上一代的寬裕，他們信用卡債和分期付款債務高築，股市狂漲，他分不到半杯羹，他們租住俱難，他們（未完）

閱讀全文請點閱 https://www.theintellectual.net 新大學 / 名家專欄 / 何步正

美國夢為什麼式微？

周陽山

30 年多前，我在紐約哥倫比亞大學唸書，當時的美國被視為憲政民主的楷模、資本主義的明燈。「美國夢」所代表的是自由、和平、民主、效率及對繁榮和幸福的追求。但美國的領導地位現正快速式微。一方面，經濟榮景不再，貧富差距不斷擴大。另一方面，價值體系分裂、種族衝突嚴重、社會治安敗壞，自由民主的困境已全面浮現。美國在全球的獨霸地位也受到嚴峻的挑戰。

「美國夢」衰退原因

「美國夢」的衰退起因於長期的霸權和自滿。1989 年以後的東歐巨變和蘇聯解體，宣告了冷戰結束及美國獨霸局面的出現，這卻是造成美國逐漸衰退的主因，這段看似弔詭的歷史進程，經歷了幾個不同的階段。

1992 年到 1993 年之間，我到哥大擔任訪問學者，經常在紐約街頭行走，發現許多十字路口的老店關門了，物價變得越來越高，當時媒體稱作「仕紳化」(gentrification) 現象，也就是看似高雅雍容、實則飛騰昂貴。我自己清楚的感受到，在 1980 年代那個相對樸實、親和、平易近人的老紐約，已經一去不復返。

但當時我不知道的是，美國境內各種製造業已然悄悄的往外移動，移向勞工低廉的亞洲、拉丁美洲，這一標誌為「全球化分工」的趨勢，最後造成美國產業的空洞化，也導致失業率上升，在美國中西部和南部地區，出現普遍的貧困化現象。窮困、失業、低學歷的白人，是 2016 年全力支持川普當選的群眾力量，他們對全球化的抗拒與反撲，其實早在 1990 年代中，就由美國人種下了禍根。

九一一後走向單邊主義

2001 年，九一一恐怖攻擊事件發生，遭此巨變，紐約人心惶惶、恍如末世。美國也有如眾矢之的，隨時可能招致恐怖攻擊，出現了一種「恐懼的文化氛圍」。這也正是杭廷頓所預言的「文明衝突」，亦即基督教與東正教、伊斯蘭、儒家、佛教等文明體系的對抗，代價十分慘重。

九一一事件後，美國情治系統進行重整，國內安全情勢變得嚴峻敏感。接下來，美國展開對阿富汗、伊拉克、敘利亞、伊朗、利比亞和其他北非國家的對抗和戰爭，至今未歇。

但小布希總統卻堅持推動「唯美國利益是尚」的單邊主義(unilateralism)，彷彿回到中世紀的十字軍東征，想打誰就打誰。其結果，導致全球紛亂，烽煙四起。美國為了追求軍事勝利付出沈重代價，但卻未能解決政治危機和文明衝突，並造成中亞、中東及北非難民不斷湧現，蔓延至歐洲，導致歐盟內部紛爭，而英國因拒絕分配難民配額及經費，最後竟然選擇脫歐之路。

由於世界各地反美情緒高漲，美國不斷增加駐外軍事基地，以抵禦威脅。據統計，冷戰結束後美國在海外（不包括伊拉克與阿富汗），至少設立了800 多個軍事基地，駐守美軍逾 50 萬人，每年的花費高達 1700 億美元。

換言之，當年強調自由、和平與繁榮的「美國夢」已然全面褪色。取而代之的卻是窮兵黷武、疲於奔命的龐大基地帝國。其目的旨在維持美國的獨霸地位，並打擊任何具威脅力的競爭者，以及利益衝突的潛在敵人。

資本主義倫理崩潰

到了 2008 年，華爾街遭逢巨變，銀行投資機構的投機與詐欺行為引發了全球的金融海嘯。但美國人對於資本主義倫理的崩潰，竟無反省之心，也未體會這是對自由市場公平秩序的嚴重戕害，必將重傷美國的信譽。

在首位非裔總統歐巴馬當選後，白人種族主義者卻心不甘情不願，對其百般刁難。許多白人官員陽奉陰違、阻撓相關政策的推動。至於國會（未完）

閱讀全文請點閱 https://www.theintellectual.net 新大學 / 海峽波濤 / 天壇筆記
本文原載於觀察網

中國復興後帶給人類的未來，可能超出我們的想像？

朱雲漢

　　本文根據臺灣中研院政治學所特聘研究員朱雲漢教授 2019 年 3 月 12 日在中國人民大學"國‧政大講堂"所作專題演講《中華民族再興的全球意涵》整理。由人民大學國際關係學院博士生端程負責整理，朱雲漢教授親自校定，授權觀察者網獨家網路發佈。

　　我們無論是從 100 多年前中國屈辱的近代史作為回顧的起點，還是從最近 70 年中國民族快速復興的過程出發，都需從全球史的架構來理解中華民族再興對人類歷史發展的重要意涵。在這基礎之上，我們才能展望未來。中國 70 年來走的道路，當然有曲折，但也有很多方面是史無前例的，突破了過去各種不同文明曾經創造的歷史，中國肯定要超越他們。

　　如果中國繼續保持既有的發展軌跡，那麼她必然會進一步影響到人類社會的未來，實際上她已經開始在深刻地影響全球社會，以及整個人類歷史的進程。不僅如此，這一作用將來還會更關鍵，而且她的關鍵程度甚至會超過歷史上美國所起的作用。

　　上面這張由《經濟學人》（The Economist）雜誌刊登的歷史地圖很有趣，它是根據歷史資料所繪製的，展示了過去 2000 年來，人類全球經濟活動重心的移轉。該圖從西元元年開始，在前面 1600 年的時間裡，以全球為範圍，世界的經濟地理重心的位置移動的範圍非常小，一開始它非常靠近被稱為"人類文明搖籃"之一的兩河流域。然後中國和印度這兩個板塊長期佔有非常重要位置。

圖 1：兩千年世界經濟中心的移動路

　　這兩大古文明歷經幾千年，在當時來講各方面是比較先進的，因為這兩個古文

明板塊的存在，當然還有沿地中海的古希臘、古羅馬等等，所以把各地區經濟活動規模加權平均以後，全世界經濟地理重心差不多就在上述這些位置，也就是長期相當接近中國與印度兩大文明板塊。但是在 1800 年以後也就是 19 世紀開始，全球經濟重心的移動非常快速，一直在往西走，這就是西方的崛起，地理大發現，殖民擴張與工業化。

到了快要接近 19 世紀末的時候，北美新大陸和美國的興起，更是把這個重心快速地往西邊牽引。一戰之前，美國的經濟體量基本上已經超過大英帝國，在二戰結束的時候更是達到頂峰。因為美國的板塊份量太重，所以這個重心在 1950 年的時候，已經移到了大西洋的中間。

接下來，這種情況又開始起變化了，西歐戰後重建復興了，東亞也開始發展起來。所以這個重心從 1960 年以後就開始慢慢往東。儘管有日本的興起和東亞 "四小龍" 的發展等等，但因為美國也在發展，所以移動速度並不快。但是 1980 年以後全球經濟重心則快速地往東，世界經濟完全進入一個新的歷史發展階段，因為有中國大陸的快速興起。因此，到 2010 年、到 2018 年，以及未來的 2025 年，重心還會繼續東移，當然之後可能會再往東南一點，因為印度也在快速發展。

是什麼力量把這個重心一直往東牽引？答案顯然就是中國興起，它是最大的一個牽引力量。所以這張圖很有趣，因為它預告了不久之後人類經濟活動的重心可能會回到 19 世紀初的歷史起點，甚至回到更早的歷史起點，也

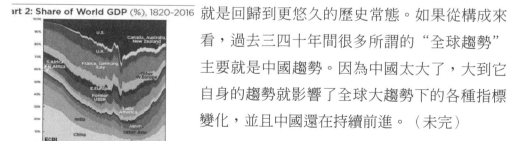

就是回歸到更悠久的歷史常態。如果從構成來看，過去三四十年間很多所謂的 "全球趨勢" 主要就是中國趨勢。因為中國太大了，大到它自身的趨勢就影響了全球大趨勢下的各種指標變化，並且中國還在持續前進。（未完）

閱讀全文請點閱 https://www.theintellectual.net 新大學／名家專欄／朱雲漢
本文原載於觀察者網

【宋楚瑜與張俊宏對話錄】台灣從威權到民主：
1988年1月－1990年3月，沒有彩排的戲劇性演出

張俊宏、宋楚瑜、楊雨亭

前言：

　　這一天宋楚瑜主席和張俊宏委員見面，正好是六四。我們談的主題是1990年3月間發生的大事：野百合學運中的民主改革。但是之前，1988年1月13日，蔣經國過世，國民黨內部經歷劇烈衝擊，到兩年以後，1990年3月，發生野百合學運，從此中華民國與台灣社會逐步由威權走入民主時代，這個戰後戲劇性的轉折點，其所影響到層面，不只是台灣，更是波濤湧上中國大地，進而輻射到全世界的政治文化生態中，至今猶餘波盪漾。這件事可以說是近代以來中國、台灣甚至於世界歷史中最重要的事件之一，因為從威權政治到民主政治自我轉型的成功範例不多。而之後不久，台灣社會內部開始產生族群矛盾與統獨衝突，和1988年1月蔣經國過世後國民黨內部的分裂以及1990年3月份開始的學運和隨之而起的國民黨主流派與民進黨的合流而產生的民主化過程有沒有關係，多年來缺乏對此的研究。在野百合學運中，學生和民進黨之間發生了什麼事情？一般對此情況的了解也不多。

　　1990年3月16日至3月22日在台北進行了一系列的學生運動，數千名來自台灣各地的大學生集結在中正紀念堂廣場上靜坐，提出「解散國民大會」、「廢除臨時條款」、「召開國是會議」、「訂定政經改革時間表」等訴求。這是中華民國遷臺以來第一次大規模的學生運動。期間，時任中華民

國總統的李登輝運用情勢發展以及民進黨的合作，在並沒有得到國民黨高層以及普遍黨員與幹部的共識下，進行對學生與反對黨的承諾，召開國是會議，隨後於 1991 年廢除《動員戡亂時期臨時條款》，結束「萬年國會」，使台灣一方面進入了民主化的階段，另一方面，並之而來的國民黨黨內紛爭、台灣政治文化選舉化、統獨族群對立、兩岸關係起伏以及種種社會運動包括同志平權運動的發展，都不是當年的運動與政治參與者以及老百姓們所能預見的。

當年，張俊宏是階下囚出獄不久，宋楚瑜是當朝紅人，李登輝和黃信介二人聯手，在參與及運用學生運動中，由國民黨秘書長宋楚瑜與民進黨秘書長張俊宏的穿梭和折衝，鬆動了國民黨傳統政權的根基，決定了台灣政治改革的主軸，為下一階段的中華民國與台灣的政治發展，改裝與布置了新的舞台，開啟了台灣政治本土化路線以及民進黨的新政權時代。

1990 年野百合學生運動中的學生如范雲、黃偉哲、鄭文燦、郭正亮、羅文嘉等人，在新時代中藉民進黨直接間接的提攜而登上舞台，並且逐級躋升政治新貴；其中由於學生運動的性質主要是反對國民黨，以至鮮少有國民黨的新人出現。由此，國民黨自野百合運動以後，開始日益在接班梯隊上產生斷層，原本對於中國的視野與理想愈加模糊，黨員和幹部志氣衰頹。而外省族群包括第二代中的許多人物，在政治氣候的變遷中懵懵懂懂，並且長期和本土文化與勢力脫節，對於自身的日益沒落，完全無計可施！

由宋楚瑜與張俊宏二人當年代表雙方上層進行幕後溝通的角色與功能，促成了一個「和平轉型」（相對於「和平演變」）的時代。用他們兩個人的結論說：「必須要有對話來取代對抗，但是對話必須要有對象，對象必須要有對策。」這對於今後的台灣內部、中國大陸內部、香港、以及兩岸關係，甚至和美國、日本、歐洲等國家之間的關係，都有相當的啟發意義。而當時在政治幕後，到底是如何地產生了如此一連串的變動，一般並不十分清楚。2020 年 6 月 4 日下午開始的宋楚瑜與張俊宏會談，為當時的歷史起了部分解密的作用。

—— 楊雨亭，整理原稿於 2020 年 10 月初。

本文：

■ 宋：從六四發生事情的角度來看，現在全世界最讓我們珍惜的地方就是台灣，但是台灣近年來越來越糟的新聞道德和水準，讓我們憂慮。今天《華爾街日報》頭版頭條，說美國現在全國不安，走在街上，尤其是在舊金山華人和有色人種的地方，大家覺得非常恐慌，不曉得會發生什麼事。而在全世界，晚上女性同胞走在街上最安全的地方之一就是臺灣，這麼好的一個包容的文化，具有世界觀，而且曉得人與人之間相處的道理，和我們的民主政治很有關係。我們兩個人（指宋楚瑜和張俊宏）原來是對立面，結果可以坐下來共同為臺灣創造民主，這一點請你把它記下來。

我今天很自豪的來說，臺灣有今天的民主是碰到兩個非常認真、有歷史觀的秘書長：一個是國民黨的秘書長，一個是民進黨的秘書長。如果那時候張俊宏是一個像現在我們所標榜的鷹派、不講道理的，兩個人各自堅持觀念，在一些特定的立場在尖銳對立，臺灣根本不可能有今天的民主。很多人並沒有重視當年的這個過程，所以今天我來做歷史見證。我們兩個人還有一個特色：不在外面吹噓，所以外界對幕後協調折衝的過程都不瞭解。沒有這些協調折衝，把意見向他們直屬的兩位主席溝通，我相信不會有我們今天民主政治的成功。我也必須要稱讚那個時候的李登輝先生和黃信介先生，都扮演了相當正面的角色。如果他們兩位都是不能溝通的，而是堅持己見的人，我相信後面的情況也不會有今天的結果。

■ 張：那一段太精彩了。我一直在等待這個真相大白，後來完全沒有延續報導。在那個階段中，如果沒有你所扮演的勇敢的角色，不會有今天。

■ 宋：經國先生的日記證實，經國先生對於孔家在介入臺灣未來發展的政局方向是負面的。而我能夠在那個時候，把經國先生真正交代要去做的事情能夠講出來，當時還引起很大的不同的反響。孔家就是指孔令侃，所以你去看看黃清龍所寫的孔令侃的角色。最近，包括周玉蔻每天都在講這件事，我沒有興趣去說到底小孩是誰生的，那個都不重要。對於天安門事情發生，我要講一句話：中國的未來不是靠美國來改變，你自己必須要找出你自己的生存

之道和發展的道路。五四時中國是什麼樣子的狀況？中國是個戰勝國，竟然在巴黎和會中遭遇到那樣的情況，所以才有五四運動的發生，然後產生中國共產黨這樣的一個勢力。我們需要自己民族自覺，不要外國人要來幫你忙讓你改變。國民黨和臺灣目前的情況也是要自己思考該怎麼辦。在這個當中，經國先生和蔣夫人的一些嫌隙，我很明確的說蔣夫人晚年在臺灣幾乎不太接觸臺灣的報紙，她也不太管政務，大部分都是孔令侃在那邊寫這些東西，所以大部分的事情經國先生在他自己日記裡面很不以為然，但是他要維持黨內尊老敬賢的傳統，他不能夠跟夫人和他們這些人的關係被人講話。

經國先生走了之後，由孔令侃起草寫一封信給國民黨秘書長李煥先生和行政院院長俞國華，說暫緩不要由李登輝先生代理主席，但是我瞭解這根本就是假傳聖旨。這時候還沒到要開會的時候，關鍵最重要的時候，下午一點多鐘經國先生大去之後，這時候國民黨決定要開臨時常會，由俞國華先生擔任主席，在這時候他們說：「我們應該先去謁靈，還是先讓副總統宣誓就職？」我在旁邊咬耳朵，說：「應該依照憲法的程序先觀禮宣誓。」

▎張：你是當局者迷，你自己在那裡面，後來的發展你也不夠清楚。但是我是旁觀者，那整個場面中就是他（宋楚瑜，楊按）在轉動方向盤。經國先生的過世，我相信全世界至少擔心了十年，因為接著下來會是什麼樣子？不可預測。以我在野的身份，多數的人最關心的，我學政治，認為那一定會有兵變，兵變的主角都已經想好了。

傳來經國先生過世的消息，向來大家都認為這個都是假新聞。我們剛出牢（美麗島事件後，楊按），黃煌雄為我們布置全國巡迴，向大家說「謝謝關心」。那天在和平西路一個小咖啡廳中，我們在談論怎麼佈置時，突然，許榮淑給我電話，她說：「經國先生過世了。」我回說：「這是經常聽到的消息。」但是，後來忽然一想，從她發言，她是立法委員，當時我們坐牢的時候，她在全臺灣的反對黨中幾乎扮演著男人的角色。我跟黃煌雄講：「這由她發言的話恐怕不能輕忽，這是大事！」是不是真的？我國民黨黨部出來的人，知道情況，

▎宋：他了解國民黨的運作，必須要由黨來做決定之後的事情。

■ 宋：那天下午一點鐘，經國先生過去了，事實上他在前一天還準備要到政工幹校，在復興崗，去參加國軍一個重要的會議。結果，早上突然覺得不舒服，我是第一或第二個被王家驊通知趕到七海的。跟以往不一樣，以往他會說：總統有請。中午兩點鐘，我接的電話叫我到七海來，晚年經國先生都在他的臥房裡面見我們，要從側門的偏道開車上去。但是王家驊在電話裡講了一句話：「你從正門進來。」讓我的心裡覺得不祥。

■ 宋：我是首席副秘書長。進去以後就發現經國先生走了，這時候開始打幾個電話，把包括秦孝儀、沈昌煥、蔣緯國等請到七海商量。這時候第一個決定是要開常會。這時候外界都不知道，經國先生的大體還在七海的臥房裡，王惕吾先生在常會裡宣布經國先生大去了，接著就提出來所有常委應該到七海先去向經國先生行禮。

■ 張：所以我當時想這一去，李登輝沒有機會了。

■ 宋：這時候我就向主席俞國華先生報告，電視都有照出來，你剛才講的沒有錯，台視有錄影，最近我都把這些帶子收集起來，我講：「國不能一日無君，必須趕快依照憲法的規定，讓副總統接大位。就像甘乃迪被刺，詹生副總統在飛機上宣誓就職，要趕快進行。」在下午三點鐘，事實上，初步幾個重要的人在商量時，也討論過要趕快讓副總統接位，趕快宣誓。當時在開會的時候，突然有這麼一個動作，是沒有在現場開會的人提出來，就是王惕吾先生講的。我當時沒有這樣做的話，就有空間和時間，讓別人在運作到底怎麼接班的問題。

■ 張：從中央黨部走向總統府，我想局勢已經定了。

■ 宋：國民黨的中央黨部就在景福門的後面。所以，沒有向大直開，而是向總統府開，大家都去觀禮副總統宣誓。：之後，我就跟黃煌雄說趕快找黃信介，因為接著下來就不是國民黨的事情，是民進黨的事情。我們都沒有加入民進黨，因為出牢以後都還在準備「鑼聲若響」，全臺灣繞一圈以後再宣佈加入。看完電視以後就趕快找他說：「我們到民進黨中央黨部去。會不會大亂？大亂，國民黨沒有能力，民進黨就要承擔；國民黨能夠處理，就趕快支

持他，沒有別的路；不能處理，黃信介就必須要站出來。」那站出來怎麼辦？
黃信介沒有能力，（宋：無兵無將。）必須要民進黨，但是我們都沒有民進黨
的身份，我們三個人一起到建國北路民進黨中央黨部。秘書長是黃爾旋，我
們要進去的時候，「黃爾旋站在門口阻擋說：不准進來，你們不是黨員。」
黃信介不好意思，我就衝進去說：「就是你要來處理，還不讓我們進去，你
怎麼做的？」我還和他吵架，後來他看到我那麼兇，才讓我們進去，我們就
說：「趕快開臨時中通常會，趕快開。」結果他也很猶豫，最後也開了，但
是都找不到人，沒有來幾個。後來尤清說：「很抱歉，俊宏兄，我什麼職位
也沒有，我們都沒有緊急的政治意識。」那個時候要另外找朱高正，尤清說：
「不要找朱高正，因為他如喪考妣地痛哭流涕。」尤清也不知道怎麼辦，這
個是重大時刻，萬一國家亂了，雖然李登輝宣誓為總統，但大家都知道他是
主流派的非實力派，萬一有問題的時候，那非得靠反對黨了。所以，黃爾旋
事後來道歉說：「我們的政治意識實在遠不及您。」這是我們反對黨的一面。
對於這一段，我一直期待記者也好，或者是你閣下也好，應該做出一個說
明，因為當時我們都不知道到底臺灣的未來還有沒有。今天連「自由之家」，
2017 年都說臺灣經過 30 年，已經是民主的 TOP 10，把美國給取代了，美國
那年掉下來，補上去位置的是臺灣。美國副總統說的那句話：「臺灣的民主
是華人世界的標竿。」當時那一關只要稍微有點差錯，局面就完全改變了！

▌宋：就是幾個重要的人，處理臺灣面臨很大的挑戰的時候，所做的每一個

小動作的決定都可能影響後面的變化。
剛才講的俊宏那個時候扮演的角色，
這是前面剛才講的經國先生過世，然
後就一直延續到後來發生天安門事件。
這當中又有一段時間，就是李登輝先
生已經接了黨主席，前面都還是代理
主席。（未完）

閱讀全文請點閱 https://www.theintellectual.net 新大學 / 名家專欄 / 楊雨亭

台灣與大陸 兩岸如何破冰？

張俊宏、許信良、楊雨亭

前言

張俊宏　　許信良　　楊雨亭

　　張俊宏與許信良二位先生在台灣的政治發展史上，都站有特殊的位置。今天的訪談主題，是講述1987年張俊宏剛出獄後，接到北京來電話慰問，從而張俊宏得到黃信介的允諾，赴日本嘗試安排「黃鄧會談－黃信介鄧小平會談」事宜，張俊宏在日本與大陸駐日本大使館官員會談後，即從日本直接飛往紐約，與流亡的許信良見面，了解這件事在海外台灣獨立運動者們中的反應。這件事後來並沒有成功，但是卻促使蔣經國決定及早開放兩岸探親，以免這件劃時代大事的功勞被1986年才成立的民進黨所獲取。長期以來，這件事沒有得到完整的報導，以至於幾乎沒有人知道曾經有過民進黨人與中共方面的接觸，黃信介、張俊宏當時出獄後，為了這件事處理方便，尚不立即加入民進黨，隨後二人分別擔任民進黨的主席與秘書長。這次訪談，即希望釐清當年的事情，除了黃信介已過世，其他相關人等皆在，張俊宏希望能夠將這件事的過程做出他這方面的說明，並且得到許信良的印證。由於還有幾位台灣方面的當事人未能到場，大陸方面不易直接訪談，所以，下一步還將繼續安排相關的訪談工作。

　　兩岸的關係發展從1987年到今天，三十年來，台灣與中國大陸之間的互動過程曲折複雜，尤其是台商西進，直接間接引發大陸方面民間經濟的蓬勃發展，影響極為深遠。但是其結果似乎對台灣方面並未帶來更好的結果，執政的民進黨固然有相當的顧慮，大陸方面也有其既定方針，未來的走向不確定性高。張俊宏對此，有他的關切與想法，希望

雙方逐步找到互相可以接納的原則與合作的方向。

訪談過程（第三部分）

與會者：張俊宏、許信良、楊雨亭

■ 楊雨亭：帶老兵上街是那些立法委員。

■ 許信良：當年沒有幾個民進黨立委，陪老兵上街的立委許國泰，另外還有林正杰和張富忠，但他們兩位不是立委。

■ 張俊宏：老兵敢上場登陸的就是蔣經國宣布探親以後才產生的。

■ 許信良：探親之前是老兵先示威，老兵們穿著白衣服，用很大的紅字寫著「想家」，最後才開放的。我同意俊宏的說法，真正在背後給國民黨壓力的，可能就是那場沒有實現的鄧小平先生和黃信介先生的相會，雖然沒有實現，但是給蔣經國很大的壓力。

■ 楊雨亭：我今天插句話，請問兩位，我聽起來 1980 年代，台灣的族群並沒有那麼分別，對統一並沒有像現在那麼反抗，聽來你們只要得到合理的安排，不會反對某種形式的融合，可是現在整個的抗中跟你們當初的氣氛是不同的。許信良：我們這樣講，其實在 1987 年那個時候，我們這些人當然不會想要統一，我們希望兩岸維持現狀，但應該把兩岸關係五十年的僵局打開，兩岸應該往來、和平共處，兩岸應該密切往來，這是我們的想法。但政治上怎麼解決兩岸問題，我們認為沒有必要在那個時候提出這個問題，住民自決只是個原則，認為台灣問題最後應該容許台灣住民有權決定，這只是個原則而已，我們並不是要在那個時候推出一個兩岸在政治上解決之道，談住民自決也只是一個原則，最後應該讓台灣人民有權講話、有權決定，就這個原則而已。我們只是想要打開這個僵局，因為國共讓兩岸五十年敵對，這沒有道理。

■ 楊雨亭：你們的解法不是從國共解，是從老百姓來解決。

■ 許信良：沒有錯。

■ 楊雨亭：換一個途徑。

■ 許信良：對我們來講很簡單，必須打破國民黨主導的跟中國大陸完全隔離和對抗的這個局面。

▌楊雨亭：打開局面之後我覺得你們沒有那麼反對中國這個概念。

▌許信良：那是當然的。對我們這些人，俊宏跟我、還有施明德這些反對運動者來講，基本上認為台灣已經獨立，重要的是民主，應該讓台灣人民有權選擇自己的政府和自己的未來。我們都不敵視和反對中國大陸的共產黨政府。

▌楊雨亭：當時看起來所謂獨立的概念並不是反中的概念。沒有那個清楚的反對中國的文化、語言、血統的對立性。

▌張俊宏：老實說，我們昨天從日本統治一直到今天，坦白以道，台灣人三句話裡面有兩句話到現在為止也一樣：「咱中國人...咱中國人啊！」的口頭禪，現在為止都沒有改。我出生就是日本人，我出生的時候我父親也是日本人栽培一流的皇民，他也反日，原因是他是二等的皇民，只因不是一等的，這就使他無法忍受，他認同的就是中國。我的祖國是中國，但是破滅，那是二二八事變後的屠殺，你說屠殺當時在中國是舊常態，卻仍是新的常態，所開始的仍是「新的舊常態」。「長春屠城」你說是二十萬，龍應台說是一百萬，一百萬死了，都沒有人談，也沒有人敢談，那是自然事件的常態，台灣二二八的幾千或是幾萬，那數字算什麼？你昨天的說法是這樣的。

▌楊雨亭：因為我們外省人普遍走過這個災難的過程，死亡已經成為我們生命中的一部分。

▌楊雨亭：不過看起來就是說，因為我們是傳統的國民黨子弟，所以看法會跟你們很不一樣。但是相對來說，我們對中國大陸有長期的一種敵視，也造成兩岸同胞的對立，可不可以這樣講？

▌許信良：說得好，白色恐怖、戒嚴都是這樣。

▌楊雨亭：當年你們在國民黨文工會、組工會，你們會不會對國民黨還有種很薄的感情？就說李煥那個時代，他基本上也是開明專制嘛！

▌張俊宏：這個問題我昨天就跟你答覆了。我不是很薄、是很深的感情，一生成長期接受的是那種高貴的中國人、從小學教員、中學老師、大學老師。我們民主思潮的來源已經不是從日本人得到的。早一代台灣菁英殺光了、日本人走光了。我們唯一受到現代的這個思想的，雖然我沒有出過國，看美國

電影的生活方式，都不是，絕對是來自高貴的中國，知識分子的杏林，這些古時留下來不容於中共的，都濃縮在台大政治系。就像國民黨中央，許信良的老闆是李煥、我的老闆是陳裕清，陳裕清尤其是典型的中國古老正人君子的那種仕人，那我肯定是從內心底去景仰的。那現在我不知道，有多少人可以符合那個標準，他靜靜地來、靜靜地走，從不留下一片雲，像佛陀一樣，當年我們在中央黨部，我是管文宣的，他居然容忍我們一起寫社會分析、寫國是諍言。

■ 楊雨亭：你們兩個當時不是在同一個學校嘛，年齡也差一點呀。

■ 許信良：我們一起在中央黨部。

■ 楊雨亭：以前不認識？

■ 許信良：以前不認識，是後來才在一起的。

■ 楊雨亭：那怎麼會跑去寫社會力分析？

■ 許信良：就是辦大學雜誌啊，俊宏當時是大學雜誌的實際發行人，大學雜誌當時改組了，我是 1969 年底進中央黨部的。1970 年大學雜誌改組，我在中央黨部，所以我們認識啊。那時我們都是年輕人，所以俊宏當時就邀請我參加改組的大學雜誌。

■ 楊雨亭：所以大學雜誌當時國民黨有介入嗎？

■ 許信良：當初沒有。

■ 張俊宏：國民黨有介入的是後半段，前半段老實講國民黨對我們也很憤怒，但是我的老闆陳裕清一肩挑下來，幾段故事，很生動的。你限我們一次三分鐘是講不完。

■ 許信良：我講結論：一個沒有實現的「黃鄧會」產生很重大的影響，國民黨必須開放兩岸往來，逼國民黨必須讓老兵返鄉。因為他不做，黨外會做，那坦白講，國民黨在台灣更沒有統治的合法性了。所以我曾經講過，因為台灣民主，兩岸關係才會開放，這是真正的破冰。打破兩岸僵局的是台灣的民主運動、民主力量，不是蔣經國人之將死的善意，也不是後來的連胡會！

■ 楊雨亭：所以呢，我覺得每一個人都有複雜曲折的人生，這樣看起

來，台灣民主運動跟台獨的連繫性，我想沒有那麼強，都是刻板印象。

■ 許信良：本土的台灣黨外運動本來就不是台獨運動，可以這麼說。黨外運動是民主運動，所以那時統派可以跟我們在一起共同奮鬥，在我們那個時代是很多統派參加的。包括民進黨建黨，有費希平、傅正，都是主張統一的啦，都是外省人民主前輩。

■ 張俊宏：你說傅正喔，步正早上交給我一篇傅正的文章，我看了幾乎要流淚。傅正就是雷震之後兩代唯一一個筆耕打天下的這麼一號人物。你知道幾乎可能死在現場的就是為了信良。

■ 張俊宏：信良一定不知道，這個你帶回去看，信良闖關回來，他一輩子沒坐牢，就那一次坐牢，在土城看守所，我那時候做民進黨秘書長。老朋友坐牢，我當時坐牢他在美國做出那麼大的一個局面，他在台灣坐牢我當秘書長我可以見牢不自救嗎？我當然造起抗爭。那個夜晚，已經是冬天了，非常冷，當天的氣溫比現在冷很多，我在那邊靜坐示威，在我旁邊的就是傅正。他是我再三拜託，他才接任政策會的主委，他說他不願意幹黨務，當天卻跟我坐在那，他當時已經身懷重病了，後來查出來是癌末，原來我身體沒他好，當時他卻比我更慘，坐在我旁邊。鎮暴部隊噴出冬天的水龍頭幾乎到冰點，冰水沖在身上的那種滋味，在旁邊讓我當體溫的就是鍾金江跟呂尚瑞把我抱住，我才活下來的。但是我知道這個人比我更弱，我就說你先把他夾到旁邊，我叫他走他不走，那種天氣我都受不了了他受的了嗎？就請強制將他架進車裡面再回來。回來兩人抱住我，我也是這樣才過了那一關，靠兩個年輕人，呂尚瑞是我牢裡面一直在服侍我的小弟。事過以後去看他，沒有多久以後他就過世了。如果當時沒有把他架走的話，他就在現場完了，那你的負擔就更重了，也許那時運動的就更激烈。但總是他多保了幾個月的命，這是當時非常令人尊敬的，我剛剛講的，高貴的靈魂，一生無所求，憐憫心腸，無限的付出…

■ 楊雨亭：傅正那個時候多大年歲啊？

■ 張俊宏：他比我大，那個時候才會參加雷震跟郭雨新的活動。

66

▋ 楊雨亭：我現在才知道你講的話，台獨跟民主運動不是同一件事，那後來變同一件事是為什麼？

▋ 許信良：後來也沒有變同一件事，你不能說今天台灣民進黨人都主張台獨，你不能這樣講，這不是事實。黨綱那是在建黨之後才有的！坦白講，民進黨今天在奉行台獨黨綱嗎？是沒有的。它就只是歷史文獻而已啊！參加中華民國的總統選舉、國會議員選舉、所有地方選舉，哪有一點是台獨黨綱主張的啊。所以台獨黨綱只是一個歷史文獻，從來就不是民進黨一直推動的一個政綱。

▋ 楊雨亭：這是你的解讀。

▋ 許信良：這不是我的解讀，事情本來就是這樣。你說阿扁是台獨嗎？他曾經罵李登輝，你要我們搞什麼正名制憲，你執政 12 年都做不到，我們怎麼做得到？所以嚴格講，民進黨在台灣真正努力的就是民主：還政於民，主權在民。這才是民進黨的政治信條。至於說那些台獨主張、正名制憲啊、台灣共和國啦，其實沒有多少民進黨的政治菁英認真去把它當一回事。

▋ 楊雨亭：所以看起來你們兩個是現在民進黨的外圍了。

▋ 許信良：我們都是老黨外，老民進黨人！

兩岸學運 悲喜劇的分界

▋ 張俊宏：十三、四歲看雷震的自由中國長大的，當時要蔣介石的也是開「國是會議」，此時正是此一訴求讓他們可以光榮的回去，解決即刻可能的災難，更可使青年的力量讓台灣民主可以提升，國是會議幾乎兩秒鐘不到，我回過頭來去找宋楚瑜說千萬得讓學生開國是會議，他就說是這樣子喔，好。除現場學生之外，官方這是第一個跟我同意的，如果沒有同意的話，當時後果是悲劇，事後也可以只是一則笑話。野百合的光彩嗎？鄭文燦的功勞在於六天結束，太陽花是四十八天欸！是的，大家當時都在等待那個可能的危機，會不會變成八九民運（六四天安門？）所以我說事不宜遲，後來終於說服了李總統。（未完）

閱讀全文請點閱 https://www.theintellectual.net 新大學 / 名家專欄 / 楊雨亭

「傾聽兩岸心聲 交流世界大勢」
城鄉改造環境保護基金會座談會

黃晴琦、張文基、陳立家、張一飛、高志雲、趙國材、施正鋒、李禮仲、
何步正

■ 黃晴琦：我們今天本來也邀請許信良先生，但是碰上清明佳節，他掃墓去了，同時也非常的不巧。我今天謹代表張俊宏先生誠摯歡迎各位的來臨。

台灣正夯的轉型正義，為任用的主委吵的沸沸揚揚，我想各位也是從台灣去的，這主委人選的爭議性很大。我認為這轉型正義的主委應該頒給何步正先生，因為他是個媒體人，他今天負責任的做了一個叫做公平正義。為什麼？因為前兩天，他也安排了採訪許榮淑女士，許榮淑就是張俊宏先生的前妻，而我現在是他的愛人同志。所以，這就是轉型正義裡很重要的兩項，一個是平衡報導，一個是公平正義。但是，有一樣我心裡有一點疙瘩，因為委員今天浪跡天涯雲遊四海，在他治絲益棻家的家事裡面有前妻，也有多位女朋友。如此精彩和他的豐功偉績，才造成他一生的坎坷悲愴。記得張俊宏先生的口頭禪是就是「人生太過苦短，但是如果過得太卑鄙的話，那人生就太長了。」我知道各位風塵僕僕跑了多場的座談，今天有幸相聚這裡，我希望是講真話的！講真的，這赤裸裸的揭露實話真相，適合拿到中國或美國呈現嗎？既然要談問題的核心，我就不再講表相的議題，因為我們應該不只是聆聽，而是能做些什麼，貢獻什麼？這一直是張俊宏先生的實踐理論。他認為只有「實踐才是檢驗真理的唯一道路」，張俊宏先生是我的啟蒙老師，他今天不能到場的遺憾，就由我來替他特別感謝各位的蒞臨，同時希望也能傳達了他對兩

岸和平共榮的期待！。

林孝信老師以前，就是坐在陳立家理事這裡的位置，是他陪著我共同籌辦釣魚台論壇和狂飆年代論壇，這些好朋友和團隊，我們都非常懷念林孝信老師，他是一個苦行僧。當時，張俊宏再度受司法陷害的二度入監時，也是他相挺和在場的這幾位好友、教授們一起參與的多場活動。

■ 張文基：我們是一個美藉華人的智庫團體，我們每個禮拜發一篇專頁在美洲七個環報刊登。我們也廣交朋友，步正兄和他的組織，就是我們的合作夥伴之一。我們的合作夥伴包括台灣中國時報，美國中評社，中評基金會，還有觀察雜誌。我們為什麼來呢？剛才講我們是美藉華人的智庫，我們跟美國的一些大學，和政府相關的單位，每年都辦一些活動，我們希望提供一個平台給大家，就是主流人士和華藉人士交流。我們今天來最大的原因，美國現在是我們的 HOME LAND，對我們而言，大陸和台灣都是我們的 MOTHER LAND。中國文化是我們思想很重要的一個根源，我們感覺到在世界發展的情況之下，有個危機。我們希望對於兩岸的和平、美國和中國的和平都盡一份貢獻。

台灣不要被美國當成一張牌打

世界面臨巨變，我舉兩個重要的現象。2008 年的金融危機，把西方幾十年來的金融或是政治價值理念的虛偽性完全曝露出來。過去三十年來，世界各地經濟、財富的極端化，美國本土有很多原來的中產階級的生活愈來愈下降，貧富兩極化，我們在美國幾十年，我們親身看到個事實。川普現象就是在這個背景之下自然發生的事情，今後的美國一定要變，世界也要變，怎麼變？台灣和中國，我想中國的道路，中國的文化一定會取得很多影響力，這對台灣也是個機遇。最近，有很多不祥之兆，美國過去幾十年來有一個體制內的精英階級，包括民主黨、共和黨的新自由主義和新保守主義，他們的著重點可能稍有不同，但是目標其實很一致。那個目標基本上是把美國的金融階級的利益往全世界擴張，最近這些人受到很大的打擊。在這個情況之下，因為川普是體制外的人，這一年多以來，可以看到他現在面臨的處境就受到很多

的拘束。最近這幾個月來,從川普政權人事的變動,跟他政策的宣示,都可以指向一個非常危險的態勢。川普精英政權裡頭,被很多美國的新保守主義者掌控。在這個情況之下,特別是美國白宮的國家安全戰略部報告,和美國國防部的國防安全戰略報告,還有核武的報告等等,最近的台灣旅行法。台灣旅行法,可能台灣部份的人士很歡欣雀躍,但是,我們的看法是非常的不確定性,面臨很大的危機。在我們離開美國之前,我看了一篇文章,在美國的外交事務期刊發表的,那個作者對台灣的綠營人士應該不陌生,就是南加大的教授 Daniel Lynch,他是對台獨很積極的支持者,我們有很多意見是不同的。他寫的文章的標題是:勸蔡英文不要被美國當成一張牌打。這也是我們的看法,為什麼?我們覺得如果這個事件不好好處理,觸及到中國大陸的底限,有可能造成不可控的危機。這幾天,我們請各地朋友幫忙,特別是何步正,我們見了台灣兩黨,藍到綠,到街頭抗爭,到黨外的許榮淑,我們對台灣老百姓的担心、無奈與挫折感有初步的理解。在這個情況之下,我們認為說如果把這個問題變成美中對抗的導火線,我相信會立即帶給台灣危機。

不要成為烏克蘭第二、敘利亞第二

我自己的觀點,台灣的安全短期靠美國,長期還是要靠我們和大陸的關係。不可否認的,我們和大陸的關係現在有很多根本上的差異在,本質上的差異,但是,必須要強調兩岸和平是台灣老百姓,不管任何黨派,絕大多數人的希望。但是,問題是要促進兩岸和平需要和平的時間來減少兩岸的差距,就必須要擴大往來,但是如何做?怎麼做?透過誰來做?這都是大家可以討論的。我的感覺是台灣必須要避免成為烏克蘭第二,成為敘利亞第二,因為這些年來,我們親眼看到這些悲劇。台灣處於中美兩大力量之間,也許可以多學學金正恩。如何做?我們只是帶來我們的聲音,不一定正確,但是是不同的視角。美國今天的財政狀況,我有很多數據,基本上美國沒辦法承受,美國在伊拉克和阿富汗戰爭花了六萬億美元,這也直接造成美國的問題。美國的問題基本上從六幾年打越戰開始一直人使用武力,對美國老百姓來講,我們是美國公民,我們希望美國好,打仗對美國不好。我們認為台灣可以成為一個

中美關係之間的潤滑劑，也可以成為一個炸彈，或是成為一個擋路石，這選擇在台灣老百姓手上。我們希望大家能在台灣公開場合來談這種可能性，不要講虛的。

結束兩岸敵對的戰爭狀態

■ 陳立家：你們提的問題相當尖銳，但是也希望我們講真話，我們真心不客套。何步正是我多年的老朋友，最近才連繫上，中間有一段時間是冬眠時期。在七十年代的時候，何步正是野草（海外刊物）裡面的一員，野草是張系國、何步正這些朋友們組織的海外學生刊物。那個時候，我也是另外一個海外學生刊物的編輯，我們是紐約中國同學會辦的一個橋刊。我們共同在七十年代的初期發表了一篇非常重要的文章，秀才造反三年不成，我們好久以前就造反了。那個時候，即不偏向國民黨，也不偏向共產黨，因為他們也不接受我們的觀點。但是，我們畢竟勇敢的提出來了，提出來一個什麼題目？七三年，毛澤東和周恩來還在掌政的時候，這邊還是蔣中正掌政的時候，我們提出來「國共談判是時候了」。這篇文章受到左邊和右邊的攻擊，但是，我們還是勇敢的提出來，我們那個時候就提出來兩邊要交流，兩邊要三通，兩邊要坐下來趕快為中國的前途好好地談判。現在我覺得這個呼籲某些程度上，我們高興兩邊已經在實現，還有一些最重要的問題仍然懸在那裡，那是什麼？就是兩邊怎麼樣結束敵對的戰爭狀態。到目前來講，可以說兩岸並沒有一個和平的文獻來保證兩邊將來共同為國家的利益走同樣的方向，走同樣一條路。這個問題是我們那一次呼籲最重要的問題，但是，很不幸的四十五年都過去了，我們仍然還在零點。我們是不是說就氣餒了？就放棄了？沒有。我們還希望這個東西仍然是將來兩岸共同努力的目標，我看到上面寫新大學主張世界和平，我認為兩岸和平是世界和平的第一步，我們如果不和平，世界和平哪裡來？你要問我們要為世界貢獻什麼？我們要貢獻的就是促成兩岸的和平。在這個基礎上，我們再進一步的目標是整個世界的和平。

當然，我們能夠做的事情不多，但是，我們的感覺像是相當靈敏的。在四十

年前，人家還沒有討論這個問題的時候，我們的眼光已經看到這一步。在現在我們覺得還沒有達到的時候，我們仍然要繼續努力。這個就是我要回答您的問題。

憂鬱、無奈、灰心

■ 張一飛：我們這些人都是學工的，你們可能會覺得奇怪，為什麼你們這些學科技的，到了這種晚年來搞政治，是不是在那裡和稀泥，打發時間？我個人出國得很早，那個時候學科技的人出國多半都不回來，倒不是愛國不愛國的問題。我們在國外搞保釣什麼的就是愛國的表現，但是，回不回台灣是客觀現實的問題。學科技的面臨一個問題就是在當初就業，做研究，要不要變成美國公民是一大問題，甚至於考慮半年之久。因為，現實的問題是很多台灣出去留學的人，我不能說每個都是精英，但是，大多數都算是台灣的精英。到了國外，有成就，人家要拉你進美國，美國的國策就是這樣子，就是吸收人才，所以出國早的人多半都變成美國公民。

在和平的兩岸關係之中，在美國華僑公民其實沒有什麼煩惱，我們現在有這種煩惱就是剛剛張教授講的，三地是三個因緣都割不斷，但是我們聽到台灣有很多問題好像是我們在根源方面、歷史的方面、人情的方面都在分裂、都在割裂。甚至割裂到海外華人社區，我們住在海外其實可以說：關我們什麼事？其實我們都關係到了，不可能不聞不問，就算我們朋友交往都還要考慮到這位是綠營的？泛藍的？這對平常生活都有一種壓力，這當然不是自然的現象，我相信台灣在這種現象之下，不可能真的有和平。我們來了以後，我們看了，聽了以後，發覺大部份的人非常的憂鬱、無奈、灰心。這種態度過日子，不要說是國家，你個人的前途都不太光明。所以，我說我們這些學工的到這邊來，是希望在最後幾年能夠做些貢獻，覺得是很值得的。

碰到習近平和普丁，算川普倒楣

■ 趙國材：他是猶太人，賺了中國不少錢。崔容芝的案子他也接了，這案子他賺了好多錢。那天，外交部請吃飯。在吃飯的時候，

大家講陳光誠，本來馬英九第二次上任的時候，他要把家小帶到台灣來，我們在下頭等計程車的時候，國務院打電話來說：陳光誠要來，到你那裡去，你不要去了，你留下來接待陳光誠。他就不能來，他太太跟女兒就到台灣了，他就不能來。跟美國很密切的關係，後來，就由他來打點疏通，去了就已經去了，生米已經煮成熟飯不能回頭，已經去了就算了。最後，老美是不滿意。所以，台海的問題、東海的問題、南海的問題，主要是美國的因素扮演很重要的角色。

第二個很重要的問題，蔣經國的時代，我們就拿台灣人的性命，國軍飛行員幫美國飛 U2，黑貓中隊。中國人（台灣人）幫老美賣命去蒐集情報，蒐集完了以後，自己不能用不能看。到現在我們佳山最大的雷達站都是我們出的錢，我們一個工程都幫不上，只能供應電力，整個佳山全部是我們出的，我們上都上不去，人都是老美的，用的也是老美的，你要他給東西，門都沒有。最近來跟我們見面，說：零組件不給。零組件的賣價增高了五倍，飛機零組件的價格增加了五倍。現在各位看得出來，老美按照本身的利益，兩岸的問題吃乾抹淨。他明明曉得台灣不是大陸的對手，他現在搞關係法，台灣關係法也好，旅行法也好，軍售也好，停靠也好，台灣自己的船都不夠，怎麼可能到美國去停靠呢？只有美國到台灣停靠，這沒有可能的。各位要了解到美國的因素占了很重大的比例，主導權在他，他耍的遊戲，他現在最主要的東西，現在川普的問題，沒有很深戰略問題，他本身是商人。其實他上來的時候，剛好碰到習近平和普丁，算他倒楣。而且，美國從季辛吉到布里辛斯基來講，一向不能讓二號、三號合在一起，都是拉三號打二號。它也想拉三號打二號，所以，他上來以後，全家都通俄門去搞。但他沒想到美國的警察制度、美國的情報當局全部都照了像。照了像以後，他找了 FBI 的人說：你向誰效忠？不行，就炒魷魚。他是商人，我是老板，我要炒誰的魷魚就炒誰的魷魚，炒完了，後果他就承擔了。他上來是幫助中國夢的完成，藉小事，解決大問題，中國貿易戰這一塊，主要他是解決中國科技發展的問題，他是藉這個小事，希望解決大問題。在 2025，這些計劃根本占比例很少，還你等大陸發展？他

把你從根本切斷，他是這個問題，不是貿易戰的問題。所以，你打下來以後，他受害比較慘。這是交換的第一步，我想最主要是美國的因素。

國際法本來就是強權訂的

■ 施正鋒：剛才有提到國際法，我們知道國際法本來就是強權訂的，他們要去亞、非、拉擴張的時候，他們講好的這些東西。所以，就是拳頭大的，參考用的，有時候有用，有時候沒有用，來講是這個樣子，這是政治現實。

冷戰結束到現在好一陣子了，中國開放也好一陣子了，我會覺得美國自己是老大哥，但是，他不太曉得他的角色是什麼，我會覺得他還摸不太清楚，從老布希、小布希、克林頓、歐巴馬也好，現在這個川普有點在當延展這個樣子，我想這是個現實。中國部份，現在習近平某種程度和過去的技術官僚不太一樣，他有他的一些想法，能不能成功我們也不知道。當然，我們會希望中國它要怎麼慢慢的發展，怎麼樣順利，我想他們內部要去自己解決，坦白講，我們也沒有辦法。在這種情況之下，台灣要怎麼樣自處，坦白講，我們戰後就是在美國的核子傘保護之下，我們也不太有自主性，包括現在小英政府，我就開玩笑說：我們的外交、國防、兩岸事務是外包給美國。跟日本說要和，你知道日本有時候有看在眼裡，有時候是沒有看在眼裡，有時候會踹一腳，就是這樣子，他們試試看小英政府有多少旳斤兩。也許，有時候菲律賓也會動手動腳的。話又說回來，過去多少年我們跟中國之間其實都有在來往，包括學者、學生都有在來往，彼此之間，某種程度也是文化、歷史相近。就是主權那個東西是處理不了的，不談，還是假裝沒有看到，畢竟兩千三百萬人有他的想法。你說和平協定，那個東西是什麼？因為，和平協定那是一個過程，那個結果是什麼東西？我們彼此的定位是什麼？我們講了很多的模式，但是，在國際法、國際關係上，那個到底是什麼樣的東西很難說。我記得上一次連戰的時候，講邦聯都被罵死了，那個時候內部裡面，講邦聯都被罵死了，那進一步要聯邦，我想那更難，XX國協，我想那種東西的想像是什麼？我想這是一個現實。

我們內部都要先整合好

第二個就是說政治立場不一樣，即使在台灣內部也不只是藍綠而已，內部要整合也是很難。畢竟，老百姓是為了生活，所以對外的，不管是兩岸，或是外交這個部份，對老百姓來講不是那麼重要；對選舉來講，更不是一個訴求的重點，能忽攏過去就忽攏過去。剛才提到台灣可以扮演什麼角色嗎？我們也不能妄自菲薄。我們到底是被美國當做什麼？日本把我們當做什麼？中國把我們當做什麼？還是要定位一下。看到十九世紀的時候，不是只有中國，朝鮮、日本、越南也都是面對帝國主義，坦白說，都是面對白人。那怎麼辦？回頭講，中國跟美國，對中國要如何來看待？我看中國已經不會韜光養晦了，它搞不好是過去的普魯士或是明治維新了。那怎麼辦呢？這個東西不是我們能決定的，兩隻大象在吵架的時候，我們能怎麼樣？傳統的看法，我們就是親美、親日。對我來說，戰後到現在，我們至少被美國賣了兩次，我也不能怪美國，畢竟人家有國家的利益，所以，我們自己要想什麼？我們內部要先整合好，才有辦法不管是跟日本、跟美國、跟中國來談。

智庫是找我喜歡的人，講我喜歡的話

■ 趙國材：台灣的智庫和外國的智庫不一樣。美國智庫不管是張三、李四上來都拿錢，不論是共和黨、民主黨都拿錢，不給錢照樣生存。後頭是政府的，我們常打交道的是軍方的，這些都和政府離不開，換了莊就當權，下來就到智庫，都是一夥的，智庫和政府有不可分的關係。台灣不是，蔣的時代，從前都是他個人的幕僚，情報研究中心也是幫他分析事務的中心。李登輝上來以後，國民黨的中心根本不要，搞了一半給國策中心。陳水扁上來，又自己搞了一個中心。張三、李四誰上來，誰就搞一個中心。所以這個中心變得很弱化，就是我找一批我喜歡的人，講我喜歡的話。最後，我們國關中心就送給政大，變成政大最沉重的負擔。因為，你們教書也不行，你寫的報告，左邊不要，右邊也不要；國民黨不要，民進黨也不要，智庫有用的人，（未完）

影片連結：https://youtu.be/dBzVjjulEjo
閱讀全文請點閱 www.theintellectal.net 新大學 / 金聲玉鐸 / 台灣論壇

政治選擇都是價值的選擇—
中美論壇與台灣智庫暨台灣師生座談會紀錄

楊雨亭

時間 : 2018 年 4 月 1 日 ,10:00 - 13:00
地點 : 凱達格蘭基金會新台灣智庫 , 台北市民權東路二段 42 號 3 樓
會議主席 : 張人傑主任、曾建元教授
參加者 : 中美論壇 : 張文基、陳立家、陳立家夫人、高志雲
師生 : 曾建元教授、陳俐甫教授、張凱勝、吳文瑞、張凱倫、蔡尚
謙等
會議觀察 : 姜京官 (韓國外交部駐台秘書)

前言 :

  多年來,台灣社會內部的藍綠統獨之爭有愈演愈烈的趨勢,此不但嚴重地損害到台灣人民的福祉與兩岸關係的發展,也明顯地牽動著中美雙方的關係以及雙方的戰略與策略的制定。由於台灣地緣的重要性,台灣內外的變動對亞太地區以至世界的政治和經濟都會產生深刻的影響。百年來像台灣這樣長期處於關鍵的位置,歷史上類似的情形也是不多見的。今天台灣面臨著關鍵時刻,如何取捨以能生存發展?是許多的人、政黨與國家在思考的。然而多方面的複雜因素使得問題的解決,並不是完全能夠由台灣自己來決定的,不少人以為凡事皆可依理性的對應予以解決,或者將今天的問題皆歸咎於某人某黨的錯誤,都太簡化了台灣的處境。事實上,就如前總統李登輝前年所

說「台灣是全世界最複雜的地方」。這樣的情況，相關國家由於政治經濟利益不斷直接間接地涉入台灣內部的政治思維和行為，加深了台灣問題的複雜度，更使得身處其中的我們，常常感到霧裡看花，僅能以自己主觀的座標來判斷是非曲直，不了解也不能接受不同立場的人的觀念與行為，從而在台灣社會中持續地產生了對立與敵意。這樣的台灣社會內部的對立與敵意很有可能是對某些政黨與某些國家是有利的，甚至計畫的，以至於台灣經常被迫成為棋盤上的棋子，而這顆棋子的主動性受到內外很大的限制，這使得台灣社會中許多人近年來顯露出心理上與情緒上的浮動。在這樣的環境中，最好的作法是耐心地促進多方面的交流與溝通，在判斷與論斷他人的意圖之前，嘗試了解彼此對於歷史、政治看法差異的原因。目標是希望彼此能夠開始產生一些共同的基礎，進而慢慢建立起長久以來缺乏的互信與友誼。這樣的交流與溝通可分為三個方面，第一個，是台灣內部的族群與政黨之間的交流與溝通，第二個，是和對岸大陸的交流與溝通，分為民間和官方兩個層次，第三個，是台灣和國際社會的交流與溝通。現在回頭看，台灣在這三個方面的交流與溝通都做得很不夠，以至於常常處於「同溫層」對話狀態，即只和同一立場的人對話，產生自己族群和政黨同質性越來越高、排他性越來越強的狀態，不同陣營之間非常容易滋生誤解與敵意。

這次座談，相當成功，大家暢所欲言，彼此對話。在三個小時中的會議中，我們逐漸認識到，如果願意傾聽，其實大家的歧異比想像中小，相同的地方比想像中多。在過程中一定會有衝突，但是慢慢會發現到彼此都存在著一個相互的盲點，就是過去幾乎不可能看到對方的成長背景和思維方式，這是很重要的經驗，同理心必須建立在認識上面，而缺乏同理心是族群對立一個主要的因素。在短短三小時的會議中，大家開始嘗試與摸索可能的交集部分，這是非常值得注意的現象。對於差異比較大和意見衝突的部分，如果彼此都能表達的態度合宜，而且誠摯說明其理由，就可以讓對方了解其主張的背景和意義。如果一個人一直認為自己正確，他人錯誤，並且一意要說服對方，這樣子溝通的態度基本上沒有成功的可能。因為族群形成是一個漫長的

過程,要冰釋歧異也需要一定的時間去溝通與接納,所謂七年之病,三年之艾,即為此理。

■ 張人傑:這個地方是新台灣國策智庫,在去年併入凱達格蘭基金會,新台灣國策智庫和凱達格蘭基金會的基本主張就是台灣優先。智庫原本的創辦人是辜先生,現在是陳水扁前總統,現任的董事長是立法委員高志鵬,執行長是陳致中先生。我們這個地方是開放性的,非常歡迎各位來給我們指教。等下時間交給曾教授,他對兩岸中國事務比較熟悉,可做比較大的貢獻。今天是我們對話和互相認識的場合,是半開放式的活動,我們的目的是藉著這個機會和中美論壇社的各位貴賓互相認識、對話。今天的幾位貴賓是很資深的在美國發展的台灣人,通常我們叫台美人是指在美國搞台灣獨立的人,可是,這幾位不同主張的資深朋友也是台美人,當然有多元的聲音值得我們來參考借鏡。。

■ 曾建元:歡迎各位學長回到台灣,這邊有我們不同世代的學弟。現在看起來,我們在座的幾位,年齡正好貫穿了半個世紀台灣和中國的近現代史。我們不同的人生、經歷了不同時代的過程。而在不同的時代背景下,我們也都有了不同的運動經驗。因為國際關係和兩岸關係的變化,使得歷史在我們的人生當中留下不同的刻痕,展現出來的,也許是我們對國家民族的認同、思想和觀念上,等等的世代差異。今天這樣的場合,我覺得非常有意思。

好像到了敵營

■ 楊雨亭:我第一次來這裡,來的時候會有點緊張,好像到了敵營。

■ 張人傑:我們北京的朋友真的不敢進來,在門口拍個照就走了。

貫穿半個世紀的經歷

■ 曾建元:各位是理工背景的,對於歷史、政治、社會、文化的議題非常關心,這是知識份子的一種胸懷。時代變遷的關係,保釣前後,台灣有很大的變化。保釣之後,蔣經國的革新保台,台灣慢慢走出過去和蔣中正時代不一樣的道

路。像我這個年紀是在蔣經國的晚期，李登輝三月學運這個時代成長的。我們還有更年輕的，應該是太陽花世代，所以有不一樣的觀念在這個交錯，我想是非常有意義。

聽風雨書聲，論天下大事

　張文基：我們是美藉華裔的公民，從狹義講我們是台灣人，但是從立場上來講，我們和狹義的台灣人不一樣。我們感覺美國是我們現在的家園 HOMELAND，台灣是我們成長的地方，中國文化是我們思想重要的源泉，mother land and home land 不需要衝突。

中國的復興是台灣很好的機運

最近這幾年來，兩岸關係、中美關係、世界大事有很劇烈的變化，就這兩個月來，有翻天覆地的變化。我們這些退休的人有更多的時間，沒有什麼個人政治利益的糾葛，我們愛台灣、愛美國、愛大陸，我們覺得我們在關鍵時間裡面，我們必需做一些事。我覺得今 2008 年以來，美國局勢發生重大的變化，單的觀察點就是川普現象。川普能夠當選代表什麼意義？代表美國相當大多數的人民對於過去三十年來，美國精英誤國導致世界局勢的動盪，和美國整體國力的衰退。變，怎麼掌握變動。有變動才會有進步，今天我們和大家交流一下，什麼變動？主流在哪？變動的趨向在哪裡？

我們認為將來美中對抗是不必要的，對此每個人不一定有完全一樣的看法，但是，今天不管台灣也罷，美國也罷，不少人把中國的復興當成一種威脅，對我們很多人而言，中國的復興是一個機運，對台灣人而言，更是一個很好的機運，因為，台灣今天，不管是歷史的原因，還掌握了一些中國傳統文化的優勢。簡單講，我們的想法是希望兩岸和平，擴大往來，求同化異，這才是台灣最大的利益，台灣絕對不能夠變成別人的一個棋子。

在台灣今天的情況之下，我認為台灣內部現在的衝突可能會加劇，這個絕對是台灣的不幸，所以台灣對內必需要消弭衝突，對外要對大陸展示善意，最主要的要做大陸和美國的潤滑劑，而不是做一個擋在兩顆大石頭中間的小石頭，很容易被輾碎的，這個不是危言聳聽。

The world is flat 是英文的

■ 陳立家：首先，我要對何步正和楊雨亭這次安排的第一砲就打得很響，能夠和各位見面接觸他們居功菲淺。昨天，楊先生還給我上了兩個半鐘頭的課，為今天和大家的見面做心理上的準備。剛才，張文基已經比較嚴肅的講世界大勢，那我現在提供一個小的點心。我前兩天看了一個報導，大家都知道紐約時報有一個專欄作家叫 Thomas L. Friedman，他寫了一本很有名的書叫 The World is Flat，這是在分析世界的趨勢比較有觀點的書。陳水扁先生看了以後說：世界是扁的。薄希來先生看了以後說：這個世界是薄的。後來，習近平說：不對，世界是平的，不是那麼平的話，至少是近平的。最厲害的是蔡英文，她說：the world is flat，是英文的。所以吃了一個大菜以後，給各位一個小點心。

現狀已經一去不回

張人傑：我聽了很敬佩、很感動，剛才建元老師講了幾個世代，我自己也是，我的政治立場是比較清楚的。台教會是我參與成立的，在台灣最早合法公開主張獨立的團體，我是發起人之一。我父親是南京人，是國民黨的公務人員。剛才張教授所講的我很同意，我的成長因緣際會走上了不同的認同的路。我是國中第一屆，大學畢業時剛好碰到美麗島事件。

張先生所講 2018 不但在世界可能有很大的變動，在台灣來講也會面臨蠻大的問題。台灣最大的問題是蔡英文在黨內會碰到很大的挑戰，讓人感到好奇的是在黨內遇到挑戰時，她會怎麼回應。第二個，雖然蔡英文一貫地說是維持現狀，對內對外都一樣。可是，我們都知道現狀是已經一去不回，那到底現狀是什麼？我看到夏珍評論蔡英文說她只會打陣地仗，關起碉堡自己當老大。

政治選擇都是價值的選擇

■ 陳俐甫：很榮幸來這邊跟各位交流。我和中國或者不同意識型態的人交流的經驗也很久了。二十年前到現在，到北京，到上海都去交流過，也很多中國的朋友來台灣接待的經驗。我的立場第一個一定是先站在人的立場，然後才談到人以上的價值。政治的選擇都是一

種價值的選擇，可是真理還是大家共通的。所以，可以大家坐著交換意見是值得尊敬的，最後總是會有自己的選擇，那是因為彼此考慮的價值不同而已。但是在真理與事實的層面，我覺得是可以溝通的。在這邊溝通不是像外面很多人認為立場不同就一定要直接在網路上、社群媒體上罵人家祖宗八代，我想這不是知識份子該為的。

剛才張召集人說到東林黨的東林書院，我們那個世代也是都唸這個，課本也是都有這個「風聲、雨聲、讀書聲」，我算是有接到那個世代。我唸大學的時後正好才要解嚴，所以我的智識成長過程和各位沒有兩樣。因為國民黨把台灣社會長期凍結，就算是在保釣以後也是慢慢融化，並不是想要把台灣轉變，它一點都不想變，它是被融解掉了。所以，我對台灣認識的過程並不會和各位差異太大，因為我真正可以自由學習的時候已經解嚴了，那時候已經念大學。我的塑造的過程是國民黨把我塑造的。我跟張老師不一樣，張老師是外省人，我是台灣人。我的外省朋友，就是中國來的移民，這樣的朋友非常多，我是住在竹籬笆裡面。外省人來台灣也不一定住過竹籬笆，我是住在眷村裡，因為我的祖父和我的父親都是公務人員，他們分到的眷舍主要都是外省人。所以有很多這樣的情感，並不是反對中國來的移民，我是覺得我沒有，因為那些都是住在我身邊的人，都是喝同一口井長大的。有一段時間，特別是在李登輝總統後期，大家覺得為什麼要挑起族群的衝突，愈來愈激烈，很多人反應這個事情，我覺得那個不是很好的事情，但那個是要解開枷鎖的過程。在經過兩次的政黨輪替後，我覺得對族群的不尊重或誤會，我覺得現在已經比較沒有。我覺得之前那個時候才是最激烈的，那時候會說台灣到底是中國人的還是台灣人的？而現在還留在這邊的人，大概都是要在台灣安身立命的人，因為要搬回去也沒有人擋你的了。以前蔣經國的時候，要回去都不能搬回去，只有探親還可以，大家要假造親人才可以去那邊觀光。明明很多台灣人的祖先是在這裡的，沒有真的親人在那邊，都用騙的才能過去觀光，所以，那個是有對人權限制的背景。（未完）

閱讀全文請點閱 https://www.theintellectual.net 新大學 / 台灣論壇 / 金聲玉鐸

「關心台灣，關心兩岸」人民最大黨座談會

2018/04/03

參與座談貴賓(出場順序)：
何步正、許榮淑、高志雲、曾淼泓、張文基、孫中曾、張一飛、何偉、張萬同、梅元禧

關心台灣、關心兩岸、關心世界

■ 許榮淑：首先歡迎中美論壇的幾位教授能夠回到台灣來，關心台灣的事情，同時關心兩岸，甚至於是世界。從家鄉留學到美國，在美國工作，關心兩岸之外同時關心世界的大趨勢。因此，才有中美論壇回到台灣來，關心台灣，關心兩岸，關心世界，這是非常好的愛國之心，也是愛同胞。

打倒專制，建立民主

其實我們從三十幾年前一直到現在，我已年近八十，但是我還是在這裡一直呼籲前途何去何從，這個和我們當年的理想有很大的差距，所以我們也會有感歎，也會有盼望，也會有心酸，也會有成就，這些酸甜苦辣所嚐到的台灣的命運，台灣是一個美而小俱全的寶島。在寶島裡面，我們不分種族地域，甚至於宗教，根據憲法給我們的基本權力，我們在這裡奮鬥，我們也享受了，我們也看到了，我們也體會了。可是，今天為什麼台灣從四小龍變成一條蟲，這是讓我們傷心的地方，和我們早年的理想愈來愈遠，問題到底出在什麼地方？這值得大家來關心。我們過去奮鬥的成果，就是要打倒專制的體制，建立一個民主制度，但今天的民主制度是不是讓我們持續繁榮下去，是不是比早年更好，還是更壞？看到對岸中國的崛起，經濟的發展，各方面的建設慢慢的已經追上、超越了西方。我們現在就要來探討制度的優劣點在哪裡？在這種情況之下，我沒有什麼理論，我只是覺得說憲法裡面保障我們的，我們

就去爭取，在這種狀況之下，很多的學者專家提供很多的智慧，希望我們都要有寬廣的心胸來接納，才能夠享受到更多的和平、健康、快樂的台灣。這就是我們的理想，我們常常說要建立好的天國，就是要在地上完成。

力量在民間

■張文基：首先我要感謝許榮淑和何步正。我剛才聽了以後，我們有一些共同點，第一點是我們有共同的理想，第二點我們都很執著。剛才曾先生一直口口聲聲稱我們老先生，大家可能覺得很奇怪：為什麼這些老先生不遠千里跑到台灣和大陸來？原因就是我們和許榮淑、何步正一樣，我們保留了執著和共同的理想，我也相信力量在民間。

決定兩岸關係，中美關係的年代

為什麼我們來？衍申到我們今天的主題，我們認為世界，尤其是 2018 年，將是一個決定將來兩岸的走向、中美關係、甚至世界大勢非常重要的一年。這就是我們這些老先生不遠千里而來，我們都有共同的想法，我們是華裔美國公民，美國是我們的家園，我們是傳統的中國知識份子，中華文化是我們的靈魂。台灣是我們成長的地方，是我們的mother land，我們對三地人民的愛，希望消弭兩岸之間的紛爭，希望消弭中美的紛爭，這是我們來的目的。

談到美國民主的問題，我就要回顧最近發生的川普現象。川普在競選時，我是少數幾個認為川普會當選的人。為什麼我敢這麼講？因為川普反應了美國草根人民對過去三十年來，美國所代表的西方制度破產的無奈，所以川普當選了。當時，希拉蕊的經費至少是川普的兩倍以上，希拉蕊用的人是川普的好幾倍，但是川普贏了，為什麼？因為人民的聲音。三十年前，什麼大事發生？蘇聯共產主義破產了，這是一個非常大的歷史事件。在那個時候，蘇聯是完全的擁抱美國自由民主和經濟民主的制度。但是，三十年以後，俄羅斯和中國結成了一個無形的堅固的聯盟，為什麼發生這件事？三十年前，美國是世界上唯一的獨強，今天的世界，不管你用什麼理論，什麼意識型態，今天的世界是一個劇烈波動的世界，中國是一個強盛上升的力量。所以，美國老百姓希望變，歐洲希望變，世界希望變。

人民生活的基本權力

 ▌孫中曾：剛才報告者非常精采的報告，把美國幾乎近四十年來所產生的問題，剖析得非常的清楚，沒有深思過、熟慮過、研究過，我個人認為不可能的。

首先先感謝許榮淑、何步正和梅峰籌組這樣一個論壇。我個人也非常感謝鄭水萍兄介紹我過來這邊談這個事情。

中國，具有長久歷史經驗的民族

我本身是學歷史的，我的回應是從起點開始。美國的民主自由制度在我來看，我還是相當欽佩的，因為它在一個全球發展過程當中，它還是俱有相當的力量在維持著一種平衡，但是，它的缺點也很多。我回到中國的歷史來講，中國是具有長久歷史經驗的民族，或者說我們是一個具有民族經驗的文化體。我們不講漢以前的事情，我們就講中國從唐、宋、明、清四朝，最長的朝代是宋朝，南、北宋加起來共319年，唐朝第二289年，明朝和清朝都是276年，都比目前的美國稍久一點，制度能夠維持那麼久是有它的原因的。清朝從努爾哈赤把明朝擊潰是268年，如果從努爾哈赤建國後金來講，它是276年。我為什麼要邁這個呢？我們中國擁有這麼長的歷史經驗？這個歷史經驗是什麼樣的概念？我們讀歷史的，大概每一個人都發現在朝代的末年時，也就是接近後一百年間，人民的問題產生了，就是人民的生存權受到壓迫，受到壓擠。資本累積的部份形成更多的集中，權力也產生更多連續性的繼承關係，權力繼承關係最重要的概念在於我們所有的權力不能夠真正的維持住人民生活的基本權力。

我們台灣準備好了嗎？

我做為一個台灣人，我要對這件事做一個反應。誠如剛才所講的，我們的政治體制裡面，有一群不斷強調普世價值的價值，想要凌駕一切的價值。鄭水萍教授一直研究台灣的本土，台灣的問題，他的核心在：我們究竟是什麼？我們有我們的價值，我們也有普世價值，我們的普世價值和西方的普世價值有一點距離，這時候我們要怎麼辦？我們的政策是要跟著西方的普世價值，

還是我們研究出來的文化的普世價值呢？這個普世價值是非常核心，須要去研究挖掘出來的。若是我們都不能夠在這一件事情上有思維，講句坦白話，這是一個非常壞的。台灣現在面對美國新的觀念的稅法改變，我們台灣準備好了嗎？我對這件事情，深深的表示很大的懷疑，因為，大家還在很大的問題上面做文章，他還沒有想到若是全球開始進行保護主義之後的世界，我們台灣這麼小的局面的時候，我們要如何維持我們經濟、生活體系的完整，這是非常嚴肅的問題。

我覺得今天所拋出來的這些問題，我非常敬佩能夠提出這樣的問題。對於一個在台灣生活的人而言，我覺得我們太少關注美國、大陸、以及我們自己如何在裡面形成一個真正的位置。

中美關係是世界雙邊重要的關係

■ 陳立家：各位貴賓，今天有這個機會發表一些個人的感覺。我不是研究國際政治的，也沒有研究外交關係，但是，我為什麼要談這個題目？因為，我覺得第一，中美關係是世界上雙邊關係裡面非常重要的關係，如果不是最重要的關係的話。另一方面，我在這一方面還有一些直接的體認。因為在 79 年，鄧小平訪問美國，我是美國國務院派出來的翻譯，所以親身參與中美建交的時刻，高階層的會談。在那個之後，也將近有十到二十年的時間，我是經常來回在中美之間奔走，也接觸到一些他們的政府的高級官員。同時，我個人在西方石油，擔任推展亞洲的業務，其中最重要的一環就是推展西方石油和中國企業能源開發的合作。所以，幾乎有二十年的時間，都是在中美之間實業和企業發展上面在做一些努力。關於中國開發初期的中外合資條例、合營企業和合作企業，怎麼樣去制訂一些政策，多多少少有一些參與。所以，有一些個人在這方面親身的體驗。

中美關係是強與弱，窮和富的關係

我想從一個比較大的角度來談，因為我不是學歷史的，我對年代的記載是模糊的，所以只能大而化之的談這個問題。我覺得中美的關係可以分成幾個階段來看，兩個國家之間的關係，可以從各種角度來看。一個角度是誰強誰弱、

誰富誰貧、誰大誰小。我們從這個角度來看，這些關係裡面，在這四、五十年，甚至於上百年，有沒有變化？剛才張文基先生已經談過，這個世界是一個變動的世界。我們就看中美的關係是一成不變的嗎？還是與時俱進？還是有什麼變化沒有？我個人就談談我這方面的體驗。我覺得中美關係也不須要回溯很久，基本上，應該是屬於晚清時候才開始有關係。晚清到民國初年，到抗戰時期、到二戰時期、到二戰結束之後的冷戰時期，到了 79 年之後，中美又重新建立了關係，跟台灣脫離了關係，我們可以從這樣子的發展來看起了什麼變化。從 79 年以前，中美的關係可以說是窮和富的關係，是強和弱的關係，很不幸的中國都是站在弱勢。要談他們之間的關係，談不上平等，談不上平起平坐的討論，只能說你怎麼跟我做，我要採取一個對策，不是對付你，而是怎麼避免我自己受到太大的損害。從列強來講，美國也在變化。晚清的時候八國聯軍，美國也是八國之一，但是他不是主要的 player，他等於說搭了一個便車，佔了一點小便宜，但是他佔的便宜並不那麼大。從庚子賠款，派遣留學生出去的觀念來看，美國還是列強裡面比較不欺負中國的，至少他把賠款拿出來辦學，讓中國的好學生到美國上學去了。所以，庚子賠款，清華的高材生能夠去留學，在中國的近代歷史上他還有所貢獻，還是有些好處。在列強欺負中國的時代，美國算是惡魔裡面最不惡魔的惡魔。所以我們要談中國受列強欺負的歷史，我最痛恨就是我在大一唸書的時候，我們近代史的教授叫吳相湘，我覺得上他的課真的是很迷，因為台大歷史系的教授可以說是一時之選，都是大大有名的好手，聽課是一個樂趣。那個候我們聽到的中國近代史，聽了你就覺得很傷心，因為每次結束就是奉獻台灣，就是割地賠款。像這樣的歷史讀多了，真的是非常的氣憤，非常的壓抑，非常想我們能夠為中國的強盛做些什麼我們該做的事情。

到了 49 到 79 這一階段，仍然是強弱的觀念，仍然是貧富的觀念。但是，中國慢慢的經過二次世界大戰的一個主戰場，背負了中日戰爭中吸引大量日本的軍隊陷在中國大陸作戰，使得美國在後期參與的時候，他要打太平洋戰爭的時候，負擔比較輕。沒有中國的中日戰爭，美國要在亞洲和日本匹敵，日

本如果真的是把中國佔下來了，那美國的壓力要比當時承受的壓力要大得多。

中美雙方是平等外交的關係

到1979年中美建交，台美的斷交。從台灣來講，當然是一個很大的打擊，但是台灣在79年之後，還是可以自求發展。在這段時間，中國和美國的關係逐漸步入正常化。這個時候，台灣的斷交和中美的建交已經看出來美國為了要對付蘇俄，所以他對中國採取了外交政策上相當大的調整。那個時候，可以說中國在外交上面取得相當大的進展和收穫，也得到了他認為的勝利。因為他和中國的建交，最開始的時候是71、72年，尼克森到中國訪問。但是從尼克森訪問到中美建交，中間有八年的抗戰，也就是說美國早就想跟中國建交，就是因為台灣的問題，他不知道怎麼辦，所以，中間折磨了差不多八年的時間。但是，這八年的時間，中國始終不肯退讓，所以才造成必須跟台灣斷交，必須要撤軍，必須沒有外交關係。

從台灣來講，中國之所以能夠相互不打仗，能夠平安那麼多年，當然和美國關心台灣的安全有不可分的關係。另一方面，49年以後韓戰的發生救了台灣一命。如果沒有韓戰，老實說今天我們可能不會在這裡討論這些問題，台灣早已成為中國的一省。就是因為韓戰，台美的協防，這些問題一直拖到現在。

（未完）

何步正和許榮淑

閱讀全文請點閱 www.theintellectal.net 新大學 / 金聲玉鐸 / 台灣論壇

一中兩憲（四）聯合共和國

黃光國

以「一中兩憲」建立「中華聯合共和國」

在這一系列四集的影片中，我們要強調的是：「文化中國」代表人類歷史上的四大文明之一；未來國家發展的目標必然是以「文化中國」為主體，用資本主義的手段，達到社會主義的目標。從國際承認的角度來看，目前台灣與大陸都是「不完整的主權國家」；只是承認兩岸關係的現狀是「一中兩憲」，雙方便可以對等的立場，展開談判，簽訂和平協議，雙方並可以「交叉承認」的方式，參與國際活動。「一國兩憲」在國際上已經有先例，依照這樣的先例，未來兩岸可以建立「中華聯合共和國」，英文名稱叫 United Republic of China。

在談「一中兩憲：現狀與展望」時，很多人會擔心一個問題：即使我們覺得這個方案很合理，對方會接受嗎？我可以舉幾個例子，來回應這個問題。我從 2005 年提出「一中兩憲」的主張之後，曾經和對岸涉台單位，包括國台辦、「台灣研究所」之類的研究機構，開過正式的研討會，前後談了四次。我和台灣的很多政治人物也都談過，包括早期台聯的劉一德，他說：「黃老師，只要對岸接受，我一定接受。」我曾經到李登輝的挹翠山莊和他談了將近兩個小時。我把這樣的主張跟他解釋得很清楚。李登輝認為對岸不可能接受。當時他還有一個「中國崩潰論」的信念，認為中國不可能維持那麼大的國家，當時還有一個想法就是「七塊論」，認為中國會崩潰，變成七個國家。我也曾經和我的一位學生，郭正亮談過這個問題。他說：「一中應當由藍色陣營來提。民進黨是不可能接受的」。

· 「一國兩憲」的先例

現在我們該嚴肅面對的是：對岸當局到底會不會接受？在馬英九上台之

後，我們曾經用各種方式和對岸的涉台單位連絡，正式討論這個議題，前後四次，在北京、日本、澳洲，而且每次會談，都花了很長的時間，很清楚的交換彼此的觀點。張亞中教授還附帶提出一個概念，叫「一中三憲」。我把這個經過跟大家報告一下。

我最早講「一中兩憲」的時候，大陸方面的許多人都充滿疑慮，他們問道：兩憲？兩個憲政體制不就是兩個國家嗎？可是，我一再解釋：現在兩岸之間的現實就是這個情況啊。那時候，張亞中提出「一中三憲」的新觀念，他主張：在台灣的「中華民國」是一個憲政體制；大陸的「中華人民共和國」也是一個憲政體制；將來兩岸簽訂和平協定以後，許多新簽訂的協議構成了第三憲。當時他寫了很多文章，而且都刊登在香港出版的「中國評論」之上。我們雙方會談的經過，我也全部紀錄下來，同樣刊登在大陸的智庫「中國評論」之上。在馬英九政府時代，我受聘為總統府國策顧問，每一次會談的經過，我都寫成報告，給馬總統。

第三次「本栖會談」是在日本富士山下的「本栖寺」舉行。「本栖寺」是佛光山設在日本的一個道場，當時參加的人有北京大學台灣研究院院長李義虎，是習近平的智囊，兩岸關係的決策上很有份量，他說：「這個問題我們研究過了。一中三憲是理想，不可能實現。」為什麼呢？「我這麼大，你那麼小，怎麼可能跟你搞一中三憲？」

可是，「一中兩憲」是兩岸關係的現實，沒有其他更好的辦法。「我們徹底研究過了，而且有先例，非洲的坦尚尼亞和尚吉巴聯合共和國，就是一個國家，兩個憲政體制。」他講這話的時候，我完全不知道什麼是坦尚尼亞和尚吉巴，回到台灣之後，下一期出版的「中國評論」上，刊出來一篇文章，題目是「聯合共合國：坦尚尼亞模式與兩岸統一初探」。文章一開始就說，2009 年二月，中國大陸國家主席胡錦濤訪問坦尚尼亞，與坦國總統基奎特舉行會談，同一天他又會見了尚吉巴總統卡魯姆。（未完）

影片連結：https://youtu.be/L94hRKtbz4k
（未完，閱讀全文請點閱 www.theintellectal.net 新大學 / 名家專欄 / 黃光國）

最佳定位—台灣是全球非戰和平區

張亞中

我如果能夠成為總統，我會立刻將台灣定位為「全球非戰和平區」，讓台灣不只不做強權的棋子，而是根本不進入強權的棋盤。當然，「全球非戰和平區」絕對不是一個自己想當然耳的自說自話主張。我們要想成為「全球非戰和平區」，也必須由我們自己做出一些重要的政治承諾。我的承諾非常清楚，包括下列四項。第一、台灣不分裂整個中國。第二、認同台灣人也是中國人。第三、不讓台灣成為外國軍事的基地。第四、僅在自我防衛時才使用武力。

各位朋友，以上四點，完全是遵循中華民國憲法所提出的，而且完全不傷害我們國家的核心立場與利益。

認同台灣人也是中國人

第一、台灣不分裂整個中國。按照我們的憲法，我們的主權宣示範圍包括中國大陸，我們當然應該主張不能分裂包括台灣與大陸共同在內的整個中國，這是依憲而行，沒有違法，更沒有所謂的向北京讓步問題。做此主張，乃是我們憲法的義務。

第二、認同台灣人也是中國人。前幾天，清明節時候，我的好朋友蔡正元在他的臉書上發表一篇有關他的家族移民台灣的歷史。我回他簡訊說，他能夠了解自己家的族譜歷史是幸運的，有個地方可以慎終追遠是有福的。我是民國 38 年戰亂移民之子，父親無法將族譜帶來台灣，以致於我對先祖輩完全不詳。我生於台灣、長於台灣，我已是台灣的本省第一代，當然是台灣人，台灣是我地理與生活的認同，但是我了解，我是中華民族的炎黃子孫，黃土高原先民的後代，絕對不是蔡英文所說的南島語族。中華民國是我們的國家，我們的國族認同當然是中國人。我們既

是台灣人，也是中國人。台灣有 98% 的居民是漢人，他們的原鄉多是來自福建與廣東，民進黨堅決不承認台灣人是中國人，是不對的，不對的事，就算講一千遍、一萬遍也是不對的。民進黨如果要堅持台灣人不是中國人，很簡單，你只要透過修憲或制憲，把中華民國改為「台灣國」或「中華民國台灣國」就可以了。但是在完成相關修憲制憲之前，公然主張台灣人不是中國人，就是自欺欺人，而且是不符合憲法的自以為是。

有人認為，如果我承認我也是中國人，等於承認自己的國家是中華人民共和國。這絕對是一個錯誤、混淆的認知。各位朋友，請容我先幫大家建立一個正確的憲法與事實概念。1949 年起，整個中國的土地上存在著兩個不同的政府，兩岸都是中國人，但是在大陸的中國人，是由中華人民共和國政府所治理管轄的中國人，而在台灣的中國人，則是由中華民國政府所治理管轄的中國人。台灣人是一個地方認同，中國人是國族認同。

當然，在台灣一定還有很多人認為，我就是不要認同我是中國人。的確，認同存在著主觀成分，按照民調，現在台灣有近 65% 左右的人認為「台灣人不是中國人」，年輕人的比率可能更高到八成以上。這的確是個事實，但我也必須說，「台灣人不是中國人」是近二、三十年來去中國化的教育所形成，如果這個趨勢仍然持續下去，那兩岸就會變成「兩族兩國」關係，由此所引發的兩岸仇視，將使「中國人不打中國人」成為無用之言，兩岸的衝突也必然不可免。

也有人說，選舉就是要贏，主張「台灣人也是中國人」是無法贏得總統大選的。正是因為這樣的論調，讓國民黨在歷史課綱上不敢為「去中國化」撥亂反正；在身分認同上，不敢說真話；在兩岸關係上，不再敢堅持九二共識，結果呢？真的就會贏嗎？我們不知道明年，2024 年的大選結果是什麼，但如果國民黨的候選人永遠不敢堅持這點，那麼民進黨就會確定是思想論述勝利的一方，久而久之，國民黨的精神將蕩然無存，成為民進黨的尾巴（未完）

閱讀全文請點閱 www.theintellectal.net 新大學 / 台灣論壇 / 金聲玉鐸
本文原載於 2023/4/23 風傳媒

中立台灣，解散軍隊

簡永松

　　要「統」？要「獨」？向來是盤旋在台灣上空的緊箍咒。眼看 2016 台灣總統大選到了，現下這議題又被吵得沸沸揚揚。台灣可以甩掉這緊箍咒嗎？

　　經過去年 11 月 29 日九合一大選，國民黨慘敗，目前總統候選人「柱下朱上」的尷尬窘境，會讓國民黨有翻身的機會嗎？而民進黨挾勝選之餘威，又經過「太陽花學運」、「課綱微調」的操兵練將，小英儼然以一派接班人的態勢，兵臨城下了。

　　民進黨執政的最後一哩路，是台獨黨綱問題。「台灣獨立」是民進黨員普遍的願望。李登輝執政 12 年，不敢宣布「獨立」，阿扁時代對美國發嗔作態，點燃烽火外交，也不敢宣布「獨立」。今日的蔡英文，國際情勢讓她不敢越雷池一步，只好以「台灣共識」和「維持現狀」來回應，甚至退守到利用「中華民國」這個老招牌，借殼上市。

　　「九二共識，一中各表」是後美國時代，世界多元格局下，美國首肯的產物。中國大陸要養活十三億的人口，以成就一個和平安康的均質社會，需要經濟崛起，還要一個和平的國際環境；美國受困於伊拉克戰爭、阿富汗戰爭，以及國際恐怖主義的威脅，自不願意見到台海地區再起烽火。

　　更重要的是：中國大陸今日已經是全世界第二大經濟體，是世界的工廠，

高俊宏、何步正、張俊宏、黃晴琦、
張春蘭、簡永松

也是美國最大的債權國。美國和中國在經濟上的互為依存，眼看中國的崛起，心理自然不是滋味。美國作為全世界的超級霸權，主掌全球權力規則的分配，自然不希望有個制肘它的老二存在。德國挑戰它的領導權威，希特勒就被打倒；蘇聯挑戰它

的世界霸權，終於被裂解；日本在「日本第一」、「日本能，為什麼美國不能」時，而在「廣場協議」中，慘遭美國修理，迄今還走不出困境。

季辛吉要當美國國務卿的時候，曾說過一段發人深省的話：「我以史家的角度來當美國國務卿，是要如何使美國無痛苦的淪為二等國家。」這番話瞬時引發軒然大波，舉國一致攻擊，認為：季辛吉不夠格擔任美國國務卿。幾天後，季辛吉又說：「歷史上沒有不滅的文明，何況國家。」

中國曾經是歷史上最大的經濟體，也曾經是全球列強瓜分的次殖民地，為了爭取民族獨立，洗刷被殖民的屈辱，毛澤東就主張「寧可沒有褲子，也要核子」。中國為了加速國內的經濟建設，在其公務員網路科技的訓練手冊的第一章上，醒世木鐸地說：「我們來不及參加第一次工業革命，對這次的網路科技革命，我們絕不能脫班掉隊。」

三十年來，中國終於從網路科技革命全球化的運動中掙脫出來。美國戰略學家布里辛斯基就說：「能夠損害美國在全球經濟中的主導地位的，正是中國對全球化的接受，而不是對它的拒絕。」

歷史上曾經輝煌過的，終會再度輝煌。中國曾經被它的長衫絆倒，並不會就淪為永遠的「亞洲病夫」。當今全世界的有識之士都提出正面的呼籲：不能正面對待中國的崛起，將是全球最大的災難。

國民黨和民進黨都是美國在二次戰後，為維持其台海利益圍堵中國所泡製的兩個政黨。這兩個右翼政黨，一個主張「台獨」，一個主張「獨台」，兩者都寄希望於美國能裂解中國，甚至希望中美大戰，以利存活。所以這兩個政黨，基本上都缺乏「民族自主獨立、歷史縱軸思維」的宏觀，是缺乏國際戰略佈局的兩個政黨，有的僅是偏安於一隅，以美國為馬首是瞻的思考，有的僅是如何奪取台灣島上政權，行一己之私利而已。

「九二共識，一中各表」，這個在一中屋頂下的兩岸協議，之所以能獲得美國的首肯，主要是太平洋東西兩岸勢力消長所簽下的協議。

中國對台灣不再輸出革命，美國對台灣也不能輸出攻擊性的武器（未完）

閱讀全文請點閱 www.theintellectal.net 新大學 / 台灣論壇 / 台灣論壇

誰是敵人

黃人傑

　　個人沒有紅線問題，通常只有言論不自由的國家或政府才會有紅線問題，也才顧忌怕假新聞或傷害，其實當人民不再相信領導者的言論時，所有的真新聞老百姓都當作假新聞或笑話看那才是真正問題所在，才會提出如何限制或追殺假新聞的來源，這時才有紅線問題，人民只有尊重不同意見的義務和責任，卻沒有限制假新聞的權利，所以基本上任何人都不應該有紅色界線問題。

　　我的學生（博碩士畢）不少人是民進黨要員，我常向他們請教民進黨執政前後的改變與困擾，個人認為短時間內無法客觀評估得失利弊，雖然紛爭不少，但卻不能避免怪東怪西，既然執政就要有魄力承担一切後果，不用怕人民的誤解或指謫。基本上執政者皆以選舉結果定是非對錯，所以任何個人的意見若有不同也不足代表民心向背，只盼選舉結果能帶來安定和進步，否則政黨輪替也不見得是台灣人民追求幸福的保障。

　　在台灣4百年的殖民歷史共業中，很難看到彌平分化分裂傷痕的有效作為，但是個人並不覺得奇怪或憂慮，也不想預測台灣發展前途的不必要期待，個人心裡有素，台灣早已迷失於空洞的政治理想，分不清楚自己是地球上的那一種人類，沒有歷史與文化的根基，只會互相怪罪與怨恨，不僅無能照顧自己的後代，連後代也管不了，其實最可悲的是多數人都在不由自主的逃避自己，卻又極其主觀的只顧保護自己，整個台灣只剩下權和錢，像敗家子一樣總有一天將把祖先留下的資產揮霍一空。

　　台灣人總有一天不見棺材不掉淚，像瘟疫一樣人人毫無免疫抵抗的能力，目前已分不清誰是敵人，其實真正的敵人可能是自己，到時候卻又找（未完）

閱讀全文請點閱 www.theintellectal.net 新大學 / 台灣論壇 / 新短評

台灣與越南 ... 領導人的一念之間

劉容生

二月二十八日，對台灣、越南的政治人物是個大日子。兩個重要的活動分別在進行，差別的是：前者的觀眾多半是島內的人，後者舞臺雖小，但全世界人都睜大眼睛在看台灣一這個自由民主的寶島，人民正在休假紀念七十二年前發生的二二八不幸事件：

這個國家的領導人出席「二二八事件七十二周年中樞紀念儀式」，說明這是促轉條例完成立法後第一次的二二八紀念日，期許台灣成為一個更自由、民主、有人權的國家。儀式主持人蔡英文引用她在臉書上推薦的客家電視劇「少了一個之後」，強調很多家庭突然少一個人是何等的悲痛。

蔡英文更提到韓國電影「我只是個計程車司機」，讓社會再一次記得四十年前發生光州事件的傷痛，彰顯了過去韓國政府威權時代的罪行。並期待文化部長鼓勵更多以轉型正義為題材的各種創作，讓全世界看到台灣對民主、自由和人權的愛護和珍惜。

越南一這個歷經二十年越戰摧殘的共產國家，全球人民都充滿希望地睜大眼睛觀望一個歷史性事件的開展：

電視上呈現著朝美兩國領導人金正恩和川普在越南握手拍肩的鏡頭，雙方嘗試結束過去六十多年來的對敵和仇恨，共同努力創造一個未來和平的世界。這兩個領導人應該不會忘記慘烈的韓戰造成的巨大傷害。一九五〇年「朝鮮人民共和國」和「大韓民國」兩方對峙，加上外力介入引發戰爭，雙方傷亡估計達三百萬人。今天看起來這一個十分愚蠢又不幸的歷史悲劇，造成了多少「少了一個之後」的家庭悲劇？（未完）

閱讀全文請點閱 www.theintellectal.net 新大學 / 名家專欄 / 劉容生
本文原載於聯合新聞網

兩岸促融促統體制建構芻議

汪明生

隨著俄烏衝突以來的全球大局逐漸明朗，大陸業已透過海峽定位並由高層明確定調，台灣問題純屬內政。然而眼前兩岸官方中斷，疫情期間的半場休息勢須自發關注思考，這兩岸翻頁的最後關頭何去何從。

台灣 30 年來的選舉政治造成體制固化，本身內政與兩岸大局俱皆受制，不惜失政失靈失德，不顧代價不擇手段只求勝選。然而民力無窮，促融促統雲開日出的創新突破仍然存在可能。

首先就是經過模糊帶偏多年以來，自立自主的台灣同胞為了自己能否自救，解放思想的植入桎梏。糾結迄今的兩岸主權大體在於形式面子，隨著大陸建設發展民生樂利所呈現的願景可能，其實這些未能忘懷的感受覺知應是少數人的事。

相對之下，隨著台灣自南而北年輕世代久已無奈遷就現實的經濟就業與生活日子，這些民生發展的經社裡子，就像三民主義中點醒國人的社會與生存問題，應該才是符合多數人切身利益的眼前當下的事。

在正常合理的情況之下，政務推動主要係靠政府，然而謹遵法理的藍營勝選機會不大，期待綠營得以轉變顯已不切實際。曾經證明能夠打拼經濟佈局兩岸的民間產學，能否在情況特殊的眼前態勢之下，落實呼應並且延伸發揚大陸規劃的社會治理與環境治理，以及國際趨勢的 CSR 與 ESG 等理念價值，發揮民間的創意活力，由超越選舉政治的社群社會角度，追求兩岸融合統好的多方共贏。

原本有謂解決不了的問題就不是問題。台灣的南北失衡與世代交替，在自身菁英長期漠視之下已經形成了南北之間與 60 至 90 世代的不同發展階段態勢。大體而言，南台灣與 60 世代前處於習於傳統的政府統治，中北台灣與 60 至 90 世代間處於習於現代的市場管理，至於雙北與 90 世代後則已習於嚮

往後現代的社群治理。

　　中國自古即有所謂的以力服人，以理服人，與以德服人的區別。孫中山更曾諄諄告誡日本有關霸道與王道的分野，並以濟弱扶傾作為中國恢復歷史地位後，對於其他國家地區的應有政策態度。這些眼前正好適切參考。

　　於今全球之下的美歐中俄，已是已發達與發展中，剝削與反剝削，霸凌與反霸凌的對決態勢。是否與如何連結兼顧統治者角度一心追求的星球大戰，與普羅庶民真切有感的絕命毒師，已成為新時代國際關係與全球永續發展的重點課題。

　　台灣的藍營專家學者長於著眼論述宣示，不外指望政府重視乃至得以重返執政。

　　綠營的埋首操作則在草根基層落地紮根，一心過河爭取勝選，如此幾乎有如孫中山革命反思後，深刻體會的行而後知。

　　台灣自 2000 年政黨輪替以來，藍綠兩黨皆可謂透過選舉政治累積經濟資源，卻都如同全球化以來的美國一般，並未真正關注社會尤其基層。於今已可對於社會概括了解其三種意涵：相對於國家社會是地區，相對於政府社會是民間，相對於個體社會是社群。

　　這些社會層面的內容概念可進一步予以闡釋。一是存量與綜觀總體的社會，亦即在台灣南北與全球化下主動被動打通藩籬或打破屏障的地區國家，已產生形成了優劣強弱的發展階段與社會條件。二是流量與宏觀群體的社會，主要即是政府政策下的民間與地區，包括經濟產業、人口結構、與政治傾向。三是流量與微觀個體的社會，主要即是教育網路之下便利與極化的人際層面，包括個體認知、態度互動、與社群網路。

　　以大陸高層多次展現的高度善意，兩岸若要融合統好，當即係指以社會主義後現代階段為主的深刻對接，如此則兩岸心靈契合水到渠成。然而台灣的真實情況如何，大陸的具體準備如何，規劃宣示與實際落地的差距（未完）

閱讀全文請點閱 https://www.theintellectual.net 新大學／名家專欄／汪明生
本文原載於 2022/7/1 中時新聞網

97

普京逆襲積重難返的美國

水秉和

前言

　　這一篇文章是把我半年來寫的關於俄烏戰爭的一些想法整理之後提出的，有些重複，但比較完整，并且加了一些新的觀察。我曾特別指出，俄烏戰爭幾乎是全世界白人國家都參加的戰爭，包括永久中立國瑞士和瑞典。這是他們之間的自相殘殺，不再是屠殺，劫掠非白人國家。這很重要，因為它除了導致烏克蘭的毀滅之外，必然會消耗和削弱歐洲，俄羅斯和美國的國力，歐洲的消耗很可能是難以恢復的。俄國和美國的消耗也將使它們逐漸落後於亞洲大國。這是五百年的變局，非同小可。

　　同時，沒有參與戰爭的中國和印度的國力將會向前邁進。由於拒絕制裁俄國，印度以每桶比市價便宜 30 美元的價格大買俄國石油，猛力發展經濟，使它不但能夠從新冠肺炎的災難中復原，并且增長率會高於中國。中國呢？不但受惠於大量接受俄國不能賣到歐洲的資源，并且還獲得被歐洲和美國摒棄的龐大俄國消費市場。

　　歐洲人擁有非常多的優點，但是，他們的歷史告訴我們，他們打起仗來非常殘酷，不懂得適可而止，每次都要打到屍橫遍野，孤兒寡婦四處流浪，農田荒蕪，飢餓與疫情四處擴散，元氣盡失，才不得不停手。從十一世紀開始對付伊斯蘭教的十字軍東征，到天主教與新教之間無休無止的百年戰爭，八十年戰爭和三十年戰爭，以至於近代的一戰，二戰，都是如此。這次的俄烏戰爭可能也難逃同樣的命運。也就是說，在掌控世界命運五百年之後，白人很可能要就此主動退出領導世界的地位了。

　　一個有意思的問題是：他們會不會突然產生自覺，警覺，驚醒，而懸崖勒馬，握手談和呢？

　　這似乎是他們非常缺乏的能力。

對中國與印度，以至於其他發展中國家而言，這是非常難得的戰略機遇期，尤其是中國，如果能好好掌握時機，那麼，前途應當相當光明。

美國有諸多無解的難題

許多老中對美國深情獨鍾，相信美國不論幹什麼事，都是，或者絕大多數都是，對的；同時相信，美國的強大是永續的，是我們和我們的後代可以安身立命的寶地。這也曾經是我的信念。不過，我越來越感覺到，美國有許多積重難返的大問題，使我原先對它的信念大打折扣。例如，擁槍者與禁槍者之間的鬥爭：由於有憲法修正案第二條規定，准許百姓擁有槍支，且修改憲法極其困難，所以禁槍是長期無解的問題，而槍殺案件不斷增加。此外，相信生命自胚胎開始的人與人工流產合法化支持者之間的鬥爭，牽涉到宗教信仰，而最高法院即將推翻它早年容許人工墮胎的歷史性決定，將會在美國製造更嚴重的分裂。

其他，如黑白之間的種族問題，牽涉到蓄奴歷史；移民問題，牽涉到南部邊境上等待入境的十幾萬有色人種的命運；30 萬億的國債，與即將到來的滯脹，牽涉到…等等等等。長期以來，由於兩黨之間的對立越來越尖銳，這些問題祇會繼續僵化，沒有獲得解決的前景。

跟這些積重難返的問題平行存在的就是一個更根本的問題，那就是美國已經從最大的製造國轉變成後工業國，製造業在美國 GDP 的占比不到 20%。它現在的經濟主要依靠的已經轉移到金融操作，消費，醫療，軍工企業，以及高科技產品的創新，設計和高端產品製造等。其中，在軍事霸權支持下的金融霸權，包括對國際貿易的結算機制的 SWIFT 的控制，一直是美國所以能制裁與壓制其他國家的手段。這一切，現在出現了危機，因為…．

拜登惹上了俄烏戰爭

俄烏戰爭對上述積重難返的各個問題更產生了雪上加霜的效果。雖然它沒有上述問題那麼盤根錯節，根深蒂固，可是其影響力卻更為直接，（未完）

閱讀全文請點閱 https://www.theintellectual.net 新大學 / 名家專欄 / 水秉和

本文原載於中美論壇專刊第 459 期

美國左右兩極分化各自呈現的"幼稚病"

孫隆基

　　我曾在台灣的書店物色蘇聯史的中文教材，看到有一書內將列寧的《共產主義運動中的"左派"幼稚病》("Left-wing"Communism: An Infantile Disorder)譯作《一場幼稚的共產主義動亂》。西文中的 disorder 用於此是指身體出現了狀況，例如鬧肚子是 stomach disorder，乃患病，但 disorder 這個多義詞也可用於社會失序。台灣的譯者根本不參考大陸已經出版有年的中譯《列寧全集》目錄，反共有年的台灣似乎也未形成研究傳承供他參考，唯有訴諸望文生義。列寧自身是共產主義者，他指出某些同志的教條主義形雖"左"實質上對運動反而有害。上述的亂譯透露的是不知列寧何的方矢，根本不知整個歷史背景為何。這種偶爾飄過來的無根浮萍，能令人相信台灣有像樣的共產主義研究傳統嗎？

　　我在本文中套用列寧的"幼稚病"的概念，把它應用在當今美國政治兩極化的情況裡，暴露雙方的幼稚表現，並不在乎這些運動誰是誰非，只為一些有趣現象留下一個歷史紀錄。

查理・寇克槓上了西蒙・拜爾斯

　　在東京奧運期間，美國的女子競技體操選手西蒙・拜爾斯(Simone Biles)在參賽第一輪後，在現場宣布因"心理不適"退出。至此為止，她曾是競技體操史上獲得兩性合計獎牌(包括世運與奧運)最多的。她之臨陣退出，使美國競技體操團隊的成績降居第二，屈居俄國之後。這在國內並未引起軒然大波，只爆發左右兩極化的又一次對陣。

　　總的來說，自由派媒體多尊重西蒙・拜爾斯個人的決定，一位評論家甚至稱讚她有"優先考慮自己"的勇氣。右翼媒體則炸了

鍋，福斯電視台指責她是"運動界最大的逃兵、自私透頂，佔用且浪費了另一個比她有膽氣的選手的機會。"川普的死忠查理‧寇克 (Charlie Kirk) 在他的平台上則怎樣難聽的話都罵出來："既然代表國家出賽，怎能優先考慮自己！猜結果是把冠軍拱手送給了誰？竟然是俄國！她簡直是一個國恥！一個自私的反社會的人格 (a selfish sociopath)！她荏弱，透露我們是如何將這一代人養成這般荏弱的！"

在相同情況，寇克的反感在東亞也會爆發，與右不右翼無關。如果有中國選手臨陣抽腿，會被網民的口水淹死。然而，在美國，正是右翼在將自由派和民主黨"抹紅"，說成中共的同路人，但右翼自身的心態反而是與中國的集體主義共鳴，豈非諷刺！今日的台灣，個人主義亦抬頭，評論員已留意到今年參加奧運的青年選手有異於楊傳廣與紀政那一代，追求個人的卓越已多於為國爭光。台灣選手如發生臨陣退出，該不會被點讚"有優先考慮自己的勇氣"，多半還得向國人道歉個不停，至於是否會被網路義和拳揍死，得視該選手是曾與蔡英文還是與韓國瑜合照。

因此，蠡測這類事件的標準的反應，實屬無益，即使美國這個 case，也必須先掌握其特殊的歷史背景。西蒙‧拜爾斯是黑人，白人或許不無咕滴：一個黑人竟斗膽把自己優先置於美國這個偉大的國度之上！但查理‧寇克可沒這麼說，不能把話往他嘴裡塞。令他氣炸的是：不愛國、自私、反社會、荏弱、這一代美國人已成廢柴。如此逐浪而高的無限上綱其實是一串環環相扣的思路，是美國右翼批左的標準"黨八股"。（未完）

閱讀全文請點閱 https://www.theintellectual.net 新大學 / 名家專欄 / 孫隆基
本文原載於 2020/6/17 方格子網

小羅伯特‧甘迺迪 和 柯文哲：改變歷史的英雄？（下）

張文基

2024 年的中華民國總統大選將是決定臺灣未來的關鍵事件，然而，迄今選情仍然混沌不清。 雖然，國民黨已經正式提名侯友宜為候選人，但是由於郭台銘的參選意圖仍然甚囂塵上，藍營整合乏力，更別談整合 "下架民進黨" 的勢力。

對於一個長期生活在美國的我，從不同的視角看，我相信柯文哲可能是最後的勝利者。 為什麼？ 首先必須清晰瞭解台灣所面臨的根本問題。 其次，為什麼他比其他的候選人更有優勢。 然而，臺灣的和平發展取決於他及島內人民是否能夠拋棄用西方文明的價值觀來看兩岸問題。

台灣面臨的根本問題

兩方面的問題：首先是島內的生產和分配問題，其次是外部挑戰，也就是如何處理好對美國及大陸的關係。

台灣人民必須誠實的問自己：過去卅年台灣是變好了？ 還是變壞了？ 個人生活條件是進步了？ 還是退步了？ 社會是更開放，更公平了？ 還是更兩極分化了？ 今天的三級貧戶還能不能複製當年陳水扁的成功軌跡？ 對未來的遠景是充滿希望的，還是悲觀的？ 如果，大多數人民的回答是正面的，今天掌握執政優勢的賴清德就不會僅獲得 35% 左右的支持度！ 如果是否定的，就要深刻反思過去卅年錯誤的根本原因。

過去卅年台灣全面的擁抱美國的價值觀及美式民主，今天臺灣的許多問題的根源來自美國的樣板。 事實上，國民黨和美國共和黨有類似之處，民進黨的理念和作風又和美國民主黨相近，而柯文哲所代表的第三勢力又和代表美國改革力量的小甘迺迪幾分相似。

8 月 3 日，我受邀參加小甘迺迪在洛杉磯競選總部的成立會議。 他用美國南部邊境非法移民湧入的危機，談美國衰落的根本原因。 非法移民的大量

湧入，傷害了美國利益、美國人民利益，也傷害了非法移民者的利益。最大的受益者是從事偷渡人口和毒品走私的犯罪集團。

然而，擁有世界上最強大軍事和國安力量的美國，居然不能保護自己的邊境，不能完成一個主權國家的基本要求。這就反映出美式民主的根本失敗，原因是政治人物為了某些特定集團的利益和自己的個人利益，長期欺騙人民。所以他號召美國人民不要再被欺騙了。 這難道不是台灣今天的根本問題嗎？

兩岸問題的根本矛盾是：絕大多數臺灣人希望和平，希望保持現狀，希望和平分裂；而中國大陸希望和平走向統一，不可能允許現狀無限的拖延下去。 不化解這個矛盾，台灣不可能有長期穩定的環境，那也就沒有發展的基礎。

台灣沒有能力主導自己的外部安全環境，決定因素是中國和美國。 美國希望利用台灣作為延緩中國崛起的棋子，所以不斷地加大增強對台灣防禦能力的支援，但是絕對避免與中國發生毀滅性的軍事衝突。 最主要的目的是買時間來重建美國。 對大陸而言，現階段不能與美國及其領導下的西方集團脫鈎，也希望買時間，不僅加強軍事實力，更重要的是加強保護關鍵的金融、外貿、科技領域，減低受制於人的危險。

一個例子就是 86% 的中國對外貿易是透過 SWIFT 用美元結算的，如果全面衝突，將立即受到制裁。所以，今後幾年將是充滿衝突的不穩定的和平。然而，過去六年的中美博弈歷史清晰的告訴我們，在美國的嚴厲遏制下，中國卻是越變越強，所以最終美國和中國必將不得不尊重彼此的核心利益，而求得新的相處之道。 最近，拜登政府官員連續不斷的到中國訪問就反映出這個現實。

台灣絕大多數的人歡迎美國的加大保護，但是這個保護是不穩定的，是取決於中美博弈和妥協的結果。下一任台灣領導人的最重要任務就是如何在未來的四年內在兩岸問題上走出民進黨所塑造的災難性困局。 （未完）

影片連結：https://youtu.be/p_gq1MmUn2s
閱讀全文請點閱 https://www.theintellectual.net 新大學 / 名家專欄 / 張文基
本文原載於中美論壇專刊第 522 期

三黨總統參選人的核能政見

梁啟源

　　因應國人缺電及國安等憂慮，最近三黨總統參選人先後都發表核能政見。賴清德說「停機的核電機組維持使用效能，以備不時之需」；侯友宜說「一定會把核安做好，核廢料妥善處理，核能就是我的選項」；柯文哲說「延長核電廠的使用年限，以確保能源轉型期的安全」。

　　賴清德的政見，並不符合「反對新設核能發電機組、積極開發替代能源、限期關閉現有核電廠」的民進黨黨綱行動綱領第六十四條規定，也和蔡政府的「非核」政策有所不同，特別引人關注。

　　賴發言後，民進黨、賴辦公室及民進黨立委一致認為賴的說法僅就「極端」外部產生的國安風險提出，並稱民進黨「非核」立場堅守不變；賴也從未提及或支持核一及核二廠延役。換言之，賴主張「維持核能使用效能」，只在緊急時使用，但「維持核能使用效能」，首先需向主管單位申請核廠延役及運轉執照，算不算「非核」？更重要的是，若遇到戰爭或天災等國家安全風險時才運轉，無助於化解國人的缺電隱憂。

　　缺電不僅民眾關心，八大工商團體、美國商會、日本工商協會等均同表憂心。雖然官員一再保證不缺電，但兩年內大停電三次，說與缺電無關，如何讓人信服？

　　去年七月政府公布的「二〇二二年版電力供需計劃」，絕大多數的燃氣機組共一一八七萬瓩確定無法如期運轉。針對天然氣第三接收站因保護藻礁工期延長二點五年，即令電廠完工也無氣可用。政府公布的二〇二一年版全國電力資源供需報告，曾列有「燃料受限」的情境，二〇二二年版不知為何完全不提三、四、五接延遲的影響。

　　難道政府真不知道扣掉這些無法如期商轉的新增機組，即令商轉幸運地

只延擱一年，因去年仍占電源配比八點二％的核電將在三年內歸零，會造成國家電力供應吃緊？因夜間太陽光電無法發電，二〇二三至二〇二七年夜間備轉容量率在〇點四與三點二％之間，即介於台電供電警戒的橘燈及限電準備的黑燈之間，政府覺得無關緊要嗎？

政府認為無法落實二〇一八年以核養綠公投的原因是核廢料無法處理。核廢料卅至四十年內可採用乾式儲存，這是目前卅二個擁核國家的通用辦法。最終選址方面，國際成功案例包括芬蘭、瑞典、法國、瑞士等。因此有可以解決問題的技術可以引進，台灣可用無人外島或透過境外合作找尋最終存放場址，並可研發應用安全性較高、工期也可大幅縮短的新型技術，如小型模組核反應器（SMR）。過去新北市與台電間曾因乾儲的水土保持案進行訴訟，乾式儲存無法進行。核二案最高行政法院已判新北市敗訴定讞，核一案法院也判新北市敗訴，因新北市不再上訴，已有轉機，延役、除役都可進行。

延役尚有法令修改的必要，根據原能會核能設施執照申請審核辦法，核電廠延役應於執照有效期滿前五年至十五年前提出申請。既有三座核能廠已逾申請期限。美國雖也有相似規定。但根據去年加州魔鬼谷核電廠的案例，政府因缺電在去年批准ＰＧ＆Ｅ電力公司可豁免需五年以上的延役申請期限，計劃在今年底完成延役申請手續，並可運轉到二〇三〇年。我國可以援引此一先例。

相對賴清德的「維持核能使用效能，以備不時之需」飽受關切，侯友宜及柯文哲則較無所屬政黨壓力。

三黨總統候選人至少兩位不主張非核，因此非核並不是台灣的共識。世界上現有卅二個擁核電國家採取非核政策的，只有台灣與德國，歐盟更已將核能視為綠能。

閱讀全文請點閱 www.theintellectal.net 新大學 / 台灣論壇 / 台灣論壇
本文原載於 2023/6/4 聯合報

海峽兩岸應該簽署和平協議

陳復

國民黨主席吳敦義在接受廣播節目專訪時表示，如果國民黨重返執政，依照《兩岸人民關係條例》，政府或政府授權的機構有權簽署協議，他希望經過兩岸折衝的過程，由國民黨執政的政府與對岸洽簽兩岸和平協議。前立法院長王金平則在去年十月於立法院總質詢時，提到朝野應認真思考推動兩岸和平協議，替台灣爭取足夠時間和生存空間，讓台灣不捲入國際強權的紛爭，且能面對中國大陸逐漸增強的促統聲音，有充足的時間在安定和平保障的環境下，來解決兩岸問題。

民進黨政治人物長期強烈攻擊和平協議，聲稱和平協議是「賣台協議」，國民黨則一度把黨綱中的和平協議改稱和平願景，不過，隨著二〇二〇總統大選即將到來，曾把和平協議列為黨綱的國民黨，再度拋出這個議題，民進黨希望反制，行政院特別將《兩岸人民關係條例》修法草案列為本會期優先法案，明訂兩岸和平協議前應舉辦公投，並訂出條件與門檻。陸委會主委陳明通則表示，修法將比照修憲門檻，協商前經立法院三分之二同意，先舉辦諮詢性公投，協商後還要立法院四分之三出席與四分之三同意交付公投，經全體選民半數以上同意才通過。

有人或覺得兩岸和平協議屬於國內法的停戰協議，這是將台灣視作中華人民共和國的一部分，且依據《中華民國憲法》第一條民主共和國原則、第二條國民主權原則與第二章人權保障，大法官釋字第四九九號解釋「防衛性民主」意旨，都不容民主的台灣與專制國家統一，因此覺得兩岸簽署和平協議，將使得「自由民主憲政秩序」遭受破棄，這是違憲主張。然而，將「和平協議」與「國家統一」輕易直接畫上等號，這是站在與共產黨相同的角度，樹立一個像是稻草人的目標，帶著跳躍性思惟展開概念偷換，真實的問題則

依舊沒有澄清。

戰爭或和平，這本來就是兩岸關係自一九四九年成形後，在實務層面需要面對的重大課題，如果依據《中華民國憲法》來談兩岸簽署和平協議，這是將大陸當成中華民國主權範圍的一部分，且自解除戒嚴後，我們在法律層面不再視中國共產黨是所謂「叛亂組織」，海峽兩岸因內戰而隔海各治的關係，本來就需要有從法律層面徹底解決的過程，我們何不回歸根本來思考：憑什麼能不經由討論並簽署對各自具有約束性的協議，兩岸就能獲得和平呢？當這個話題連討論都要被人視作「賣台」，難道要兩岸啟動戰爭，才是在「愛台」嗎？

　　經由這些年來政治人物對群眾的集體催眠，我們生活在中華民國治權範圍內的人民，多數有種矛盾心態：既渴望生活在安全舒適的環境，又拒絕跟中國大陸做任何理性的對話，因此，我們藉由妖魔化中國大陸，甚至殘害自身的中華文化元素，在教育層面割裂開對中國大陸的認同與認識，將其視作與自己無關的異質內容，使得人民竟然誤認「不戰、不和、不守、不死、不降、不走」這六不策略，就能維持穩定的兩岸關係，這本來是指第二次鴉片戰爭時期兩廣總督葉名琛無知排外，最終被擒獲客死印度的往事，我們生活在台灣的有識者，不應該持續閃躲坐以待斃，反而應該積極思考跟中國大陸到底應該怎麼簽署兩岸和平協議。

（左起，黃光國、何步正、韋政通、陳復，2018 年 4 月）

請點閱 www.theintellectal.net 新大學 / 名家專欄 / 陳復

本文原載於 2019/3/27 人間福報

美中衝突下中國與台灣的抉擇

楊雨亭

自去年（2019）以來，美國總統特朗普、國務卿龐佩奧等對於中國的言論以及所採取的經濟、政治以至軍事行動愈演愈烈，而台灣也越來越突顯出其夾在兩強之間一個棋子的角色，由於台灣內部統獨藍綠越趨分裂，因此台灣的前景並不看好。

一、美國對共產主義國家的意識形態回顧

一般的看法，認為美中衝突之所以會搞到今天的地步，和中國崛起以及川普的商人個性和其選情不佳有關。其實，這是一個表面上的一個因素。真實的情形，是美國自冷戰以來歷經 1950 年到 1953 年的韓戰以及 1955 年到 1975 年的越戰，美國在這兩次的戰爭中都沒有得到實質性的勝利，其中原因複雜，主要在於美國人普遍對於共產黨意識形態的陌生以及輕視相對薄弱的共黨武裝力量。1990 年至 1991 年東歐社會主義國家與蘇聯相繼解體，被認為是美國對共產主義國家長期鬥爭的一場重大勝利，筆者認為實情並非完全如此，真正的原因在於一個多世紀以來西方共產主義運動的失敗，社會主義國家的經濟與社會結構自行塌陷，早已無力於美蘇軍備競賽。而在中國與越南、北韓等的東方共產主義運動，則經歷了內部激烈的政治運動以及和美國之間相當曲折的敵我關係。必須認識到，美國在二戰以後對於共產主義以及共產主義國家的警惕與圍堵，七十多年來在美國政府與民間社會中已經內化成了一種反共的共同意識。

尼克松在 1967 年美國的《外交事務》季刊發表文章說：「長期而言，我們不能聽任中國永遠停留在國家家庭之外，抱持幻想與仇恨，並威脅鄰國。我們這個小小的星球，不容十億具有能幹潛力的人活在憤怒的孤立狀態中。中國若不改變，世界不會安全。因此，我們的目標是在力所能及的範圍內，

引導其變革。」1989 年六四以後尼克森說：「擁有十億人口的中國，回到孤立狀態，對中美兩國都無益。孤立的結果，肯定會造成一個憤怒而又窮困的中國；中國在保持亞太地區穩定上，扮演著一個不可或缺的角色。除非中國有建設地和負責任地參與地區性事務；韓國不可能維持和平，台灣問題不可能和平解決，香港人民的未來將不會享有一個自治、資本主義及民主體制的生活；中南半島也永無寧日。」尼克松是一個重實務的右派政治家，他的思想與言論顯示出二十世紀初期以來美國基督徒對待中國人的人道主義情懷，也就是說，許多美國人對國民黨治下的中國和共產黨治下的中國態度基本日益一致，認為中國與中國人需要被善待，就有機會發展出東亞區域政治與經濟秩序中安定富裕的穩定力量，中國自身也將漸進地發展出民主政治。

對照特朗普與尼克松的言論，可以看出半個世紀以來美國的國力相對下降及美國人開始缺乏自信與寬容的胸懷的變化有多麼大。當然，尼克松當年完全難以想像中國在 40 年後的影響遠超過了東亞區域政治與經濟的範疇。

二、歐美文明的沒落以及中國崛起的意義與反思

歐美白人國家經歷自十七世紀以來長達三百多年來的昌盛文明，至二十一世紀初似乎接近了一個頂峰或是瓶頸。全球化的浪潮，帶來財富的重新分配，歐美國家的政治與經濟結構的中堅－中產階級開始瓦解，無法繼續吸納不斷湧入的移民和難民，以至階級與種族的對立日趨嚴重；今年來一些過去曾經富強的國家更由於新冠病毒的防疫困難而顯示出其社會結構不健全的現象。整體而言，自二戰以後，弱後國家與地區和歐美國家的經濟仍然存在著經濟與貿易上的過度依存關係，歐美國家的高度文明，並沒有成功地擴散到其他國家與地區，而形成了沒有殖民主義的殖民經濟現象。

1990 年之後中國與台灣的發展極具戲劇性，中國大陸在鄧小平領導下進行經濟改革，以中小企業為主的台商踴入大陸市場，國際企業在中國投入大量資金與技術。二十年內，中台兩地的企業皆急遽成長，開始具備國（未完）

閱讀全文請點閱 https://www.theintellectual.net 新大學 / 名家專欄 / 楊雨亭
本文原載於 2020/9/3 思考香港

徹底告別過去，迎接無限可能的台灣

張俊宏

由新世代的青年承接！

二戰後，逾 73 年，兩大戰敗國分別為人類作了完全逆向卻極為寶貴的實驗：徹骨不反省，堅持自我而遽起；另一則徹骨反省，否定過去而再興。然而，差異在：誰可永續？

東方日本堅持其皇民化，具大和特色軍國資本主義結局是「遽起而落忽」；而西方日耳曼，徹骨放棄「上帝選民」優越的軍國，領導人竟能跪求猶太民族的寬恕，以行動不惜廢棄舉世頂尖‧蓋世的軍事科技，慷慨交予勝利者美俄，令其承繼希特勒未竟的武功，讓出毀滅性的霸業，終而為新一代的人類實驗成功：非武、非核、非威脅、無恐嚇，以和平以民主凝聚民心之力終而推倒外力構築的東西圍牆，不流滴血，不僅：一統獨立的德意志且完全一統化包括東歐共產在內的 28 國的歐體，成功以「不戰而屈人之兵」阻止了俄式共產，完成人類文明史上未曾有最大的「統」容納最完整的「獨」實現東方戰前台灣總督桂太郎 不能實現的大東亞共榮圈，證明東西方皆循傳統的武力 卻從未能成功的統一大夢，由戰後的德國以心力 以智力超英趕美之後，超美而竟已蓋世；為下一世紀開創免於使地球毀滅的文明升級。不幸卻因為英國的脫歐，已成整體歐盟的風雨飄搖，在百萬難民入侵中，明顯看出 已無法克復美式武力文明帶來難以回頭的災難，且死不悔改而寧等待承受可預見的悲劇。「國雖大好戰必亡」，為免西方無助無奈大眾的「久耽安逸」而在霸爭中承受「國恆亡」的悲命，重擔使命已落在東方：

如果不克使東方崛起的大國承當此一重擔，則此一使命豈非責任已落在邊陲小國主權在民的台灣，承繼當年台商及小平同志摸石子過河，當年「台商」引領中國經濟崛起，而今台商卻諸多落荒而逃，「台政」應結合台商，

必轉型升級的中國：在和平；在法治民主！

只因今日人類命運激劇變化，已到此一境地，始作俑者 按下第一張骨牌的就是 89-64 天安門後第二年的台灣，同樣面對性質完全相同的青年學運，針對的都是中式集權統治永遠重覆的仟年歷史悲劇。台灣是 228；同樣血淋淋悲慘的哀嚎是對岸，緊跟就在次年。

43 年前我是小學生的見證人，悲劇不是從書上，是在路邊看到的，然而，當年所面對的我也只是野黨黃信介主席的秘書長，電話中我的對手是執政黨李前總統的秘書長宋楚瑜，我說：「歷史性的悲劇要不要避免，就在你我兩人手上」！

30 年過去，悲劇是避免了，是在台灣：但未必在兩岸，一旦擴及中美之間，則悲劇無疑必已將及於地球與人類！

作為早一輩參與台灣開啟民主，推動「寧靜革命」者的一員，30 年後，面對強鄰壓境之危局，曾幾何時台灣已進階成陸海霸爭對決之中心地，如同邱吉爾二戰中納粹圍攻下，孤立無援的處境所言：

「我知道是沒路了，但我知道前進的方向」

只因為，21 世紀，使中國由貧而富，由富而強，而使整個世界已進入雲端的大變局，第一張骨牌，既由台灣民主化所引起，大國集權崛起的威脅普世下，禍福本於同源，轉禍為福，解鈴繫鈴處的台灣，救人救己，台灣擁有不可逃避的現實！包括挽救崛起強鄰「驟起落忽」的命運！引申巴菲特的話：逼迫你做不敢做的，不只是改變，是蛻變；不止突破，是超越！實際上，也不是佛家所說的放下，是東方哲學水火交融的昇華！

儘管中國一再提醒美國：不可在武力上陷入無贏家的修昔底德陷阱的熱戰；實際上也一樣不可陷入貿易上「無贏家」的冷戰。

究竟雙方更處在「新崛起」屬挑戰者一方的中國，似乎始終忘卻：中美大洋兩國的安危浮沉，原是起於海峽兩岸：

戰爭不論冷熱，都在同一陷阱；毛主席的「望洋 . 血洗」小平同（未完）

閱讀全文請點閱 https://www.theintellectual.net 新大學 / 名家專欄 / 張俊宏

言論自由及政治包容

施正鋒

言論自由並非無限上綱

　　去年，電影搞笑呈現蘭嶼達悟族反核抗爭片段，由於挪揄中帶有貶抑的調調、而非不傷大雅，引起原住民族的反彈。根據現有的法規，被侵權的受害者必須是個人，因此，凡是對於族群集體的羞辱，無法透過法律途徑來討回公道。其實，在陳水扁執政期間，民進黨政府曾經嘗試制訂『反歧視法』，卻因為朝小野大無疾而終。此回，時代力量黨團召開公聽會，疾呼『反歧視法』刻不容緩，不過，也有文化工作者舉美國的憲法及判例，質疑此舉是否因此會造成寒蟬效應、侵犯言論自由。

　　我們知道，言論自由是最基本的人權，也是民主政治的必要條件，也就是說，如果沒有言論自由，就不可能有民主。法儒伏爾泰的名言「我並不同意你的觀點，但是我誓死捍衛你說話的權利」，大家耳熟能詳，而聯合國在『世界人權宣言』（1948）、以及『公民及政治權利國際公約』（1966）也都明文保護。我們由威權統治一路走過來，從黨外雜誌到地下電台，無非要突破國民黨政府對於言論的箝制，當然知道言論自由的珍貴，尤其是自由雜誌鄭南榕因此引火自焚，付出這麼大的代價，大家銘記心頭，不會 走回頭路。

　　然而，言論自由並非無限上綱，這也是普世所公認，任何人也不能仗恃言論自由來侵犯別人的權利。事實上，『公民及政治權利國際公約』（第19.3 條）揭示：「本條第二項所載權利之行使，附有特別責任及義務，故得予以某種限制，但此種限制以經法律規定，且為下列各項所必要者為限：（一）尊重他人權利或名譽、（二）保障國家安全或公共秩序，或公共衛生或風化」。另外，該公約第 17 條規定：「一、任何人之私生活、家庭、住宅或通信，不得無理或非法侵擾，其名譽及信用，亦不得非法破壞。二、對於此種侵擾或

破壞，人人有受法律保護之權利」。該公約（第20.2條）又進一步規範：「任何鼓吹民族、種族或宗教仇恨之主張，構成煽動歧視、敵視或強暴者，應以法律禁止之」。換句話說，國家有責任立法保護人民不受不當言論的攻擊。

誠然，美國憲法第一修正案（1791）就是為了保護言論自由所通過的，特別規定國會不得制定剝奪言論自由或出版自由的法律，只不過，這是原則性的規定。根據聯邦最高法院歷年來的判例，言論自由是受到下列限制：鼓吹會造成明確而立即危險的暴力、不實陳述（含毀謗）、淫穢猥褻、兒童色情、以及羞辱或是攻擊性語言用字。根據聯邦最高法院的 Chaplinsky v. New Hampshire 判例（1942），攻擊性用字不受憲法保障。另外，除非是針對公眾人物的政治諷刺、或是杯葛，如果是會造成個人不舒服的言論，不管是刻意、還是魯莽，也有可能不受保護。至於議者所提 Texas vs. Johnson（1989），其實是針對焚燒國旗的抗議，認為屬於象徵性言論而加以保護，那是原則性的規範，並未否定對於特定負面言論的限制。就『公民及政治權利國際公約』的實務運作來看，對於言論限制有三項要求。首先，簽署國必須立法明確規範、充分告知，以免賦予行政部門過多的裁量；接著，言論限制必須為了保障正當的重大利益，包括個人的權利、以及公共的利益；再來，這些限制是為了達成前目的所必要的，也就是得失必須合乎比例原則，以免連正當的言論都被打壓。

政治包容與順服的旅鼠

好幾年前，前副總統呂秀蓮對民進黨的初選辦法提出一些見解、並進一步宣布參加 2012 總統初選，然而，黨內派系對於她的建言不僅冷諷熱嘲、甚至於競相指責為破壞團結，也有毒舌派名嘴譏為鬧局，而少數的年輕黨員還發動勸退的網路連署。言論自由、以及參政自由是人民的基本權利，也是大家多年努力所爭取的，就一個自詡為「民主進步」的政黨，掌有權柄者竟然無法包容黨內有不同的主張，視同制的批判為毒蛇猛獸，真是令人匪夷所思。（未完）

閱讀全文請點閱 www.theintellectal.net 新大學 / 關於我們

走出深綠的泥淖

石文傑

　　全球矚目的南北韓會談在板門店正式登場，二次大戰以來的分裂國家，東西德已經和平統一，南北越卻武力統一，而台海兩岸如今還僵在和統與武統的關頭。台灣卻還有眾多的人在幻想正名制憲、獨立建國，無視時勢潮流及大勢所趨，及近日阿富汗的啟示，仍在做春秋大夢。

　　我年輕時熱衷參加黨外運動，涉足極深，只差沒被抓去坐牢；也結識不少台獨大老，曾經對獨立建國充滿憧憬及幻想。然而縱觀國內外情勢，及主客觀環境，讓我很快對獨立建國產生幻滅。與我有相同覺醒的還有前台聯黨主席蘇進強，陳真醫師…等人。

　　近日看到不少深綠極獨朋友，顯露對蔡英文總統高度不滿，認為已經全面執政，為何還不正名制憲、獨立建國？為何還在倡議維持現狀？還要借中華民國的殼上市多久？

　　當年我身為他們陣營中的一份子，也免不了有強烈的台灣意識，也充滿台灣人的悲情意識，因此有人認為台灣應該獨立建國，成為一個新而獨立的國家。每當我提出質疑如何完成建國大業？如何走上獨立建國之途？我就像那個指認國王新衣的小孩，被指責對建國大業不夠忠貞、不夠虔誠，要我拿香跟拜就是了。可是我越想潛心篤信，卻對獨立建國越心虛，越覺得虛望！台獨陣營絕不容許有人懷疑，台獨已經變成一種宗教信仰－台灣獨立建國教，只能信靠，否則就是叛徒背骨！而我也成為台獨無望論者。

　　台獨朋友曾試圖探尋美國獨立建國模式，新加坡模式，來自圓其說，尋找獨立建國之路，卻發現都不合身，因為美國獨立有法、西、荷三國的強力支助，新加坡獨立是被馬來西亞驅逐的。勉強找到奧地利模式，奧國雖也是日耳曼人，與德國同文同種，卻始終不願加入德意志聯邦！於是大喜過望，

覺得台灣就應該像奧國，峻拒與中國統一。然而歷史卻告訴我們，在德國尚未統一之前，奧匈雙元帝國就已存在，還曾叱吒風雲，主宰歐洲政局，當然不屑加入德意志帝國，結果只能失望了。

台獨人士如李前總統曾期待中國分裂解體，大卸八塊，好讓台灣能自外於中國，做一個小而美的新而獨立的國度，然而情勢剛好相反，中國的政經情勢越來越強大，已經成為世界第二大經濟體，能和美國平起平坐。雖然面對美、日的圍堵封鎖，然而卻倡議一帶一路，想透過互利共榮，把亞、歐、非連成一體，邊緣化美、日兩強，完成反包圍形勢，結果獨立建國期待又落空了！

至於宣佈獨立建國，期待美、日伸出援手，如當年法國、西班牙、荷蘭，出錢出力幫美國打敗大英帝國，完成獨立大業。然而歷史卻告訴我們，美國獨立苦撐了好幾年，還打了幾場小勝仗，後來才獲得外力支援，而且這些國家都和英國有爭奪海外殖民地的恩怨情仇。台灣要複製當年美國模式，恐是緣木求魚。何況美國已多次重申如果是台灣先挑釁，美國不會介入兩岸事務，美國多次公開表示不支持台灣獨立。

我認為如面臨不得不攤牌時，一國兩制應是台灣的最佳選項，我曾多次撰文分析，大陸提出的一國兩制就是一種變相的維持現狀、是一種假統一，是一種名統實獨的設計，中共贏了面子，台灣贏了裏子，兩岸雙贏，卻避開了兵戎相向、民族浩劫的偉大設計！所以沒有誰統一誰？誰被誰統一？歷史上魏晉南北朝和五代十國的分裂，統一於隋唐、大宋，名義上是北朝統一南朝，漢族統一天下，實際上卻是民族融合、文化交流、良制取向的統合。
阿扁說過台灣獨立辦不到就是辦不到！蔡總統骨子裡何嘗不是想獨立建國，但形勢比人強，我們應能體會她的苦衷。當年老蔣一心期待美國幫助反攻大陸，結果還不是一場空夢；台灣獨立建國會不會是另一場空夢，我們不妨繼續看下去！

請點閱 www.theintellectal.net 新大學 / 台灣論壇 / 台灣論壇
本文原載於 2018/01/14 中國時報

二二八受難者後代籲重審外省籍受難者案件

王顥中

二二八事件受難者廖進平、王添燈的後代今日（4/8）上午在二二八國家紀念館舉辦追思座談，邀請二二八研究者張若彤現場進行報告，紀念館首任館長廖繼斌並在會上為至今尚未獲得賠償的外省籍受難者發聲，呼籲政府應承認外省受難者適用賠償的法律地位，並重新審閱受理至今遭駁回的 512 件賠償申請案。

二二八研究者張若彤在專題報告中表示，處理二二八事件很重要的目的就是希望促進族群和諧，但為何處理至今族群衝突彷彿更激烈，就是因為「外省籍受難者」長期遭到忽視。

所謂的「外省籍受難者」，是指在二二八事件初期，有部分外省籍受難者遭台籍民眾毆打、迫害。張若彤表示，根據歷史資料顯示，當年陳儀為擺平動亂，也不處理這些案件，導致外省籍受難者求助無門，冤屈無法獲得正義，這也造成二二八事件的衝突與悲劇後來不斷擴大。

張若彤強調，像這樣的受難者其實不只是外省人，很多是本省人因為保護外省人結果也被打，最著名的例子就是孫運璿，孫運璿當時是被台電的員工保護，後來選擇孤身逃亡，才沒有造成保護他的人也跟著遭迫害。

二二八研究者張若彤表示，處理二二八事件很重要的目的就是希望促進族群和諧。（攝影：王顥中）

張若彤指出，根據《二二八事件處理及賠償條例》，受難者的法定意義是針對由公務員或由公權力所造成的傷害，而二二八事件中的「外省籍受難者」，由於加害者是民間人士，不屬於「公務員或公權力」，所以二二八基金會就決議不處理這一塊，不承認這些人

是「二二八受難者」。

但根據《國家賠償法》，無論是國家的「作為」或者「不作為」所導致的人民權利侵害，都應該獲得賠償。換句話說，二二八事件初期，國家因為消極不作為、怠於執行公權力，導致外省籍受難者的權利遭到侵害，這部分也應該適用二二八事件的處理與賠償。

二二八國家紀念館首任館長廖繼斌表示，二二八基金會在 1997 年第 20 次董事會上做成決議，只處理國家公權力侵害，其餘都因為條例沒授權而無法處理。然而內政部在 2014 年下了一個行政指導，認定《二二八條例》是《國家賠償法》的特別法，所以針對《二二八條例》沒規定的，除非有特別明文排除，都可以回去援引《國家賠償法》。

廖繼斌指出，《國家賠償法》第 2 條規定了國家賠償的兩種情形，第一種是國家公權力侵害，第二種則是公務員怠於執行職務，致人民自由或權利遭受損害者亦同，「你走在路上被警察打死，這應該國賠；但走在路上，有人拿斧頭砍你，結果警察在旁邊劃手機，這叫怠於執行職務」，根據《國家賠償法》這兩種情形都要賠。

廖繼斌表示，無論對歷史採取什麼解讀，在 2 月 28 日到 3 月 8 日這段期間，事實狀態就是政府不見了、機關被佔領，導致外省人受害、求助無門，這是最典型的怠於執行職務，當然可以依照《國家賠償法》第 2 條請賠。

廖繼斌認為，解鈴還須繫鈴人，二二八基金會應該負起責任，重新審閱過去駁回的 512 件賠償申請案，檢視其中因為受民間人士迫害而被裁定「不符法定要件」的案件，並重新逐案審查。

廖繼斌感慨地說，他以一個台灣人的身分，替外省人講話的確吃力不討好，但是他受到已故的王曉波影響很大，王曉波的媽媽在白色恐怖時期被槍斃，爸爸被關了十年，自己也在台大哲學系事件中被波及，他是外省人還是個大統派，卻沒替「自己人」講話，在 30 幾年前，當二二八都還是禁（未完）

閱讀全文請點閱 www.theintellectal.net 新大學 / 友站推介 / 苦勞網
本文原載於 2021/04/08 苦勞網

國共談判是時候了

野草編輯部

中國人民百餘年來，已經受夠了分裂和動亂之苦，也嘗盡了落後、貧窮和帝國主義的折磨，現在該是携手合作自立圖強的時候了。

我們的政府，在大陸的或在台灣的，都已為中國未來奠定了經濟發展的基礎。現在應該是和平解決內爭團結建國的時候了。

東西德談判，11 年來已有了相當的成就，最近南北韓的統一和談，也有了良好的開始。我們要問：「為甚麼中國人不能用和談方式，來解決自己的紛爭？」

我們這一群海外中國人，呼籲國共雙方立即開始和談，通過和談來達成全國統一。我們決心以具體行動，促其實現。這個目標一天不達成，我們一天不甘休。

我們不是不知道中國統一問題的辣手，更不是有意漠視雙方在生活方式，意識形態、和制度上的差別，我們只是認定「既屬同一民族，首須謀求重大的統一，此一目標超越觀念，意識形態和制度歧異之上」，（見本年七月四日南北韓聯合公報），基於此，我們認為國共沒有甚麼理由不能在此一民族感情和國家最高利益的原則下，立即進行和談，共謀統一。 我們誠懇地建議雙方採取下列幾項行動：

雙方立即指派代表，分別在台北和北京磋商和談的議程和原則。

停止武裝挑釁和惡意宣傳。

免除返鄉探親的一切限制，保證出入境的自由與安全，並共同設立專門機構，協助辦理必要手續。使分裂的家庭得以團聚，使通信旅行和其他民間活動，得以迅速有效的進行。

取消現有的妨碍文化交流的禁令。鼓勵文化及新聞團體的相互訪問。

共同表示支持，而不阻撓海內外同胞推行的統一運動。

有了這五項証明和談誠意的初步行動，才可有進一步檢討異同。尋求和平統一具體方案的可能。

這些建議，以目前雙方敵對的現況來看，似乎是陳意過高。事實上，它們不過是大樂章的前奏曲，只要雙方執政的人，看得遠，想得深，體念民族的感情，拿出勇氣，超越意識形態的限制，民族的驕傲，和幸福的樂章，就會在和諧的氣氛中節節呈現。世界上沒有不可能的事，「不可能」只是我們沒有勇氣向政治現實和僵化了的意識形態挑戰的藉口。請問，兩年前有多少人會相信尼克遜會在第一任內訪問北京？同樣地，半年前有多少人敢預測南北韓在短期內進行和談？

站在民族感情和國家利益的立場，我們現在呼籲兩個政府進行和談，初步期望只在消除雙方互相敵視的態度：對任何一個愛人民的政府而言，這不是一個太苛刻的要求。我們主張和談。只是期望統一。統一有實質的困難，不是立刻能夠消弭的，但是和談能提供一個磋商異同的機會，也能使我們充分表達壓抑已久的民族感情。

分裂的中國永遠是病態的，國共的極端敵對，嚴重地損害了國家利益。今天的國際社會，說穿了，還是以國家利益為先的老套強權政治。主義或理想在符合國家利益時，可以高高捧起，否則便被悄悄的冷藏。這些事實，不是人類的最大理想，可是這些國際間的真情實景不由得我們不面對。國共的敵對，只增加外人佔便宜的機會，國共雙方社經建設，雖有初步成就，但在今日強權的世界中，為了個人恩怨、黨派鬥爭，仍不顧最高的國家利（未完）

閱讀全文請點閱 https://www.theintellectual.net 新大學 / 政論壇殿 / 野草

本文原載於 1972/11/15 野草第 12 期

台灣開放黨禁與報禁的伏筆

邱立本

那是白色恐怖的時代，一九六七年底創刊到八十年代間，《大學雜誌》(The Intellectual) 展現一代知識分子的風骨，敢於在權力面前講真話，以民間社會的力量，聯合執政黨內部的改革派，提出了《台灣社會力分析》與《國是諍言》等關鍵文章，凝聚了台灣當時黨內外推動改革的力量，對於蔣經國政府後來開放黨禁與報禁的決策，埋下了重要的伏筆。

台灣黨外力量的先鋒。參與大學雜誌的張俊宏、許信良等人，都是具有人文情懷，也熟悉中華文化的傳統。他們重視本土發展，推動民主，爭取言論自由，也爭取打開讀者心中的窗戶，看到國際的最新發展，也以中華民族的命運為己任。他們匯聚台灣最優秀的知識份子，發出了時代的最強音，展示中道的力量，推動台灣往一個理想的社會發展。

中道力量就是不左不右，不被激進的力量所誘惑，強調理性的思考與行動，朝向民主自由與法治的目標，吸納社會不同階層與不同領域的力量，團結不同省籍，不會陷進統獨二分法的窠臼。這也成為台灣在黨外運動中的主旋律，讓蔣經國在一九八八年去世前的一年，開放黨禁與報禁，從而奠定台灣走向民主化的道路。

《大學雜誌》的英文名字是 The Intellectual，意即知識份子。雜誌的言論，從創刊號就剖析知識分子的角色，不在於擁有顯赫的學位，或是在專業上如何厲害，而是強調擁有知識的人，怎樣參與公共事務，在公共議題上，成為社會的民心。

這樣的論述定位，在一個威權時代，具有 " 去魅化 " 的作用，對於那些鼓吹一元化思想的官方教條，是思想上的顛覆。

《大學雜誌》從開始就不是用狹窄的省籍觀念來推動改革。恰恰相反，參與創辦的何步正，就是來自香港的僑生，當時還是台灣大學經濟系的學生。參與《大學雜誌》文學策劃的則有政治大學西語系畢業的鄭樹森，也是香港僑生。我這位政大經濟系的香港僑生，於一九七一年參與編輯部工作，擔任執行編輯。當時的總編輯是台大心理系教授楊國樞。（我還記得每個月的工資兩千五百元新台幣，都是楊國樞教授將一個台大郵局的存摺與圖章拿給我，要我自己去領）。

僑生參與台灣這一份重要刊物的誕生，不但顯示台灣的開放，更展示台灣是全球華人的文化中心，吸納各地華人的文化創意成果。今天台灣的大師級作家李永平，當年是台大外文系的馬來西亞僑生；他進入台灣文壇的第一部小說《拉子婦》，就是在《大學雜誌》發表。香港作家西西與也斯在台灣發表的首部作品，也是刊登在《大學雜誌》。

參與編輯部的言論主力，包括鄧維楨、陳少廷、王順、張俊宏、許信良。其後編委涵蓋了當時學界的精英，如楊國樞、孫震、丘宏達、陳鼓應、胡佛、王曉波、劉福增等學者。事實上，在台灣文化精英推動改革的過程中，從來都沒有省籍的畛域之見，而是五湖四海，與執政者博弈。從《自由中國》時代的胡適、雷震、殷海光、傅正等，到《文星雜誌》時期的蕭孟能與李敖。都是如此。《大學雜誌》顯然延續了這一個重要的傳統，凝聚社會上不同領域、不同省籍的精英，加速了改革的歷程。

從一九六八年到一九七三年，正是台灣面對當時風雨飄搖的時刻，中華民國失去了聯合國的席位，尼克森總統訪問北京。蔣介石的健康越來越差，而蔣經國接班也要掃平所有的障礙。《大學雜誌》的不少編委，都被視為"革新保台"的先鋒，發表的文章，都對台灣現狀與國際形勢作出前瞻性的分析。由許信良、張俊宏、包奕洪合寫的《台灣社會力分析》，以及一九七一年的《國是諍言》專號，不僅對執政的國民黨政府形成壓力，也開啟了朝野互動的新模式，匯聚了社會改革的力量。之後在保釣問題與其他棘手（未完）

閱讀全文請點閱 www.theintellectal.net 新大學 / 關於我們

精神澎湃，只因 革 命 尚 未 成 功—
《新大學》圓山開幕酒會致詞

張俊宏

　　各位記者女士，各位老朋友新朋友們，謝謝你們特地來參加今天下午的發表會。進入八十了，控制時間能力的缺乏，主辦單位特別擔心我講得太久，要我照稿，因為後面有很多非常難得的貴賓，不容許我拖時間。今天孫先生的誕辰，我們就在這個地方來宣告，為了要承接信良兄所談的文化復興，就

城鄉改造環境保護基金會張俊宏

在這邊宣達世界「永久和平」的宣言，同時今天為的是表彰孫先生不屈不撓的革命精神。五十年前大學雜誌的朋友們走向大學至善之道，投注生命熱血的青年，今天在座的都已垂垂老矣，但是精神還澎湃在熱血中，只因 革 命 尚 未 成 功！

　　過去我們為民主：可以只為台灣，但是今天為和平：為世界；為整體世界的人民！我們這批老戰友和五十年前不一樣的就是：加倍地投注生命最後的力量，投注最後的時間和生命 要為這個目標來奮鬥！我們真的不知道能不能再看到 ... 五十年過去 ... 今天看到的老朋友還能不能夠再有五十年？不可能的！但是只要我們再努力，我們絕對保證 且有信心，讓我們的子子孫孫 都看得到，享受得到！台灣的改變在我們手上雖是有限的；但是有限的台灣，其改變卻翻轉了中國和世界，此刻仍然還在進行著無限的 改變中！

　　勿忘千禧年，阿扁總統完成了五千年中國歷史 從來沒有過的，把皇權變為民權的政黨和平輪替之後，連續幾年的時間都在推動「無核家園」的理想，提倡這個理想之後，除了立法的實踐，這一次他也參與和認同我們此項運動的推廣。阿扁總統的鼓舞，我相信就是今年 就在上個月，諾貝爾和平獎通過

了給「ican」，「International Campaign to Abolish Nuclear Weapons」他
們足足努力的十年 為了這一個不可能達成的目標！「ican」的召集人，費恩
接到得獎消息的時候，她說：「這是一個不可能的任務」，果然暴露了這是
不可能的事：五個全世界最強大的核子國家，「英美俄法中」五國都拒絕了
這個連署，雖然 ican 用了 468 個全世界像你我一樣的草根社團同時 122 個國
家來推動，仍然沒有撼動任何一個擁核的國家願意來參與這個運動，證明廢
核的不可能性。

　　數天前大家以為中、美川習會是為了美朝的核子僵局的世界危機！！結
果是 為美國做大筆生意的訂單，我們從這裡又看到了大國目前面對核子的僵
局是束手無策、無能為力的，這些種種表現 就是我們所擔心的，諾貝爾和平
獎，反而讓全世界人民宣明沒有希望的結果，也預示人類災難的不可不免。
所以為了這件事情，我們決定醞釀多時的「管核」運動，必須知道，廢核運
動的意義是促進推廣，並不為的是結果和解決，緊急宣布 世界和平宣言：世
界和平宣言，所提出來最重要的動機，就是期待將不可能的 轉變成為可能；
只因人類不能活在恐懼及命運終將共毀的日子。廢核顯然困難重重，但終究
延續了十年奮鬥的希望，我們所提出來的是管核〔co-management〕，不是
「廢除核子」，而是共同「管控核戰原料」，這是人曾有過戰爭原料成功共
管經驗，1950 年，法國的外交部長舒曼承繼莫內總理，所提出煤鋼戰爭原料
的控管。

　　防止戰爭最根本的方法就是把當時戰爭原料的煤鋼共管 (contact) 六個大
小國的共同體，1950 年簽署之後，口號一出還未實踐，整個歐洲就引起狂風
似的發展繁榮，就是說經濟的來往應證了富蘭克林所說的：做生意的雙方是
不會打仗的，72 年了，非常成功地建立了人類曠古未有的和平經驗，所創造
的是：統一成 28 國最大的歐體，而且完成每個國家最完整的獨立，統獨的問
題也好，共產黨的問題也好；歐洲古老的文明；亞洲不能做到的歐洲新興而
且升級的文明全部都用和平把他吸收了，但是很不幸的今天歐體自身（未完）

閱讀全文請點閱 www.theintellectal.net 新大學 / 世界和平宣言

實現民主是台灣的歷史大事—
《新大學》圓山開幕酒會致詞

許信良

俊宏兄、何董事長、各位貴賓、各位朋友：

今天，非常高興來參加新大學政論網站開幕典禮。大學雜誌已經五十年了。當年大學雜誌的靈魂人物就是張俊宏先生。對於我個人，俊宏是亦師亦友。我一生都感謝他！他一生都是開創性的人物。如果沒有他，就沒有一九七〇年代以來的台灣民主運動，就

亞太和平基金會許信良董事長

沒有今天的民進黨，就沒有今天的台灣民主了。也許今天很少人了解這一點！

四十多年前的大學雜誌受當時世界學生運動的影響很深。六十年代的世界學生運動可能是人類歷史上最偉大的運動之一，那個運動影響在美國的很多台灣留學生，所以有後來的保釣運動。當時，我在英國讀書。面對這個運動，我深深感動，也深深羞愧！這個學生運動發生在美國、歐洲、日本這些先進國家。對於像我這樣一個從台灣出去的學生來說，人家的社會民主、自由、富裕，已經夠好，可是他們的大學生卻要求更好！這個學生運動要求更多的民主、更多的自由、更多的公義。這個學生運動反對戰爭，要求尊重生命、尊重人權。這個學生運動批評他們國家的政治領導人物是偽君子，手拿著聖經宣誓，卻毫不在意發動戰爭、踐踏生命！這個學生運動不是用說教，而是用直接行動，傳播人類應有的共同價值！看到成千上萬的大學生，面對全副武裝的鎮暴警察，熱情又堅定地走在華府、倫敦、巴黎街頭的鏡頭，我只能深深自省！

我暗自發誓：我要用一生做這些學生們所做的事！

一九六九年底，我進入國民黨中央黨部，認識俊宏。由於俊宏的引

介，我參加了一九七０年改組的大學雜誌。從此，我和俊宏並肩作戰，把一九六０年代世界學生運動的追求帶進台灣民主運動，也因此成為一個永不畢業的一九六０年代的大學生！

受到六０年代世界學生運動感動和感到羞愧的台灣留學生，有些人回到中國大陸，想要為祖國做點事。陳若曦女士就是一個最著名的例子。那個年代，也是中國大陸文化大革命的狂飆年代。對於文化大革命的評價，在大學雜誌內部也常常引發激烈辯論，尤其是在俊宏和陳鼓應之間。他們往往爭辯到互相拍桌子。陳鼓應後來也到北大教書。歷史證明文化大革命是讓中國大陸倒退十年的大浩劫大悲劇，而陳若曦和陳鼓應也都親自見證了中國大陸人民在那個其間所經歷的苦難。

俊宏和我始終堅持最重要的工作是在台灣推動民主。當知識份子的大學雜誌最後被迫解散，我們都投入選舉。雖然幾經滄桑，我們都慶幸能在有生之年見到台灣實現民主！

我一直深信：台灣實現民主不但是台灣的歷史大事，也一定會成為世界的歷史大事。因為台灣民主的外溢效應一定會擴及包括中國大陸在內的所有華人社會。

事實上，兩岸關係的突破，正是台灣民主的貢獻！

三十年前的老兵返鄉是蔣經國晚年良心發現的恩賜嗎？當然不是！

如果沒有台灣的民主，如果沒有民進黨的成立，被國共敵意冰封的台灣海峽是不可能解凍的！當年陪老兵走上街頭示威要求返鄉的，正是幾位民進黨的立委！

老兵返鄉帶動了兩岸人民的往來，帶動了台商大舉西進。如果沒有台商的參與，中國大陸的改革開放不可能取得像今天這樣奇蹟式的成就。今天，中國大陸的總產值，如果以貨幣購買力平價（PPP）來計算，已經超過美國，成為世界最大經濟體。（中國大陸 23 兆美元，美國 19 兆美元）這種成就，台商有一份功勞，台灣民主有一份功勞！（未完）

閱讀全文請點閱 www.theintellectal.net 新大學／世界和平宣言

這樣的毅力、這樣的決心—
《新大學》圓山開幕酒會致詞

游盈隆

敬愛的兩位台灣民主運動前輩，許主席、張主席、何董事長步正兄、各位貴賓、各位女士、各位先生，大家午安：

台灣民意基金會游盈隆董事長

我非常榮幸受邀來這裡參加今天這一場這麼有意義的盛會。我的大學長，也是我很敬愛的台灣民主運動前輩，張俊宏先生堅持要我上台講幾句話，我只好恭敬不如從命。

大學雜誌在五十年後要重新出發，我對這樣的精神、這樣的毅力、這樣的決心，表示最高的敬意。我相信，五十年前那一群引領台灣、帶動風潮的這一群人，今天再站出來，一定可以讓台灣的思想以及言論的市場上面有一番新的氣象，我給予祝福，並且非常期待。世界和平宣言當然是一個很崇高的理想，我仔細看了這個宣言的內容，包含了反對戰爭、核子武器的管制之外，最重要裡面還包含了民主、自由、人權、與和平這些要素，這些都是我們共同要追求的價值。

當然，問題還是要回到我們身處在台灣這一塊土地上面的人，能夠為這樣一個偉大的志業、理想做些？台灣今天已經是一個民主的國度，很年輕，才二十歲左右，我們都很驕傲台灣作為一個華人世界唯一建立民主政治的地方。但是我們也不能太自滿。台灣的民主，誠如許信良主席所說的，已經是全世界最好的民主國度之一，但是我深深覺得我們內部問題其實還很多，例如我們還有國家認同問題揮之不去，我們還有憲政體制上的許多難題無法解決，我們還有許多經濟發展的挑戰，許多社會福利，社會正義實現的問題，林林總總，其實很多問題都還繼續存在台灣。

特別是在我們面對中國的時候，我們面對的是一個「新的巨靈」（New Liviathan）的出現。我同意許主席所說的，中國今天已經成為僅次於美國的超級大國，而中國國家領導人習近平，在幾天前中共十九大閉幕後，已經登上他一生權力的新的高峰。但重要的是，他追求什麼？他說他追求的是，中華民族的偉大復興。可是對我們追求民主自由人權的人來講，我們不禁要問，中華民族的偉大復興裡面有包含民主自由人權的成分嗎？有包含和平的成分嗎？如果沒有的話，那這樣的一個中華民族的偉大復興對台灣來講到底是什麼樣的意義？我覺得我們應該認真嚴肅地去思考這個問題。

世界和平宣言追求世界和平，我想應該沒有人會反對。但是，作為一個政治的研究者，我經常會從現實出發去反問一個問題，人類的社會在什麼樣的情況底下才能夠避免戰爭？我非常推崇的一位二十世紀最偉大的政治學者之一，已故的耶魯大學教授 Robert A. Dahl, 他一輩子研究民主，他曾經歸納出一個顛撲不破的鐵律，這個鐵律就是「民主國家之間不打仗」。然後，他從過去人類兩百年歷史中，去檢驗這樣的一個定律，證明這是真的。所以，當一個國家是民主國家，另外一個國家不是民主國家，是個獨裁威權的國家的時候，就不能避免戰爭的可能性。

戰爭會摧毀很多很多的生命、自由、財產，還有一切我們珍惜的價值，如果這個定律是對的，我也相信是對的，那對台灣來講，其實只有兩個任務，一個任務就是怎麼樣讓台灣的民主繼續深化，讓台灣兩千三百萬人都是這一個命運共同體的成員，彼此之間都有同樣的認同，或是相當程度尊重對方的認同但是我們有一個統攝性的國家認同（national identity）。在這樣的情況底下，台灣要繼續內部民主的昇華，包括最近有一些蔡英文政府所推動的改革裡面，其實或多或少、自覺或不自覺的，都有這些元素。一言以蔽之，我覺得台灣民主深化，是當前台灣最重要的工作之一。台灣必須推動「二次民主轉型」（ the second transition to democracy），除了政治的民主之外，同時追求社會的民主、經濟的民主，最後達到一個更理想的民主境界（未完）

閱讀全文請點閱 www.theintellectal.net 新大學 / 世界和平宣言

忘不了的風雨 忘不了的時代

黃榮村

一 楊國樞老師的學術與實踐

在我們那個時代，都稱呼大學裏親近的老師叫先生而不名，這是一種混合日本式與民國式的流行說法。從當他學生到同事，有一段長時間，楊先生都留平頭，訪客甚多，有慕名而來，有參與或關心民主運動的，那時的他全心研讀心理學，而且什麼都涉獵，主張一個學系要五臟俱全，從生理到社會、從正常到異常、從嬰孩到老人、從個體到集體，要不然體會不出心理學真正精神之所在，我們也都要教多類課程，認為理所當然。當有了總體性的了解後，便亟思真正走入主流之中，或另外走出一條有特色的路後匯入主流。對台大心理學系現代化與本土化卓有貢獻的三公，是劉英茂、柯永河、與楊國樞三人，他們分別推動了中文的認知研究、臨床心理學的在地化、與心理學本土化，其中尤以心理學本土化的運動最為外人所知，這是因為楊先生的領導魅力，以及其跨領域的關聯性高，有以致之。

台灣的社會與行為科學領域在 1960 年代，不管是實質上或心態上都還處在相當學術邊緣的階段，社會與行為科學本土化運動要到 1980 年代後期才逐漸成形。李亦園與楊國樞（19720）主編〈中國人的性格〉一書時，雖已標舉華人性格與行為之主題及內容，但基本上其研究、分析與解釋方式仍是西方式的；一直要到楊國樞與文崇一（1982）主編〈社會及行為科學研究的中國化〉之後，才在 1980 年代後期開始推動華人心理與行為研究之本土化走向，之後更擴大成為國際性之學術活動，延續至今。本土心理學運動之用語及內涵亦已從中國人與中國化之範疇，擴展成指涉更為廣泛的華人與本土化。

但楊先生並未自限於心理學一端，而他最為國人所懷念的，是他在台灣民主化過程中所作的貢獻。那一代的讀書人一般而言包容性較高，具浪漫性

格，追求信念與理想一以貫之，捨民主法治再無其他。威權及強人的概念，與民主法治的主張，是兩組對比強烈互相碰撞的概念，透過他們的闡釋與實踐，一直是我們當年在戒嚴時期得以獲得啟蒙的柱石。他身為台大自由派四大寇之一（還有胡佛、張忠棟、與李鴻禧），不計毀譽與安全，奮起作為當年黨外及當年台大的守護者，主持大學雜誌，在中國論壇、中時、與聯合頻頻發聲，心繫政黨政治的建立，協助呵護黨外香火，穿梭在街頭，穿梭在各個黨派之間。在那種戒嚴時代，祇有來自勇氣與無私，才會義無反顧去做這些事情的。

楊先生是一位聰明有彈性的人，跟他在一起可以嬉笑怒罵互逞機鋒。至於人情世故的練達，在他那世代並不少見，但很少能像他有那種始終如一的耀眼風格。解嚴之後他與有志之士馬上創辦澄社，在創立澄社集結有志之士頻頻發聲的時代，他的穩健與練達，舖就了一個得以均衡與寬廣論政的平台，瞿海源與我分別接下他的擔子出任社長，確實共同度過一段美好的時光。

他雖然參與這麼多大事情，但基本上卻是一位街頭害羞派的讀書人。「知識界反軍人組閣」運動，在新公園台博館靜坐三天，之後他當為代表被告，但從沒聽他說過任何怨言。嗣後在台大推動軍警不得進入校園，經 1991 年 11 月校務會議通過，後來寫入學校組織規程：「除校警外，軍、警未經校長請求或同意，不得進入校園，但追捕現行犯不在此限」。在澄社主辦台大哲學系事件 20 周年檢討會時，他出面協助主持，促成台大成立調查小組（楊維哲召集，葉俊榮是小組成員之一），做出調查報告，實質平反。

黃榮村、胡卜凱、鄧維楨、孫隆基
何步正、黃樹民（由左至右）

解嚴之後，有勇氣出面的人愈來愈多，意識形態的檢驗卻愈演愈烈，楊先生是個自由人（未完）

閱讀全文請點閱 https://www.theintellectual.net 新大學 / 金聲玉鐸 / 台灣論壇
本文原載於 2018/7/29 自由評論網

《大學雜誌》《中國論壇》《夏潮論壇》— 《新大學》圓山開幕酒會致詞

施正鋒

張俊宏先生、許信良主席、何步正董事長、和各位先見：

東華大學民族事務暨發展學系
施正鋒教授致詞

　　剛剛看許主席在講何先生是小朋友的時候，我本來還想是在講游盈隆兄和我，我們五十年前差不多是唸小學的時候。我在國中的時候，住在彰化，我們老縣長黃石城在這裡，當年，家父還會買一些東西回來，譬如說黃順興寫的一些東西，應該還有卜少夫先生的《新聞天地》吧。我唸台中一中的時候，除了老師要我們去買《台灣政論》之外，我們都已經偷偷地在唸張先生的《景涵選集選集》、和許主席等人寫的《台灣社會力分析》，對我們的影響是很大的。我真正有看到《大學雜誌》是1977年到台大唸書之後，到牯嶺街、光華商場去買舊的、零零散散的。

　　當然，我們那時的老師劉福增也在《大學雜誌》寫文章，教我們邏輯我唸大學四年，現在還有用到的就是基本邏輯。然後，還有一個是陳鼓應先生，雖然那個時候他應該已經被哲學系趕出去了。

　　我還記得大一的時候，九月成功嶺受訓回來，十月中壢事件。中壢事件對我們來說，在那個肅殺的情況之下，怎麼有人還敢這樣子，坦白講，許主席是英雄。我記得當天晚上我回到宿舍，跟新竹的客家人室友還吵了一架，我說這會不會是類似二二八再現。他說，「怎麼有二二八，我沒有聽過」，他漏夜回家問他爸爸，說是有這回事，這是大一的時候。

　　大二的時候，是中美斷交，那時是增額補選，選了一半就停了。當時，我是幫陳鼓應選立委（陳婉真共同合作選國大）。我們當時是在台大前的一

個書局裡（台大書局、或是大學書局），見了很多景仰的前輩，譬如陳映真等。沒多久，就斷交了，選舉中止。那時，感覺真的是蕭殺，杯弓蛇影。

大三時，接著是美麗島事件，我記得美麗島雜誌出現時，在全台灣設辦事處，有一點組黨的樣子。開始補抓了很多人，我記得許主席當時應該是在海外。後來，恢復選舉的時候，印象中我們是看到代夫出征，包括林義雄、姚嘉文的夫人。當時我們坐卡車到虎林街眷村散發傳單，我們被趕了出來。

其實，就《大學雜誌》的影響，我記得當時《大學雜誌》分成三掛，一掛是親國民黨的《中國論壇》，一掛是《夏潮論壇》，接著就是黨外雜誌。我的大學四年、甚至到出國當七年左右，受到黨外雜誌、夏潮的影響，那時塗鴉也練了了一些筆、寫了一些東西，讓我更深信知識是最重要的。當開始有瓶頸的時候，為什麼我不知道有這些東西，所以想出國唸書。這是我要感謝這些前輩，在那種冷戰之下、思想控制之下，讓我有一個出路，這是感謝他們在前面帶領我們。

今天，講到和平的部份，我想要分享和平就是免除於暴力。暴力，我們認識有三種：直接性暴力、結構性暴力、和文化性暴力。第一個是直接暴力，我們台灣四百年來的官逼民反，三年一小反、五年一大亂，經過民主化以後，那樣威權統治之下的打壓應該是不會有的，那是前人的努力。

我們現在可以看到的是中國的部份，那中國的定位是怎麼樣？到底現在的中國是過去的普魯士呢？還是日本的明治維新呢？到底習近平自我的定位是普丁呢？是葉爾欽呢？哥巴契夫呢？我們不知道。

那回到我們自己的定立是什麼呢？我必須講，我們當然希望和中國對話，取得和平、和諧的關係，必竟，我們文化、血緣是比較相近的、思想是可以想得通的，和西方思考是不同的，譬如基督教和回教為何你死我活？坦白說，我是無法理解的。當然同樣的，我希望的是，我不希望美國對找們貼指氣使，把我當做小弟一樣。甚至甚於我們旁邊的日本，有事沒事吃我們的豆腐。我的理想境界是台灣在東亞裡是一個中立的國家，我想張先生也有這樣（未完）

閱讀全文請點閱 www.theintellectal.net 新大學 / 世界和平宣言

我為什麼編域外集

張系國

　　一九六六年在我的一生中是頗具關鍵性的一年。那年正在服兵役，同時準備去美國留學，但是還沒有決定到哪一所大學。唸台大時我的外務太多又不用功，所以成績平平，自己也知道拿獎學金的希望不大，就把生平第一篇學術論文和申請書一齊寄給申請的幾所大學。我的本行雖是電機，但從來只愛寫小說，寫學術論文還是頭一遭。那篇學術論文的內容有關邏輯電路，後來居然被美國電機工程學術期刊接受發表，但是當時並不知道好壞。聖母大學（諾特丹大學）不久就寄來通知，給我全額的獎學金，這篇論文應該起了些積極作用。其他幾所大學陸續也都錄取了我，但是都沒有獎學金，其中包括加州大學的柏克萊分校。

　　這反而構成一個難題。照理說我應該選擇聖母大學，因為只有它給我全額獎學金，而且學校的名聲也不錯。家裡人都以為我去定了聖母大學，但是我心裡實在想去柏克萊，因為那是美國學運的大本營，我早就嚮往的革命聖地。老實說，一直到上飛機前我都無法做決定，辦出國手續還是用聖母大學的入學許可辦的。到了舊金山，馮華清兄來接我，安排我暫住在舊金山百老匯街一家餐廳的二樓，晚上被餐廳的樂隊吵得睡不著。清晨起來，我走到百老匯街盡頭，看到晨霧漸消的海灣大橋仿彿從海中冉冉昇起。正如歌曲《我的心留在舊金山》所唱的，從此我的心就留在那裡。立刻寫信給聖母大學說抱歉不能來了，第二天就到加州大學柏克萊分校報到。

　　當時這樣的決定實在有些冒險，因為帶的錢勉強只夠一個學期的學費和生活費。從舊金山百老匯街，我搬到柏克萊的青年會館，每天積極找地方住。剛好在當地的社區報上看到有人租房間給學生住，一個月才三十五美元，趕快打電話去問。原來這房間在地下室，下雨天還會積水，所以特別便宜。但我貪便宜還是租下，每天早上對著唯一的氣窗唱國際歌然後騎車去學校，倒

也甘之如飴。一直到劉大任來柏克萊，那時也拿到獎學金，才搬去和他合租了間比較像樣的公寓。

和劉大任相識不過是出國前幾個月的事。那時台北有一堆喜歡搞思想的朋友經常聚會討論問題，輪流到幾個朋友的家，阿肥家是其中之一。阿肥就是邱延亮，搞現代音樂但對人類學和田野調查也有興趣，和我在台大文學院二十三號教室的哲學討論會認識後，從此成為臭味相投的朋友。他可以說是最早拒絕聯考的小子，比後來因為寫《拒絕聯考的小子》出名的吳祥輝早了許多年。在一次聚會裡我第一次見到劉大任和陳映真，而他倆那天也是初次見面，大家就談得很投機。劉大任說他才從夏威夷回來，但是覺得夏威夷這人間天堂很無聊不願意留在那裡，想去柏克萊。我說真巧我也想去柏克萊，說不定在那裡我們還會再見面。後來不但再見面，還成了室友。

我先到柏克萊，不久劉大任也來了，然後是王靖獻夫婦從艾荷華大學轉來柏克萊加大。靖獻那時的筆名還是葉珊，後來才改為楊牧。除了大任和靖獻，常相往來的還有傅運籌、鄭清茂、唐文標、水晶等人。一年後，李瑜和郭松棻又從洛杉磯加大轉來。這麼多隻健筆，更不要提隱居在柏克萊的張愛玲，一時柏克萊真是人才濟濟，盛況空前。其實還有李家同，不過那時他一心想當神父，寫文章還是後來的事。

在柏克萊我又認識了一批在加大唸書的台灣留學生，參加他們的讀書會。這些朋友和上述的文人朋友不是同一批人，應該說是思想比較左傾的一群。但是這讀書會不久就因為內部鬥爭而散伙，也是我第一次嚐到政治鬥爭的滋味。不過和國內相比，這只能算是茶杯裡的風波。在台灣的朋友卻真正受到政治的牽連，阿肥、單楗（陳述孔）、陳映真等人統統被捕。直到後來我才明白，個中原因牽扯到權力中心的政治鬥爭，這些朋友全是政治鬥爭的犧牲品。當時我只感覺到白色恐怖無孔不入，覺得這個社會非徹底改造不行。（未完）

（未完，閱讀全文請點閱 https://www.theintellectual.net 新大學／關於我們）
本文原載於 2012 年二月號文訊雜誌 83-85 頁

《老大學》曾做過什麼？《新大學》又想搞什麼？

習賢德

五十年前，《大學雜誌》是一群以文字與願景相互砥礪，視國家民族與天下蒼生為己任的知識份子，共同筆耕交流，而長期迎風燦爛綻放的政論奇葩！

五十年後，這批用心智、用至情、用義理，高舉民主改革旗幟的菁英，早已躍居為各行業領航舵手，有感於當前世局混沌，毅然重出江湖，再展狂飆！民國五十七年元月一日《大學雜誌》創刊號封面人物，選用一般人鮮知的義大利表現主義畫家莫地尼安 (Amedeo Modigliani,1884-1920) 的照片。於是有讀者質疑：何以一開張就用了個洋鬼子圖像？當年編輯部決策理由何在？如今無須深究，如今回首看看畫家眉宇間傳達的高度自信與帥氣，應該是其雀屏中選的主因。

如果用「百家爭鳴，百花齊放」來形容《大學雜誌》的作者群與文章的

類目，恐怕還不足以彰顯其獨特之處。五十年後只須稍加檢視，凡曾在《大學雜誌》發表大作的諤諤之士，極多晉身台灣政學兩界的領袖名單。更重要的是：這些燈下揮汗的菁英人物，無一不是超越戒嚴體制，催生多元、開放、民主社會的勇士與旗手。他們拍案批判的黑箱，或執著探究的議題，經常是當年主流媒體絕不敢輕易碰觸乃致衝撞的禁忌。他們，因《大學雜誌》而昇華偉

大，《大學雜誌》也因他們，蛻變為台灣政論大潮中的不朽傳奇。

《老大學》曾經翻江倒海，創造了台灣政治思潮與制度改革的新頁，可謂俯仰無愧於天地。如今《新大學》登上網路，重出江湖，究竟想搞出什麼名堂？

開站吉日，特別選定在孫中山先生誕辰。開張首日，便隆重推出九種語文版本的「世界和平宣言」，公開籲請各界：共同歡迎習近平主席在一年之內親自來台訪問。這是《新大學》標定的戰略方向：和平共生，解銷對峙。

我們無意淪為被動捕風捉影，複製俗務的新聞網站。希望經由強化知性與理性兼備的論述，建構可供全球華人長期信賴及互動共享的意見平台。

萬里壯遊，始於足下；《新大學》騰飛再起，更仰望於閣下。竭誠歡迎舊雨新知與我們同心同行！

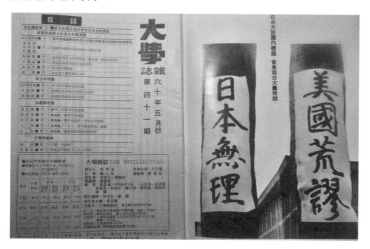

請點閱 www.theintellectal.net 新大學 / 關於我們

省思大學雜誌當年奮鬥的意義

新大學編輯委員會

1866 年 11 月 12 日，在廣東誕生的一位「醫生」所擘劃「醫國」的藍圖，百年後是在台灣實踐了和平民主的大業。只因所帶動的竟是大國武力霸爭所引發遍地災劫恐慌的世界。上醫濟世救人之道，必得引小國眾民參與全球治理的「醫世」，為人類承擔「心」文明的治世。

「革命『仍』未成功，同志『更』須努力！」舊大學未竟的志業，香火必得新大學承接。鄭重邀請您的參與，就在這一天為「新大學」(TheIntellectual) 政論網站的成立，再續熱忱共襄盛舉，為人類和平民主、公平正義的心力文明付出貢獻。

《大學雜誌》裡面有很多僑生港生，尤其是香港來的港澳生，如卓伯棠、梁煥釗、鄭樹森、馮耀明、甄燊港、邱立本、我，還有一些馬來西亞僑生，如楊升橋。香港是一個殖民地，沒有所謂愛國教育，也沒有所謂中華文化一類的東西，他主要就是為殖民地服務的教育。按道理嘛他跟中國文化接不上關係，但是那段期間裡面，有很多從中國大陸流亡到香港的中國學者、知識分子如錢穆、牟宗三、勞思光、秋貞理這類型的人。如錢穆說中華文化花菓飄零要在海外生根開花。

這類型流亡到香港的中國知識份子，提倡要說的就是要自由、民主、反對獨裁。那時候《自由中國》雜誌就說自由、民主、反獨裁。《自由中國》雜誌、有雷震、有殷海光這類型的人物，在香港的《中國學生週報》，大學生活月刊的秋貞理，胡菊人主要就是說自由、民主、反獨裁，針對的是台灣的國民黨、中國大陸的共產黨。

那是在這樣子的環境影響之下，香港的僑生去到台灣念書，要自由、爭民主、反獨裁是基本的思想形態。鄭樹森、甄燊港、我和邱立本都是在那段期間參加《大學雜誌》的。但那個時候我們不過就是高中生剛畢業，還在大學

唸書，一年級、二年級，所以我們參與《大學雜誌》的基本信念就是：自由、民主、反獨裁。還有一點就是說，基本上我們不要打垮一個政權，而是要在現有的政權裡面進行改造，讓我們享受自由、民主，沒有獨裁。在這種心態之下，《大學雜誌》裡面有很多大學教授、當代的知識份子，跟我們僑生、學生在一起。

那時候也有一些本地生，本地生譬如鄧維楨是原始創辦人，另外王曉波、王拓、胡卜凱都是我們《大學雜誌》初期就積極參與的朋友們。所以《大學雜誌》基本上是一個很多大學生、很多在學校裡面教書的老師和社會上的知識份子，還有包括張俊宏在黨部裡面一起工作的許信良、包奕洪。所以《大學雜誌》是一個，嚴格來說黨外運動第一批，綜合很多不同的人在一起的一群人，然後發展出來從黨外、《台灣政論》，一直到《美麗島》。《美麗島》是另一個時代的開始，從黨外到康寧祥到黃信介先生，在這樣的過程裡面，是一個黨外力量的結合要求結束黨禁、結束報禁，解嚴，是在個時候開始發酵。而真正發生力量是張俊宏參與領導的運動，康寧祥、黃信介一起發起的黨外活動。那俊宏是當事人，會有更充分的能力解說、回顧，請俊宏做一些那個時代的歷史回顧和解說。

張俊宏：沒有錯，《大學雜誌》應該是屬於國民黨極權、軍事統治的巔峰時代裡面，尤其是《自由中國》雜誌被停刊、雷震下了監獄的時候，接踵雷震的《自由中國》雜誌、對國民黨反對力量的在野的代表。當時在軍事統治那種白色恐怖巔峰狀態的時候，老實說，台灣年輕人沒有幾個敢站出來，所以胡忠信常說的，他在我家裡，和平東路九號之一地板上只有兩種人，一種是不怕死的，聽我們在談民主政治；一種是國民黨特務。在那個恐怖時代裡面，在《大學雜誌》裡面，稿費也發不起，當然更不可能有其他費用，工作人員都是義工，當義工也不是那麼容易的，首先必須要不怕死。而在這個時候香港僑生因此進來變成主要的骨幹，他們不在乎，而且也擁有那份熱忱（未完）

閱讀全文請點閱 https://www.theintellectual.net 新大學 / 關於我們

大學雜誌：對權力說真話

林深靖

　　談《大學雜誌》，我想先談當年這個雜誌的自我定位。首先，在封面上，出現「大學之道，在明明德，在親民，在止於至善」，這是中國士大夫的自我期許，也是「君子」修養的開端。《大學》自宋代以來，被列為「四書之首」，依據伊川先生程頤的說法，《大學》，乃「初學入德之門也」。

　　此外，《大學雜誌》英文名稱 The Intellectual，這明顯是面對現實政治的自我定位：知識份子。這個雜誌所要呈現的，就是做為一位知識份子在當代社會的職責。「知識份子」這個名詞，若是追究其在西方的起源，是從文學家左拉等人介入德雷福斯事件（l'affaire Dreyfus）開始，左拉在報紙上發表文章，題為《我控訴……》，控訴國家機器的濫權，為被迫害、被侮辱者辯護。自此，介入公共事務，維護正義，捍衛人道價值成為知識份子的職責。那是 19 世紀末的時期，當時，法國作家米爾波（Octave Mirbeau）是如此定義知識份子的，他說：於今，行動就蘊藏在書寫當中，書寫可以找到適合播下思想的土壤，思想一旦播下，它就會萌芽滋長，而後繁花盛開。人們摘採這些花朵，做成未來得以自我解放的愉悅花束。

　　《大學雜誌》所播下的種子，後來即使分裂改組，還是在各別成員的努力之下，發展出《台灣政論》(1975 年 8 月創刊)、《中國論壇》(1975 年 10 月創刊)、《夏潮》(1976 年 7 月改版)，解嚴之前的百花齊放、言論交鋒自此沛然莫之能禦。

從窒悶的動員戡亂體制下解脫出來

　　於今回顧半個世紀前的《大學雜誌》，的確可以看到知識青年融通中西的悲願，一方面要從浩瀚的文化中國傳承中掘取齊家治國的修為，另一方面也要從西方的現代化經驗中找到新的價值，找到從窒悶的動員戡亂體制下解脫出來的能量。

而從當時的世界局勢來看，大學雜誌創刊於 1968 年年初，當年 5 月，在歐洲，從法國開始，爆發知識青年反叛的風潮，大學雜誌的成員多有閱讀外文期刊書報的能力，很難不感受到這一股全球發燒的「青春的力量」。而在中國大陸，從 1969 年開始，掀起「知識青年到農村去，接受貧下中農再教育」的風潮，大量城市青年下鄉插隊，或是組織合作農場，投入生產勞動。「知青」的群體，像種苗一樣，散布到大地江山，成為新中國到處萌發但是難以掌控的能量。

　　大學雜誌的高潮，在 1971 年到 1972 年之間，短短兩年之間，我們閱讀到近百名知識青年和中小企業家聯名發表的〈我們對釣魚台問題的看法〉，還有張俊宏、許信良、張紹文、包奕洪共同掛名的長文〈台灣社會力分析〉，以及後來由十幾位知識青年共同署名發表的〈建國六十周年國是諍言〉、〈國是九論〉等觸及戒嚴時期敏感議題的文字。在當年，這的確是知識青年介入國際議題，尋找民族尊嚴，關心政治，改造社會的指標。

　　於今，時隔 50 年，我們回顧當年《大學雜誌》知識青年的悲願，不禁令人唏噓。首先，若是回到「大學之道」的自我期許，這部經典歷來被視為齊家治國平天下的張本，而這一切，又必須從「修身」開始，強調「欲修其身者，先正其心；欲正其心者，先誠其意」。意即，「誠意正心」是一切的根本。

　　而關於知識份子，史學家諾里耶 (Gérard Noiriel) 給了一個最簡單的定義：「對權力說真話」。

真實終結，詞藻至上

　　當今台灣政治最大的問題，首先是意不誠，心不正，太多的機巧詭詐，太多的連哄帶騙。權力本身不說真話，願意對權力說真話的人也越來越少。綜而言之，《大學》這部經典所鋪陳的「君子」風格以及西方知識份子的自我認知，有一個共同點，那就是對於「真誠」或是「真實」的追求。

　　用這樣的標準來看今日的政治，蔡英文以及她所領導的政黨有一個令人驚撼的特質，那就是：對於「真實」毫不在乎。（未完）

閱讀全文請點閱 www.theintellectal.net 新大學 / 名家專欄 / 林深靖

新大學網站，再次黨外

何步正

〈大學雜誌〉舊友們，平均過七十歲的老壯年人，依然保有年輕時的熱情，共議創立新大學網站。

2017 年，在臺北圓山大飯店舉辦新大學網站開幕酒會。

在酒會上露面的朋友們，習賢德、黃光國、孫隆基、游盈隆、張俊宏、許信良、梅峯、林深靖、

圓山開幕酒會，王定士、趙國材、張俊宏、黃石城、何步正、施正鋒、邱立本、林抱石（由左至右）

鍾秀梅、黃石城等等，除了許信良是脫黨再入黨之外，在座各人竟然都是或脫黨，或反黨的不妥協份子，這裡說的「黨」，是民進黨。五十年前的黨外，是國民黨的黨外。今天的黨外，竟然是張俊宏、許榮淑等前輩拉拖長大的民進黨的黨外。

張俊宏的地方包圍中央，到執政之路，指引民進黨人奪得政權。這些民進黨人前輩，看到今天的假民主，真獨裁，無不淚崩。

新大學網站拉幕開擋的首任總編是習賢德，習老兄手快腳快筆快，一下子就拉出綱要，安排上網。習總編在〈老大學曾做過什麼？新大學又想搞什麼？〉推介下，列名文章作序。

〈我為什麼編域外集〉，張糸國
〈好好思量，因應之道〉，何步正
〈大學雜誌，對權力說真話〉，林深靖
〈狂飆與傳承，再論大學雜誌〉，夏春祥
〈言論自由及政治包容〉，施正鋒

〈台灣開放黨禁與報禁的伏筆〉，邱立本
〈跳脫反共思維重建兩岸新關係〉，黃德北

最初期上網會談訪問的是美麗島時代的楊青矗，和楊雨亭訪談許信良和張俊宏。許信良在訪談中說，在他任黨主席期間，民進黨不是台獨黨，他也主張大膽西進。西，就是中國。

習賢德忠黨愛國；邱立本看好中國偉大復興；甄燊港批評中共；林深靖無德小英；張靜猛打司法公正、論文做假；施正鋒說，踫到無能無良的政府；游盈隆批蔡英文不重視改善台灣百姓的生活，要退黨。；黃光國批台灣自我殖民的困境；楊雨亭數落外省人的失落。在這裡，猛龍、恐龍、巨龍共處，卻都是黨外的名嘴名筆。

王拓數十年前〈黨外的聲音〉，訪問余登發、黃順興、黃信介。今天，斯人俱已去，卻又來了另一個黨外的聲音。王拓如果今天尚在，以他平民社會良心的本性，必來到我新大學網上站臺。

民進黨黨內，蘇先生要拿起掃把，戰到最後一人；賴先生要做務實臺獨；蔡小姐堅決反中反華。

農民之子，世紀大貪汙，他的女兒怒吼：你們那個沒拿過我爸的錢？

來自香港調景嶺的馬先生，自以為是全民共識，謹慎節制。對民進黨人而言，此君是天掉下來，好一隻沒有戰鬥力的小綿羊，天助我民進黨。洪秀柱大中國；蘇起九二共識；柯兩地論壇；許信良的大膽西進；汪明生促融促統，所有這些俱非民進黨首選，剩下給民進黨人選擇的，最簡捷而能大獲美日支持的，就只剩下以臺制華的一條絕路。反中、反華、反祖宗十代，都只是為了選票，有選票就可以當權攬財。

香港，九七到2021，二十年光景，就可以發展出一批反中的政治人物和上街暴亂的年輕人。台灣用十多年有計劃的教改、政策推動和整收媒體宣傳工具，炮製出反中反華的一代，並不困難。至於反中反華，是否有此必要，是否最好的選擇，在要選票執政的大前題下，反中反華就變成是民進黨（未完）

閱讀全文請點閱 www.theintellectal.net 新大學 / 名家專欄 / 何步正

大學雜誌，重現狂飆

何步正

二〇一七年，邱立本在臺北，深夜電話去美吵醒我，說他在探訪老友，張俊宏剛出獄回家，看我什麼時候去臺北敘舊，喜迎俊宏重獲自由。俊宏老兄，第一次坐國民黨的牢，這一次，坐民進黨的牢出獄，可見故舊朋黨的人情冷暖，最早歡迎他重獲

〈大學雜誌〉原創始班底，張俊宏，許信良，何步正，邱立本

自由的竟是十萬八千哩外，毫無利益糾結的數十年前的僑生舊友！

我三十多年未曾回臺，也很期望回臺訪友。俊宏親密伴侶黃晴琦是一個能力超高的女強人，安排了一個「大學雜誌，重現狂飆」的活動，幾個最原始的成員得以重聚一堂。邱立本、甄燊港、許信良、張俊宏、何步正。陳少廷去得早，否則他也應該在這裡。鄧維楨是原創始人，可惜沒有出席。沒有以上創始成員，就沒有之後的〈大學雜誌〉（見照片）。

鄧維楨是原創始人。因此，〈大學雜誌〉初期出版者是野人出版社，苗栗縣通霄鎮。第一期第一頁，讓我們做一個實驗，是老鄧的手筆。野人出版唯二能賺錢的兩本書，〈愛〉和〈杜鵑花城的故事〉，之後，就是每期大賠本。

老鄧，不，現在是八十多歲的鄧老了。我們當時五十年前的朋友圈子中，王紘久（王拓）、王曉波在學校中都高我兩級，我是小老弟，鄧老要我去挑大旗，大概只有以下原因。〈自由中國〉、〈文星〉之後，出版，尤其是社會性、言論性的書或雜誌，在當時是有機會坐牢的高危行業。白色恐怖尚在，有常識的明白人，無不三思四思，期期不可，而且這是沒有薪金的工作，讀書、考試壓力不輕。我是僑生，初來甫到，不知道白色恐怖的厲害，無知則

可以無懼。和殷海光老師接觸多了，挺起胸膛為自由民主抗爭，認為是讀書人的必然。在香港就經常看〈自由中國〉、〈文星〉，在香港的〈中國學生週報〉，我早就有如何辦雜誌的實務經驗。因此，鄧老說他出錢，我們一起辦。我聽了，答允即辦。

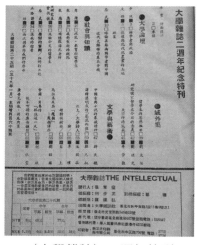

〈大學雜誌〉二週年特刊
總編輯何步正 副總編輯鄭樹森

王曉波、王拓，一大幫鄧老的朋友共同推銷。我則密鑼緊鼓約稿、出書、跑印刷廠。

稿約第一項，歡迎有關社會問題及政治問題的評論，同時要求自我約束，不要讓旁人曲解或誤會了您寫作的動機。低調謹慎，但也說明了方向：主打社會問題政治問題的評論。

我們的發行能力十分有限，但卻能吸引海內外作者賜稿。

金耀基在臺北一家出版社任總編，寫中國新知識階層的建立與使命。顏元叔從亂世佳人談起，文學教育良心，文學批評生命。許倬雲講關於現代化的幾個觀念。作者，如杜維明、謝文孫、張系國、龔忠武，都還是未拿到博士學位的在校學生。〈大學雜誌〉開始，這些人就都慷慨上陣，稿源不絕。

〈大學雜誌〉的編輯部收稿地址：臺北景美中正路六二六巷一號，就是我和另二位香港僑生合租的住屋。編輯部就只是我的一張書枱。

〈大學雜誌〉第三期之後，鄧老一算，賠得兇猛，不幹了。你們僑生兄弟們，好自堅持下去吧。邱立本、甄燊港、馮耀明和我等僑生朋友，各自去募籌財源。窮學生能力有限，勉強支撐了再二期。山窮水盡，準備熄火，卻柳暗花明，蹦出一個張俊宏。俊宏家住和平東路，離師大十數分鐘的步行距離，在師大附近的書店就可以看到〈大學雜誌〉，他說他來接力出錢。於是，〈大學雜誌〉的編輯部通訊處，從第六期開始，移改去和平東路一段十一巷（未完）

閱讀全文請點閱 www.theintellectal.net 新大學 / 名家專欄 / 何步正

自我殖民的雙語政策

黃光國

　　蔡政府推動 2030 雙語國家政策，要求各大學全力推動雙語教學，甚至連中文系都有學校開出全英語授課的徵才條件。由於以往的中文系師資大多延攬本土博士，他們在學術養成期間本來就很少有雙語環境，現在蔡政府的教育部竟然要推出這樣的新政策，許多中文系的研究生都叫苦連天，有些人想要一面讀博士，一面進修外語，有些人乾脆改變自己的生涯規畫，不想在學術界求發展了。

　　任何人都不難看出，這是「自我殖民」的蔡政府推動整體「文化買辦」政策的一部分，是幾個完全不懂教育的「專家」想出來的怪點子，除了「政治正確」之外，毫無道理可言。為什麼呢？

　　稍微有點社會心理學常識的人都知道：任何一種嚴謹的學術知識，如果沒有翻譯成本國文字，它就不可能進入本國的學術社群，本國學者也很難拿它來作為學術論辯之用。教育部要推動雙語教學政策，對於理工科的教師其實不是大問題，因為外國教科書都會提供套裝軟體，本國教師只要會英文，依靠外國出版商提供的 PPT，「照本宣科」也不會離譜太遠。

　　但是對於社會科學領域而言，問題就來了。因為外國教科書絕不可能為華人社會開發一套教材。本土社會科學的教師如果也效法理工科教師，「依樣畫葫蘆」，這難道不是在發揚「自我殖民」式的「買辦文化」嗎？

　　比方說，我們的教育部長號稱教育專家，他能不能先在電視上先示範「雙語教學」，用英文分析當前台灣面對的教育問題？蔡英文號稱是英國倫敦大學政經學院的博士，她能不能不用「讀稿機」，公開跟社會大眾解釋一下她博士論文的內容？

　　至於要求中文系教授「全英語授課」，這種政策除了說明蔡政府目前想要推動全面「去中國化」之外，根本毫無道理可言。如眾所知，中國文字是

一種象形文字，跟西方的拼音文字有本質上的差異，許多中文在英文裡根本找不到對應的詞彙。蔡政府要求中文系教師「全英語教學」，這難道不是存心找麻煩嗎？

舉例言之，在中國文化裡，《易經》是諸經之首。由《易經》衍生而出的傳統中國文化又是出奇的豐富。由於中國大陸崛起已經成為不可阻擋之勢，西方學術界又興起了「中國熱」，他們跑到台灣來唸研究所，第一件事就是學中文。蔡政府想要推動「去中國化」，起碼也得做個調查：西方的漢學家有哪一個人有本事用英語教《易經》？如果連蔡政府「仰望」的漢學大師都做不到，蔡政府卻要求本土博士做，這難道不是「強人所難」，認為自己人比較好欺負嗎？

老子說：「知人者智，自知者明。勝人者有力，自勝者強」。蔡英文對於自己「親美反中」的政策固然是「喜不自勝」，這樣的政策能不能「勝人」，是否「有力」，大家都心裡有數。如今蔡政府又得意忘形，想把這樣的政策推廣到中文學界，這個行動很明顯的是既無「知人之智」，又欠「自知之明」。面對如此荒謬的政策，中文學界能夠再保持緘默嗎？

請點閱 www.theintellectal.net 新大學 / 名家專欄 / 黃光國
本文原載於 2022/7/6 中國時報

民進黨在浪費學子的時間

吳昆財

評一部逆歷史潮流而編的 108 課綱

　　仗勢著仇中、反中的意識型態，從而取得政權的民進黨，它完全無視於包括教育家、史學家以及各領域專家學者等，社會大眾的反對聲浪，一意孤行，粗暴地推行 108 年課綱，至今正式邁入第五個年頭。回顧並檢討這部漠視甚至美化殖民統治，逆歷史潮流而編的課綱，絕不可能達成其去漢字去普通話以致去中國化的洗腦目標，最後卻必須由全民付出慘痛的社會

成本，造成學子們、家長們以及基層教育工作者的三面皆輸的局面，真可謂是一場台灣歷史教育的災難。

令人啼笑皆非的「素養」

　　民進黨統治者，那種自以為是，堅持不切實際地推推動「素養」教育目標，造成全台家長為了培養學子們的「素養」，必須花大錢將愛子們送到補習班學習核心素養，學習適性揚才，學習終身學習，這種全球絕無僅有的教育理論，可謂民進黨的偉大發明，令人啼笑皆非。試問素養、適性揚才和終身學習，究竟要如何從補習班獲取？

　　以筆者所在的嘉義市，108 課綱推出之後的補習班，不但較之前的補習班數量更多，涉及層面更廣，許多為因應多元學習的藝能科補習班如雨後春筍般出現，數不勝數。如補珠算、補體育、補舞蹈、補美術，琳琅滿目，不一而足，形成了台灣領先世界教育的偉大景象。而學子們為了強化將來能夠爭取進入熱門科系，所要求的學習歷程，他們又必須花大錢，參加各大學所舉辦的夏令營，從而也造成貧窮家庭子弟競爭力不足，從小即領略到貧富限人的炎涼世態。

在現行 108 課綱畸型的課程規劃之下，英文單字竟然從過去的學生只需要學習二千個暴升到如今的五千個。數理化的課程雖然廣度加大了，卻因學習時數減少，失去了深度，從而造成理科學習的碎片化，完全喪失了其標榜的「素養」目標。1949 年以來，108 課綱可說是最失敗的課綱，徒有目標，無法落實，其中根本無法落實的是一味追求的「去中國化」，但遺害學子最為嚴重的，也在這個妄圖把年輕世代改造成不是中國人的「去中國化」。

禁不了閩南話與漢字

李登輝試圖要把年輕人再皇民化，終其一身，做不到就是做不到，因為他無法像日本殖民統治台灣時期那樣，禁台灣人說閩南話，習中國字。李登輝做不到，繼承李登輝「遺志」的民進黨花再大力氣搞「認知作戰」也不可能達成「去中國化」的目標。這本眼高手低，被視為光復以來最糟糕的課綱，也充分反映出當代教育受到科技的影響，導致學習與知識的獲取，呈現破碎化與碎片化現象。

108 課綱關於理科教育的碎片化結果，反應在最為社會詬病，即去中國化的文史教育。歷史與人文教育不同於理科，最主要的素養，在傳達一個國家、民族生存的主體所在，並且塑造對國族、文化與歷史的認同。但究竟要如何培養學子們這些認同？正確的歷史教育的傳達，在中華民族的教育裡，就佔有極為關鍵的地位。

以史為鑑的民族

人類文明發展中，中國人是唯一依靠「以史制君」、「以史治民」而求生存的民族。所以，史學與史裁體例發展之完整可謂舉世無雙，如通史、紀傳體、紀事本末、實錄、起居注等史書與史裁。這些歷史文獻，是建構漢民族的生存奮鬥史與永續發展所繫。

史學家連橫明白指出：欲亡其國，先亡其史。民進黨徒當然明瞭若欲自中國分裂出來獨立建國，必先亡中國史，如何亡又如何虛擬出台灣國（未完）

閱讀全文請點閱 www.theintellectal.net 新大學 / 友站推介 / 海峽評論

本文原載於海峽評論第 392 期

台獨課綱 侯友宜須直面

段心儀

　　侯友宜市長接受國民黨徵召為總統參選人後，迄今民調低迷。藍營群眾雖高呼團結，但除了「下架民進黨」的共識外，卻一直無法凝聚出擁護「侯中心」的意志。其實，侯提出成立特偵組、檢討軍公教退休金、鬆綁巴氏評量表等政策都不錯，卻無法拉高支持度，原因何在？近日《中天辣晚報》專訪侯市長，護駕的柯志恩反駁「台獨課綱」的說法，就是答案—規避核心價值的表態。

　　108 年實施的《十二年國教課程綱要》，針對國文及社會領綱的重點調整已經大跨度地解構中國歷史、文化意識，模糊中華民國定位，為台灣獨立建國打下了堅實的思想基礎。民進黨如果繼續執政，未來實施的《118 國教課綱》只剩台灣主體意識，「台獨工作者」也務實地完成了使命。這是有識之士最大的隱憂，因為這種教育政策不但截斷了台灣下一代與祖先血脈文化的連結，也疏遠了兩岸情感的交流，製造彼此的對立與敵意，陷台灣人民於永遠的兵凶戰危。

　　20 年來文史教育的悄悄異化，正是今日「天然獨」的成因，也造成中國國民黨爭取青年票的鴻溝。但難以理解的是，國民黨面對這與日俱增的危機，卻是一貫的漠視、迴避。是真傻，還是裝糊塗？

　　《中天辣晚報》訪問侯市長前，整理觀眾提問發現聚焦二事：兩岸與教育。針對兩岸，侯市長已多次說明，但總不清不楚留下懸念，至於教育政策就真是一片空白。教育政策雖廣泛，但攸關總統大選的藍綠對決點只有課綱。

　　2016 年蔡英文上任後頒布的第一道行政命令，就是暫停 101 課綱，重啟課綱審議程序，可見其重中之重。因此觀眾自然會問侯「當選後會改台獨課綱嗎？」但柯志恩立刻接話，先質疑「台獨課綱」這個前提，再表示「課綱

只是比較軟性，不像過去我們學那麼多歷史地理。」其斧鑿痕跡極重。大家不免聯想：柯是代侯表態？國民黨即使勝選，課綱去中化趨勢仍不變？國民黨獨台勢力和民進黨台獨勢力已經合流了嗎？那大選藍營熱情投票，意義何在？

平心而論，三黨參選人中侯市長的信任度最高。他從事公職數十年，是警界的戰神，也是優秀的市長，雖拙於言辭，執行力卻極強，正所謂「訥於言而敏於行」，是孔子最欣賞的人格特質。但侯市長畢竟只有地方執政經驗，眼界與格局的提升實非一蹴可幾，必須輔以強大的人才庫，居高建瓴，針對時弊提出幾個聚焦亮眼又可行的方案，才能感動藍軍，成為共主。

兩岸政策或許在中美共管情勢下，藍綠空間都有限，界線極為模糊。但教育政策攸關未來世代的認知，其抉擇卻直指領導人的本心。蔡英文已暫停101課綱展現本心與意志，贏得綠營信任，也贏得8年執政。侯友宜的本心與意志是什麼？藍營的票在等待這道關鍵題的答案！

（後排由左至右）黃人傑、吳昆財、李炳南、周陽山、張亞中、石文傑、郭祥瑞；（前排由左至右）何步正、陳憲中、張靜、段心儀

請點閱 www.theintellectal.net 新大學／台灣論壇／台灣論壇
本文原載於 2023/9/1 中時新聞網

世界戰亂之源：新保守主義

水秉和

《奧本海默》在全世界熱映，彰顯了一位猶太裔科學家的偉大成就。他雖然不是決定二戰勝負的關鍵因素，但是兩顆原子彈摧毀了日本軍國主義的鬥爭意志，縮短了亞洲戰區的結束時間。很多人感到困惑的是，這部電影並沒有把重點放原子彈的製造過程上，反而是斷斷續續地聽詢，拷問奧本海默是否是共產黨的同路人，他的夫人和情婦是不是共產黨員。導演 Nolan 似乎在控告美國政府，破壞一位英雄人物的形象。這反映出二戰前後移民到美國的猶太人異常複雜的思想背景，也折射出美國戰後的紅色恐怖氣氛。

奧本海默是第二代猶太裔移民，父親來美後長袖善舞，家庭環境富裕，能夠上私立學校，進哈佛，甚至到歐洲遊學。即便是如此，他仍然存有左派思想。在他的同時，有一大批第二代猶太移民子女，也都聚集在紐約市，家庭環境非常惡劣。在這批猶太青年中，頭腦聰明的進入了當時免費的市立大學（City College）。他們有人寫自傳說，去上學的時候就帶幾片麵包，在餐廳抹上桌上免費的番茄醬，就是他們的午餐。這些人最喜歡在餐廳裡展開辯論，有擁護史達林的，有支持託派的，也有主張自由主義的，辯論的非常激烈。從這個背景中出現了一批大學教授，作家和政論家。

在此我們只提到兩位從早年信仰社會主義轉變為新保守主義的重頭人物，那就是 Norman Podhoretz 和 Irving Kristol。在上世紀七零年代時，他們都活躍於編寫政治刊物，Podhoretz 是《評論》（Commentary）的長期編輯，而 Kristol 是《接觸》（Encounter）和其他刊物的編輯。由於許多猶太移民來自東歐國家，他們的第二代總體而言非常痛恨蘇聯。這兩人都強烈反蘇，也反對當時熱火朝天的反越戰運動。

其實，除了這兩人的影響力特別強大以外，他們跟絕大多數猶太裔移民有一個共同之處，那就是強烈支持以色列。這也可以理解：猶太人在歐洲四

處流浪，長達兩千年，屢遭暴行，尤其是納粹殺害 600 萬猶太人的暴行，所以他們全心全意地擁護新建立的以色列——他們的國家。對於支持以色列，他們跟華爾街的猶太裔大佬們是心照不宣的。反共，特別是蘇共，和挺以色列，構成了他們的基本世界觀。

1991 年蘇聯解體之後，另一批新保守主義者冒頭了，他們的家庭環境都已經大為改善，大多數是常春藤的精英，而這一批人在本世紀可以說引領了美國二十年的風騷。其中的一些主要人物包括：Paul Wolfowitz, Elliott Abrams, Richard Perle, Paul Bremer, Robert Kagan。他們是在雷根總統任內逐漸進入權力核心的，前四位成為小布希內閣的重要官員或顧問，最後一位是《華盛頓郵報》的專欄政論家，布魯金斯智庫的資深研究員。

911 事件激怒了小布希，可是他對外交事務一竅不通，所以就仰賴他的副手錢尼和國防部長羅斯費爾德，而這兩位本來就以保守出名的政客對副國防部長 Wolfowitz 和一批新保守主義者的建議照單全收。新保守主義者的主張可以簡單概括為下列幾點：一，美國是世界唯一的超強，它應當將它的制度向全世界推廣；二，推廣的手段可以是和平地發動群眾運動，也就是顏色革命，但是也可以使用武力，推翻原有的專制政權；三，必須壓制和擊敗世界上的專制體制。這幾點重複出現在 Kagan 的評論文章中。

在壓制專制體制方面，他們主張擴大北約，也就是讓北約向東擴張，壓縮俄羅斯的影響力，把原來屬於華沙陣營的中東歐小國拉到美國這一邊。在推廣民主化方面，他們的真正目的是分裂阿拉伯世界，讓以色列能夠長治久安。簡言之，他們要以民主化的崇高目標來促進他們仇俄和挺以色列的兩個核心關切。

Kagan 是新保守主義的理論家，經常批評美國黨政者的軟弱。他的夫人是 Victoria Nuland，是奧巴馬與拜登的外交團隊裡的重頭人物，目前已升任國務院的第二把手，職稱是主管政治事務的副國務卿。（未完）

影片連結：https://youtu.be/OA78NKUhCH4
閱讀全文請點閱 https://www.theintellectual.net 新大學 / 名家專欄 / 水秉和
本文原載中美論壇專刊第 523 期

為「大日本帝國」招魂 「台灣之塔」的媚日史觀

黃光國

　　去（2018）年8月，爭議長達30年的「歷史課綱之爭」，終於宣告落幕，一個徹底「去中國化」的高中歷史課綱從此定案。在這場長期的爭議中，可以很清楚地看出：所謂「課綱之爭」，根本不是要釐清歷史真相，也不是以「學術性」的討論確立台灣人民的國家認同，不管反對的一方舉出多少具體的歷史根據，提出多少有力的論述，甚至多次號召群眾，走上街頭；執政黨仍然不顧一切，強行通過這份課綱，希望把我們下一代的青少年，改造成蔡英文心目中的「天然獨」世代。這個世代的歷史觀，將會呈現什麼樣的特色？

　　蔡政府設計的12年國教歷史課綱，包含「台灣史、東亞史、世界史」三層級的歷史教育，正式取消了「中國史」。這個歷史課綱的設計者違反歷史教育的基本史觀，強詞奪理地說它並沒有「去中國化」，而是將中國史實納入東亞史範疇，會依其在東亞架構中有關的主題，編入東亞史中加以敘述，教育的目的是為了培養學生多元價值的歷史認知。

　　其實大家都心知肚明，這種「台獨」取向的歷史教育，是要在「東亞」的架構中，把「中國」逼到「他者」的位置，就台灣在「東亞」近現代史的關係而言，媚日的台獨分子，必然會擁抱日本和台灣之殖民和被殖民的關係，讓日本殖民者變成台灣的「我們」。

偏頗的歷史觀

　　這種異化，在「台灣之塔」的碑文中，看得最為清楚。不久之前，立法委員高金素梅曾經在立法院提出一場有關「台灣之塔」的質詢。中秋假期，我到琉球旅遊，刻意安排去參觀「台灣之塔」，發現其碑文的內容很能夠說明獨派意識型態所要塑造的歷史觀。

　　「和平祈念公園」位於琉球南端，是二次大戰時美軍登陸之處，也是太平洋戰爭最後的決戰場。公園內有一佔地六百坪的「韓國人慰靈塔」，公園

東北角的「靈域區」，設有日本 32 府縣的「慰靈塔」，紀念來自日本各地的戰歿人員，每一座塔佔地約兩百坪。其中最為獨特的是「台灣之塔」，佔地僅 23 坪，署名「總統蔡英文」，還有一塊碑文：

　　為悼念二次大戰中獻身沙場的台灣戰士，我們建立「台灣之塔」，在此摩文人之丘，台灣戰士崇高志節，埋沒七十年無以彰顯，殊感哀傷。日台兩地有志之士募集善款加以援建，使世世代代、可資憑弔。當年日台戰士皆為同胞，生死與共，榮辱同擔。來自台灣英勇參戰二十多萬人中，三萬人戰歿，一萬五千人失蹤。無論時代如何變遷、族群國家如何分隔，凡犧牲一己性命守護他人之義舉、不應被後世遺忘。為了回報戰時受到台灣各方恩澤、土地由沖繩翼友會提供，期盼成為親善交流橋樑，鞏固日台的恩義連結。

　　祈禱台灣戰歿犧牲者靈魂都能安息！也希望來訪朋友們，體認前人深刻情誼，持續予以發揚光大！

至痛無言

　　琉球本來是獨立王國。明治政府以「琉球處分」為名，用武力強行併吞，設置沖繩縣，並推行皇民化政策，禁用琉球方言，要求琉球人改姓名，使其日本化。1945 年 3 月底，美軍在太平洋戰場以「跳島戰術」反攻，爆發了歷時 90 天的「沖繩戰役」。琉球的文化遺產破壞殆盡，20 幾萬人喪失寶貴生命，其中 10 幾萬人是平民。除了死於戰火的和戰敗自盡的軍人之外，還有許多平民死於飢餓、疾病，甚至被戰敗的「自國軍隊」強迫自殺。

　　琉球人親身體驗戰爭的極度殘酷，為了反抗美國「軍事支配」的沉重壓力，也為了追求和平，發揚人性，並否定一切形式的戰爭，所以設立這所「平和紀念館」。靈域區內絕大多數的紀念碑，都只寫地名，或簡略介紹「慰靈」的對象，例如「特攻之碑」，上面只寫著「第十九戰隊」。反映出琉球人反戰及追求和平的「至痛無言」。

　　相形之下，「台灣之塔」碑文的用字遣詞反映出一種偏頗的歷史（未完）

閱讀全文請點閱 www.theintellectal.net 新大學 / 名家專欄 / 黃光國
本文原載於海峽評論第 337 期

保釣運動五十周年：源起、感想與展望

胡卜凱

保衛釣魚台運動源起

　　2020 年 11 月 21 日是美國留學生發起「保衛釣魚台運動」50 周年。源俊兄要我發表一些感想，這是我的榮幸。我的感想分成「源起」、「回顧」、和「展望」三部分。在「崢嶸歲月」單元我發表了「回顧」。「源起」和「展望」兩部分則收錄在這次《大會手冊》的相關章節。

　　保釣運動的產生和發展，可以從歷史、政治、或社會心理這些不同層面來討論。以下我用傳記文學的體裁，談一些小故事來點綴、點綴這個大故事。

　　一個現象或事件的發生，往往有種種因素，個人的、普遍性的、偶然性的、和必然性的等等。下面就從這四點來看看保釣運動的源起。

1. 背景因素

1.1　個人

　　大二還是大三的時候，向劉容生(清華大學教授、《新希望》月刊創辦人)借過好些屠格涅夫的小說。看了幾本之後，忽然有一天發現，自己是這些小說裏的主人翁(不敢自稱英雄)。也就是說，胡卜凱原來是個有理想但是沒有種的東西。從那時起，就常常把孔夫子「古者言之不出，恥躬之不逮也。」這句話放在心上，沒有也不敢把「回歸」、「統一」這些口號掛在嘴邊。

　　對我影響很大的另外一本書是麥克斯・安東耐諾斯的《沉思錄》。我看這本書的時候，剛剛初中畢業，沒什麼見識，可塑性還蠻大的。幾乎當時就養成我現在八風不動的性格。一直到今天，我還是一個(政治上的)「現實主義」者。一些抽象的概念，譬如說「主權」啦、「新中原」啦等等，對我來講，都非常的遙遠，像夢一樣的遙遠。

　　父親是個有點清譽的立委。記得從小家裏就有人來論政、申冤、告狀等

等。所以，對於國民黨（也許應該說「蔣家政權」）的貪污、腐敗、無能，比一般同學有比較深刻的認識。

1.2　普遍性

我是 1966 年大學畢業的。當時電視才傳進台灣沒幾年，唸大四或大三的女學生，絕大多數還沒有擦口紅、畫眼睛的習慣。白先勇、於梨華（還有瓊瑤）的小說很受歡迎，「白色恐怖」並不是小說情節。

第二年到美國，當時對留學生衝擊很大的幾件事是：美國的民權運動、嬉皮文化、反越戰運動；中國文化大革命、中國發射人造衛星、以及美國各大學圖書館中陳少校寫的《金陵春夢》等等。

我不是在寫論文，下面一些以偏概全、自由心證的觀察應該不傷大雅：

看了《金陵春夢》以後，有些一直很乖乖牌的留學生，產生了一種被國民黨（也許應該說「蔣家政權」）沾污過的鬱卒感或齷齪感。當然，大多數的留學生還是乖乖牌。

親身經歷過美國的校園示威以後，有些一直很乖乖牌的留學生，即使沒產生「有為者亦若是」的心情，躍躍欲試的念頭總是有的。不過，大多數的留學生還是乖乖牌。

有些從來不關心政治的留學生，還有些從來就想嘗嘗政治禁果的留學生，在新大陸發現了舊大陸，「回歸」、「認同」是時髦的口頭譚。但是，大多數的留學生在揮之不去的白色恐怖陰影下，還是寧可做個乖乖牌。

大多數的留學生，都熱愛著自己破落的國家，看到美國的富強，自然產生了一種「見賢思齊」的志向。《科學月刊》和「大風社」比保釣運動大兩、三歲，它們是留學生游子情下出生的好兄弟。

1.3　偶然性

建國中學的學生大多數比較內向（至少 30 年前是這樣的），我在建中唸了六年。郭譽先是師大附中的學生，不但能說會道，而且廣交天下（未完）

閱讀全文請點閱 www.theintellectal.net 新大學 / 社會運動 / 左 鎮號角

保釣缺失的一頁

謝焯珩

1970 年，台灣留學的僑生在保衛釣魚台運動史實中，獨缺了這重要的一頁，台灣師範大學的僑生保釣運動！由於多年的失望與沉默，本人沒有揭露過關於此事本末的片言隻語，故而幾乎沒有任何人還知悉或回想到這陳年舊事，及至當年同是香港僑生的大學雜誌總編輯何步正催鼓下，垂暮之年再重補這一小段歷史空白。

宣示大會前，大會主席謝焯珩在師大禮堂台下先作事件的說明和呼籲。

師大正門前的是行政大樓，遠方橫立的正是師大最大的禮堂。

師大當年的校門。當年因為學生遊行被封鎖了。

本人謝焯珩，香港僑生，其時就讀師大英語系四年級，剛卸任師大港澳同學會會長，火炬雜誌社社長，與及全國港澳僑生聯誼會會長之職。1970 年之秋冬之際，發生美日兩國私自達成協議，美國準備把託管的琉球群島管轄權交予日本，包括釣魚臺列嶼（日文稱尖閣群島），引發台灣朝野強烈反應。當時台灣蔣公在位，正處戡亂時期的末期，社會上有戒嚴的措施，嚴禁所有政治遊行活動。本地生只有敢怒不敢言的份上，而來自各僑居地的僑生則屏除顧忌，發揮僑居地的民主意識，首先發起國民的保釣運動。此事驚動了在師大就讀的港澳同學會與華僑同學會（華僑同學會是除港澳生之外的各地僑生，包括韓國，印尼，越南，馬來西亞，泰國，菲律賓，緬甸等地。）這是此事在師大發生的始末。

僑生團體中，反應最激烈的是香港和韓國僑生。我的室友，也是同班同學吳弘龍是韓華會會長，偕同來自政大和台大的幾位韓國僑生，名字至今已

忘記名字，但他們外號自稱四條江－「金沙江」，「黑龍江」，「松花江」，「揚子江」，到來我的房間，商議如何行動。其中有到日本領事館門前全身倒上汽油，準備自焚苦諫的，也有僱了船直接駛往釣魚台作保衛姿態的，我則負責發動團體遊行喊口號。結果那四條江果然真的付諸行動，不過卻被當局竭力制止了，自焚上了新聞，出海受到了封鎖。我的行動部分經過如下。

師大以「勤正誠樸」為校訓，學生素以低調平和為美德，僑生可不這樣想，經常看不慣那種拘束嚴謹的習慣，尤其我們那一期的同學，被譽為「狂狷風吹皺一池死水」的一群。平常就破過多次歷史慣例，例如在校園舉辦過多次社交舞會（以往一律禁止），在墻報版上貼上各種煽動性的海報。遇到這次山雨欲來的日本侵佔釣魚台惡行，那是人人共憤的。

再提一個背景，其時僑務委員會的委員長是高信，僑生輔導室主任是韓繼旺，是管轄僑生的最高長官。高信被譽為僑生的監管家長。當他獲知僑生正密謀行動時，一連作出幾個動作。首先親自召集所有所有僑生在師大學生活動中心的「樂群堂」二樓開了一個會，聯同第二處處長黃炯弟，韓繼旺和僑委會的一群職員主持這個會議。主要是解釋政府對此運動的態度，希望學生不要有過激行動（最好就是甚麼都不要做。）在此會中他很巧妙的回答了許多提出的問題。巧妙的地方就在要求在座的同學每人用字條寫上呈上，然後一一答復。他當然有答復，因為他專門選擇容易回答的先回應了，遇到難以回答的，就說時間不夠了，下次再說吧。其次在新蓋成的僑光堂，高信特別召見我（其時同學余迺永和馮耀明也在場），筵開三席，或者他知道我正是那「搞事」的領導者。他說，你們都稱我為家長，那聽聽我這個家長好不好？若是家中的孩子要求爸爸買他們玩具，那爸爸那裡不樂意哪？可是若是那爸爸很窮而無法負擔呢？那孩子還該嚷不嚷？（未完）

閱讀全文請點閱 www.theintellectal.net 新大學 / 社會運動 / 左鎮號角

貪，壞了事！—— 民進黨崩盤的起點

林深靖

　　2018 投票結果揭曉之後，出現一個普遍的問題：這一場選舉，究竟改變了什麼？

　　長期以來，用「藍綠」視角區別陣營，分析輸贏，這是政客名嘴日常之功課，是民間議論時政必備之常識。今年不一樣。選戰過程中出現一道新的界尺，打破老舊的意識形態區隔。這道界尺的兩端，是貪與不貪，是乾淨與骯髒。

貪瀆：民主之癌

　　政治新星韓國瑜的兩句話，有其代表性。其一：「當選後若貪汙，放棄假釋，牢裡關到死。」其二：「寧願乾淨的輸，也不要骯髒的贏。」

　　近年來，國際上談政治，貪汙已成為重中之重的問題。拜民進黨執政之賜，台灣很快跟上了世界的腳步。差別在於：世界各國的趨勢都是在加重法律上對於貪瀆的檢肅與制裁，唯獨台灣，對於貪瀆的行為，尤其是與政治權力掛鉤的貪瀆行為，卻是舉世少見的寬容與縱容。

　　譬如，2010 年底開始爆發的「阿拉伯之春」，短短一年之間，掀翻了突尼西亞、埃及等國原本盤根錯結的強人政權，人民的憤怒源自於官方貪瀆醜行的一再被揭穿。今年巴西政權的轉移，執政當局被抓住的軟肋就是當權者貪汙的疑雲，不管是真是假，在反對黨抓住幾個把柄狠敲猛打之下，曾經深受庶民擁戴的「巴西之子」魯拉從雲端跌落，他所領導的勞工黨也被打趴在地；即使是老牌民主國家之所在的歐盟，也因為各大藥廠在歐洲議會以及各國國會的遊說太過囂張，反貪的立法與治貪的執法，這幾年來已成為布魯塞爾最重大的課題。我們所熟悉的中國大陸，習近平龐巨的能量和權威，就是以雷厲風行的打貪反腐做為厚實的根柢。

　　貪瀆，歐盟在內部的檢討中稱之為「民主之癌」，不僅侵蝕法治國的體

質，也危害社會的團結，破壞經濟之發展。在許多第三世界國家，貪瀆是貧困化的主因。在發達國家，貪瀆模糊了「私」與「公」的界線，瓦解人民和政府之間的信任關係，乃至民主共和體制的權力分立原則都將受到傷損。最主要的原因是，貪瀆者「以權謀錢」、「以錢養權」的意念一旦產生，很難不陷入一種魔障，那就是盤據於腦海的，就是要如何讓自己可以玩法或凌駕於法律之上，不受約束，不受制裁，逍遙於國法之外。

貪瀆的本質就是公、私利害的衝突，貪瀆者慾壑深掘，又要想方設法超脫法網，編織自己的清白無辜。然則，當事人或許可以運用綿密的權力關係網絡而脫身，或者即使上了法庭，也自有厲害的律師團照應，可以運用詭詞強辯脫罪。可是，操作過頭了，難免得意忘形，輕蔑社會大眾的常識，擴大人民對公權力的質疑，最後就是戕害社會和諧，破壞國家民族之團結。

這其實就是當前民進黨所面臨的問題。蔡英文喜歡談團結，譬如，為選舉四處奔走造勢，她的呼籲是「選民團結起來，打贏民主價值的保衛戰」；談到轉型正義，她強調「團結台灣是領導人的責任」；面臨外交和兩岸的困局，她高倡「中國越是打壓，台灣越是團結」……

她沒有意識到的是：民進黨政府對於貪瀆的態度，早已破壞了社會團結的基礎。

滿朝盡戴花媽之印記

所謂貪瀆，不僅是對金錢的貪婪無度，也是對權位的戀棧與濫用。民進黨的首度執政以陳水扁窮凶惡極的吃錢案件爆發而告終結，然則，阿扁在短暫牢獄洗禮之後，於今坐鎮南台灣，悠然自在，還不時化身勇哥勇弟，戲耍保外就醫的紅線，指點民進黨的江山，而當局的態度，最嚴厲的也就是和風細雨的規勸。

高雄、台南兩大都會原是民進黨的鋼鐵地盤，可是，民進黨的崩壞，卻可能也是從南部這兩大基盤開始。因為，貪，壞了事！（未完）

閱讀全文請點閱 www.theintellectal.net 新大學 / 名家專欄 / 林深靖
本文原載於 2018/11/29 風傳媒

變法改革的除弊三箭：正綱紀、簡政事、輕稅賦

張靜

1981 年美國雷根總統在就職演說中說道：「當前的危機，政府無法解決我們的問題，因為政府本身就是個問題。」所謂政府本身的問題，其實不外乎她的組成份子即公務人員因為貪贓枉法、濫權怠職而生弊端，因此變法改革救亡圖存之道惟除弊而已。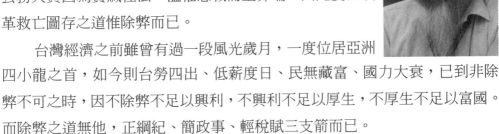

台灣經濟之前雖曾有過一段風光歲月，一度位居亞洲四小龍之首，如今則台勞四出、低薪度日、民無藏富、國力大衰，已到非除弊不可之時，因不除弊不足以興利，不興利不足以厚生，不厚生不足以富國。而除弊之道無他，正綱紀、簡政事、輕稅賦三支箭而已。

歷來變法改革，首正綱紀，綱紀不振，政治及社會風氣何以清明？綱紀之核心，固在操守，但官吏的濫權怠職，即縱無涉貪瀆，亦應在論究之中。君不見民國 85 年、86 年間偵辦太極門案違法濫權偵查及起訴的檢察官侯寬仁，在被告三審無罪定讞後，非但未受任何懲處，107 年猶高昇為法務部廉政署副署長。而台中高等行政法院的林秋華審判長於 106 年間自承對太極門案有利之證據，因為年紀大，看後即忘，其與莊金昌、劉錫賢法官合議的判決甚以：「行政訴訟採自由心證主義，所有人、物均得為證據，並無證據方法或證據能力之限制。」對「證據法則」認知的荒腔走板、濫權執法，一葉知秋，但林秋華等 3 位法官却也未受任何懲處，反居然未幾即「就地合法」都成為稅務專業法官，司法綱紀之乖迕由是可見。此外，所有行政機關的辦案獎金，例如財政部的稅務獎勵金，則是行政綱紀敗壞的另一顯例，它是罪惡中的罪惡，查稅或辦案，本是公務人員的法定職掌，認真做事本屬當然，但因有此等獎勵金，鼓勵稅吏、警察等公務人員胡亂開單，最近四年多來超徵稅收 6 千億左右，許多都是政府藉著稅吏的手橫徵暴斂而來，使得人民的

生存權、財產權毫無保障。

　　因而，如何淘汰不適任有違綱紀的法官、檢察官，實乃當務之急。要端正司法綱紀，首要是修正法官法相關條文，增列淘汰法官及檢察官的事由，如適用法律之見解明顯違法違憲，有何不得據為懲處，類如侯寬仁、林秋華之流，早該被消失於法界。，其次是法官及檢察官評鑑委員會之組成，應增加外部非法律人委員，減少司法官員人數，或根本不讓其等進入評鑑委員會，方可避免官官相護。而刑事訴訟甚至行政訴訟採用陪審制，亦可大幅減少法官違法判決及檢察官濫權起訴或上訴，貪汙法官、恐龍法官及為執政者鷹犬的打手法官即難再為非作歹。此外，應即廢除國家賠償法第 13 條，讓國家在賠償人民後，得以向違法濫權之法官、檢察官求償。而不肖法官、檢察官依法被革職後，應不得再轉任律師，以免與在職的不肖法官、檢察官沆瀣一氣，也讓在職者有所警惕將來亦無後路。如此，司法方得以清明。司法是維護正義的最後一道防線，只有司法清明，稅務行政官員才能在源頭上不敢濫行徵稅、非法亂開稅單，其他行政官員也才會有所節制，行政綱紀方可得保。

　　其次，簡政事可分二者，一是簡化行政及司法的作業及救濟流程，二是簡化行政及司法的組織體系。例如在簡化稅捐稽徵救濟程序方面，稅捐稽徵法第 35 條之申請復查制度，或可廢除，或可採為任意制，由納稅義務人自行決定是否要申請復查，以加快不法徵稅的救濟時程。復查之後下一階段的訴願制度，更應廢除，人民應得直接提起（行政）訴訟，人民訴願時應繳納半數稅額或供擔保的制度也應一併廢除，以減輕人民請求行政救濟的負擔。而行政法院在人民訴訟有理時，都不自為判決，僅發回原行政處分機關「另為適法的處分」，造成萬年稅單，及所有的行政爭訟上上下下，沒完沒了，故理應改為事實審法院應自為判決，以求案件及早確定。

　　在簡化行政及司法的組織體系方面，廢除訴願制度，不僅在簡化救濟流程，也同樣顯現在簡化組織體系，行政機關訴願委員會不在，也就無需再聘任與機關素有良好關係的訴願委員，也就節省流程及人事之花費。（未完）

閱讀全文請點閱 https://www.theintellectual.net 新大學 / 名家專欄 / 張靜

市場社會主義與國家資本主義之辨

周陽山

　　英國《經濟學人》在 8 月中刊出專文，指出中國大陸正在重塑未來 10 年的國家資本主義，讓科技和創新在中共全面掌控之下得到更好的應用，絕不應低估其作用。

　　該文指出，「習經濟」具有三大特色：第一，是嚴格控制經濟周期和債務機制。為了應對新冠疫情，中國政府採取的措施頗有節制，目前貸放出的刺激措施金額約為其 GDP 的 5%，還不到美國的一半。

　　第二，是擁有高效率的國家行政機器，目前在中國大陸已經打造了一個能快速滿足商業需要的商業法制體系。繁文縟節已成過去，目前在中國成立一家公司僅需 9 天時間。可預測的規則使得市場機制能夠更順利地運轉，從而提高了經濟生產率。

　　第三，是模糊國有與私營企業之間的界限。國有企業被迫提升效益並允許私人投資。同時，國家也通過在私營企業內部設立黨組織以加強對私營企業的戰略控制。中國不再實施粗放的產業政策，而是將關注重點轉移到如何打通供應鏈瓶頸。這意味、中國必須在像半導體和電池這樣的關鍵技術領域，提高自給自足的能力。

　　在上述的比較分析中，對「國家資本主義」（state capitalism）一詞的認知存在著很大的爭議。「國家資本主義」原本是指國家和政府為了積累資本並干預市場以糾正市場機制的失誤，或者運用政府法規和激勵措施對市場進行投資和補貼；在這樣的機制下，政府職能和公共服務通常會透過財政手段或補充性措施介入民間活動。換言之，國家利用市場創造財富，而政府官員也可以對這些財富進行管理。但是它的動機卻不是為了經濟增長的最大化，而是國家權力和領導階層自身權力的極大化。這是一種資本主義的形式，也就是將國家作為首要的經濟主體，利用市場來謀取政治上的利益。

以新加坡為例，政府在許多與政府有聯繫的公司中擁有控制性的股權，通過主權財富基金指導投資方向。另外，南韓政府在 1967 年至 1986 年這 20 年間，先後重點扶植了化工、電子、鋼鐵、機械、造船、汽車等資本密集型產業。1980 年代中期以後，韓國政府縮小了政策性金融措施，並推進金融機構的民營化，加速開放和自由化的進程。但是，儘管中小企業占南韓企業總數 9 成 5 以上，十大財團的資產依然占到 GDP 比重的 85%。這都是國家資本主義的具體例證。

　　在中國大陸，儘管釋放生產力和強化市場調控一直是改革開放的重中之重，但也持續出現「國退民進」與「姓社姓資」的爭議，而扶貧、養老、社會福利和醫療保險，一直是社會主義政權落實維穩和小康之治的核心內涵。由此可見，照顧弱勢與提供強而有力的政府服務和福利照顧，一直是社會主義政體的重責大任。但是，精準扶貧與全面小康，卻不是資本主義體制的主要任務。

　　1949 年，政治協商會議通過臨時憲法《共同綱領》，第 28 條規定「國營經濟為社會主義性質的經濟。凡屬有關國家經濟命脈和足以操縱國民生計的事業，均應由國家統一經營。凡屬國有的資源和企業，均為全體人民的公共財產，為人民共和國發展生產、繁榮經濟的主要物質基礎和整個社會經濟的領導力量。」這揭示了中國大陸從建政以來一直就是選擇社會主義而非資本主義的道路。

　　經過了近 70 年的轉折與發展，2018 年 3 月 11 日全國人大通過了《中華人民共和國憲法修正案》，在憲法「序言」中指出，「中華人民共和國成立以後、逐步實現了由新民主主義到社會主義的過渡。生產資料私有制的社會主義改造已經完成、社會主義制度已經確立。工人階級領導的、以工農聯盟為基礎的人民民主專政，實質上即無產階級專政，得到鞏固和發展。」基於此，憲法第 1 條強調，「中華人民共和國是工人階級領導的、以工農（未完）

閱讀全文請點閱 https://www.theintellectual.net 新大學 / 海峽波濤 / 天壇筆記
本文原載於 2020/9/16 中時新聞網

163

外省人的宿命與最後責任

楊雨亭

　　近日星雲法師和朱雲漢院士相繼過世，他們的人格、學識與貢獻皆相當突出，格外令人感傷。數年前李敖與洛夫相繼過世，我曾為文紀念。現在看來，1949 年以後跟隨國民黨政府撤退來台的兩代外省人，無可避免地步入了最後的歲月。而他們早年的理想：「反攻大陸，復興中華」，微觀看來，已經沒有太大的機會，宏觀來說，他們在台灣保存了部分的中華文化以及促進了台灣的繁榮與民主，這在近代中國歷史與國際關係上，具有非常重大的意義。

　　我一生中對於一個地名和一個物件非常敏感，這是我家裡的秘密，我的父母可能也不知道其實我從來沒有忘記過這件事。1950 年代末，我 6、7 歲，在窄小、窮破的眷村裡，一天半夜，昏黯中聽見父母非常小聲地談論一件事，原來大陸輾轉來信，民國 38 年後留在大陸的大哥被下放到黑龍江農村，天寒地凍，要媽媽寄一雙膠鞋去。1988 年秋，我從美國回大陸探親，才知道三個哥哥早在 1958 年的大躍進中都餓死了，當年老家來信，怕我母親傷心，編了一個故事，騙她的。我的母親一生都在尋找她留在大陸的兒子們，直到她過世，不知道他們老早不在了。數十年來，我每次聽見黑龍江、膠鞋，心頭就會怦地一跳，總是在掛念其實根本沒有去黑龍江的大哥在冰天雪地中有沒有膠鞋可穿？也彷彿我若去黑龍江，他仍在那裡等候著我！我的父母已經過世，我自己也年近 70，1949 年大時代的浪濤逐漸遠去，可是過往的回憶依然溫熱與感傷。

　　我的父母來台時才 20 多歲，70 多年來，他們的努力和我們這一代的夢想，在近年來不斷的政治傾軋下，大底都被否定與落空了。1988 年初經國先生過世，李登輝總統執政，30 年來，許多深綠人士將他們早年受到的冤屈全部傾倒在外省人身上，逐漸形成台灣社會中激烈的藍綠對立。而外省人經受

1949 年的離散以及之後大陸親人普遍遭受迫害所深深刻劃在我們心中的傷慟，卻無從訴說。

　　為什麼我們渴望兩岸和平？所謂「親中」、「反美」，縱然有一些這樣的情緒，並不是普遍的情形，也不是重點，而是我們上一代歷經戰爭的殘酷，影響到我們這一代的心理與人格，非常地恐懼戰爭，認為戰爭必然造成死亡、失散與不可磨滅的痛苦，之後兩三代人也不會洗淨，就像 70 多年前發生的 228 事件，至今許多本省同胞從未忘懷一樣。另一方面，我們也寄望兩岸政治走上軌道，在彼此的交流與融合中，逐步商議適合的辦法統一起來，成為一個完整與偉大的國家，讓中華民族能夠團結一心，步入承平與發展的新時代，不再受外力撥弄而四分五裂與彼此仇視。

　　1949 年前後來台的大陸人多英雄豪傑，死後埋骨台灣，如陳誠、陳立夫、閻錫山、桂永清、胡宗南、白崇禧、孫立人、胡璉、于右任、胡適、錢思亮、孫運璿、李國鼎、郝柏村等人，他們在台灣的生活未必一直十分如意，然皆鞠躬盡瘁，無愧於台灣。而長期停棺大溪的蔣氏父子，生前誓言中華民國與國民黨不返回中國大陸絕不落土，這對我們尚存的後人來說，仍然是一個無法卸下的重責！

星雲法師　　　　　　　　　朱雲漢院士

請點閱 www.theintellectal.net 新大學 / 名家專欄 / 楊雨亭
本文原載於 2023/2/11 中時新聞網

華人裡頭的 "川粉" 與 "川癡

孫隆基

　　如果我問是哪一位國家元首在本國被推翻，反而在另一地搖身一變成了邪教教主，被問倒的華人一般試猜："川普？" 非也！乃 1974 年被革命推翻的衣索比亞廢王海爾‧塞拉西一世 (Haile Selassie I)。他之被廢，卻無礙他在西半球被奉為救世主：牙買加有一種拉斯塔法里教（Rastafarianism），信眾視海爾‧塞拉西一世為上帝在現代之轉世，乃《聖經》中預言的彌賽亞的再度降臨。

　　說拉斯塔法里教之為 "邪教"，乃從正統基督教的立場而言，後者認定耶穌為 "彌賽亞"，但牙買加的黑人信眾卻認為基督再度降臨該輪到黑人，而最具資格者是衣索比亞王室，因為他們是古以色列君王所羅門的子孫。拉斯塔法里教視非洲為上帝應許祂的選民之地，而西方世界則是邪惡的 "巴比倫"。

　　在正統基督教眼裡，拉斯塔法里教該算是 "邪教"。然而，在其誕生期，基督教在古猶太信仰眼裡何嘗不是 "邪教"。古猶太信仰的上帝沒有形體、不容許塑像，甚至不得直呼其名，只用全是子音無法拼音的四字符 YHWH 代表，待至 16 世紀出現英語《聖經》，方將它譯成母音俱全的 "耶和華"（Jehovah）。基督教不只拜一個有肉體會死亡的凡人為上帝，到後來甚至

替聖母與眾聖人廣設聖像，墮落為古猶太信仰及得其真傳的伊斯蘭一概不允許的偶像崇拜。

　　自詡為大衛王苗裔的耶穌可以是上帝，自詡為所羅門王後代的海爾‧塞拉西

一世為何不可以？但這些對絕大多數華人來說是外星人的論爭，十分冷僻。當我問是哪一位被推翻的元首變成了邪教教主，華人界猜測是"川普"反倒是頂自然的反應—海爾‧塞拉西一世在 1975 年已亡故，也與華人風馬牛不相及，而川普崇拜則正方興未艾，雖然三五年後可能煙消雲散，但目前似乎朝"邪教"方向蛻變。

川普雖然在去年美國總統大選中落選，但影響絲毫未減，尤其目前的共和黨正在進行清黨，把不附和川普的政客們清洗出領導層，因此這個傳統的保守黨正在被改造成一個領袖崇拜的民粹黨（不要變成納粹黨便好），為下一次大選"王者歸來"蓄勢待發。在國際間，川普對西方世界的一些新納粹份子的影響也可能未減，但筆者在這方面缺乏追蹤。一個以白人至上主義為旗艦的美國運動，鼓舞了其他西方國家內之一丘之貉可以理解，令人詫異的是：華人在這裡頭軋一腳幹啥？

將"川粉"等同綠營乃似是而非

身為華人卻去替白人至上主義抬轎，這一切都得歸功於法輪功設在美國的兩大全球性傳媒："大紀元"與"新唐人"，這兩個傳媒也因為捧川普而做大，從相當邊緣化的、忌談美國政治的宗派小報扶搖直上成為美國極右翼的重磅傳媒集團。它已經打入英語傳媒界，但仍保持對全球華人的華語傳播。去年是美國史上極不尋常的大選年，對美國不了解、甚至不諳英語而又欲追蹤美國國內形勢發展的華人，其主要消息來源就少不了"大紀元"與"新唐人"。這個現象在台灣至為凸顯。台灣的政客，不分陣營，不乏學位虛假、論文抄襲的劣跡，頗符合不諳英文、對美國無知這兩項條件，因此對法輪功編造的美國論述就不免照單全收。

在川普已落選卻又在散布選舉舞弊的假新聞期間，即有綠營立法委員在電視政論節目上公然說作票舞弊的一大批假選票都是在廣州印刷的。當川粉暴民於 1 月 6 日攻陷國會山莊後，另一位綠營民意代表也在同一個節目（未完）

閱讀全文請點閱 https://www.theintellectual.net 新大學 / 名家專欄 / 孫隆基
本文原載於 2021/6/21 方格子網

從雅萬高鐵看投資印尼的機遇和挑戰

梁海明、馮達旋

即將投入營運的雅萬高鐵連接印尼首
都雅加達和第四大城市萬隆，既是〞一帶一
路〞建設和中國與印尼務實合作的標誌性專
案，亦是中國高鐵首次全系統、全要素、
全產業鏈在海外建設專案。在雅萬高鐵建
設過程中，雖曾遭遇西方國家干擾、征地
困難、印尼地方政府影響、印尼國內反對

梁海明　　　馮達旋

勢力醜化中國與印尼合作等挑戰，但依然為未來各行業的企業到印尼投資提
供了可貴的合作經驗，且有助於推動中國與印尼全方位的合作。

印尼近日慶祝獨立 78 周年，在首都雅加達，作為印尼首條高鐵亦是東南
亞首條高鐵的〝雅萬高鐵〞模型被不少印尼市民搬上街頭，成為民間慶祝活
動的〝吉祥物〞。

雅萬高鐵線路全長 142 公里，最高設計時速 350 公里。正式營運之後，
雅加達、萬隆兩市通行時間將從 3 至 5 小時壓縮到 40 分鐘，可以極大改善當
地交通擁堵狀況，便利沿線市民，因此受到市民的歡迎。而且，據印尼官方
預計，這條由中國在印尼投資興建，全線採用中國技術、中國標準、造價達
約 60 億美元的雅萬高鐵路線，在未來 40 年可創造超過 231 億美元的收益，
可見，中國與印尼雙方獲得的回報遠高於投資成本。

有西方輿論將雅萬高鐵渲染成為所謂的〝中國債務陷阱外交〞。但根據
公開信息顯示，印尼的雅萬高鐵投資總額約 60 億美元，起初中國和日本都拿
出競標方案，日本堅持要求印尼政府為 50% 的貸款提供擔保，而中國則同意
將雅萬高鐵界定為中國和印尼企業之間的商業合作，換言之印尼政府（未完）

閱讀全文請點閱 www.theintellectal.net 新大學 / 名家專欄 / 馮達旋

中老鐵路為何不是高速鐵路？

梁海明、馮達旋

作為中國"一帶一路"倡議與老撾"陸鎖國"變"陸聯國"戰略對接的重要項目，中老鐵路是老撾政府居於三大戰略考慮，主動向中國政府提出修建。中老鐵路於 2021 年 12 月通車，最高時速為 160 公里／小時，貨物運輸的速度則被限制在 120 公里／小時，未有達至 200 公里／小時的高速鐵路最低標準，主要是中老鐵路沿線地區的地理因素、美國因素和老撾經濟條件所決定。

中老昆萬鐵路（下稱中老鐵路）連接中國雲南省昆明市與老撾萬象市，全長 1 035 公里，是首條由中國為主投資建設、全線採用中國技術標準、使用中國設備並與中國鐵路網路直接連通的國際鐵路。中老鐵路由中國政府、老撾政府，以及中國和老撾的國有企業合作投資建造。老撾政府向中國借款 6.3 億美元作為中老鐵路專案的啟動資金。項目建設投資總額約 374 億元人民幣，中國政府、國有企業和老撾政府、國有企業按 7：3 的投資比例出資。

中老鐵路自 2021 年開通以來，西方國家持續炒作中老鐵路的"債務風險"問題和中國威脅論。然而鮮為人知的是，中老鐵路專案其實不是中國推動建設的，而是老撾政府主動向中國政倡議和爭取的。老撾迫切要修建中老鐵路，正如老撾前副總理宋沙瓦・淩沙瓦曾在採訪中強調："中老鐵路並不是中國想建，而是老撾想要，中方一直致力研究如何讓老撾少貸款，提高中老鐵路對老撾的性價比。"長期研究老撾問題的日本學者山田紀彥也曾公開表示："中老鐵路是老撾政府強烈要求、中國積極推進的專案，任何對中老鐵路的評價與討論，都應該基於這個前提。"

經過查閱公開資料和文獻，我們發現，老撾政府主動向中國提出要修建中老鐵路，主要包括以下幾個原因。（未完）

閱讀全文請點閱 www.theintellectal.net 新大學／名家專欄／馮達旋

從文明衝突和融合的角度 論東亞防中聯盟的未來

張文基

　　最近美國的超強地位在世界許多地方都面臨重大挑戰：中東局勢在中國的斡旋下穆斯林世界走向大團結；南美國家擺脫美國控制的聯盟正在組成；非洲國家和中國加大合作；西歐國家希望擺脫美國主導的反華政策；美元的國際主導地位逐步下降，等等。然而，唯一的例外是，因為韓國尹錫悅總統放棄對日本公司在殖民韓國時期強徵韓國勞工的賠償訴求，美日韓針對中國的聯盟關係得到質的突破。加上菲律賓和美國在國防領域的深化合作，美國所主導的東亞第一島鏈的防中聯盟正在迅速成型。然而，這個聯盟能夠經得起時間的考驗嗎？

　　世界正在進入一個二戰後的最重要轉折期，它涵蓋了軍事、經濟、金融、科技和思想各領域。更深刻的說是人類文明轉折的關鍵時期，從 500 年來基督教文明主導的世界，或 300 年來盎格魯撒克遜為主導的文明，回歸到歷史上各古老文明的復甦和融合的時期。而主導的力量就是復興的東亞文明。所以，本文要從這個角度剖析東亞防中聯盟的前景。

杭廷頓的思想和貢獻

　　如果要選出過去 30 年對世界發展提出最有前瞻性的理論和影響最大的學者，杭廷頓（Samuel Huntington）肯定是多數人的首選之一，他在 1993 年七月的外交事務雜誌首先提出，之後又在 1996 年的「文明衝突和世界秩序的重組」一書中詳細的論述了他的理論：在蘇聯解體後的後冷戰時期，未來國際衝突的主要根源將是不同文明之間的衝突，而不是意識形態或經濟差異。雖然，當時有許多人質疑他的理論，但是他的許多預言都被後來的歷史驗證了，例如：

1. 世界正在從由美國和蘇聯主導的兩極秩序走向以伊斯蘭和東亞文明等其他文明崛起為特徵的多極秩序。

2. 如果中國經濟在未來的 10 年或 20 年中仍以現在的速度發展，那麼中國將有能力重建其 1842 年以前在東亞的霸權地位。另一方面，美國一貫反對由另一個強國來主宰歐洲或東亞，為了防止這樣的情況發生，美國在本世紀參加了兩次世界大戰和一次冷戰。因此，未來的世界和平在相當程度上依賴中國和美國的領導人協調兩國各自利益的能力，而這些緊張狀態和對抗將不可避免地存在。美國與中國幾乎在所有重大政策問題上都沒有共同目標，兩國的分歧是全面的。衝突的根源是社會和文化方面的根本差異。

3. 東亞情勢的發展將促使日本政策發生重大變化：日本加強重新武裝，獲得核武器，並積極與中國競爭其他亞洲國家的支持。

4. 伊斯蘭國家和中國擁有與西方極為不同的偉大的文化傳統，並自認其傳統遠較西方的優越。伊斯蘭社會和華人社會都視西方為對手，因此他們有理由彼此合作來反對西方。只要穆斯林人口增長和亞洲經濟增長的浪潮繼續下去，在這樣的形勢下，儒家文化的東亞、伊斯蘭國家之間的聯繫會繼續，或許還會擴大和加深。雖然中國方面對這種反西方聯盟的熱情一直相當低落，而希望是非正式的盟友，然而伊斯蘭國家會發現與中國結盟符合它們的利益。

東亞防中聯盟的未來

美國組建聯盟的第一支柱就是日本，其次是韓國。從現實的安全考量而言，只要美國有足夠強大的武力能保證日韓的海上貿易線的安全，日韓在美國的壓力下就不得不順從美國圍堵中國的意願，參與到美國的東亞防中聯盟。然而，中國的軍事和尖端科技實力正在迅速上升，三或四年左右，隨著福建號航母、轟 20、096 戰略核潛艇、鐳射武器、電磁炮、新一代無人機，太空技術 ... 陸續成軍後，在第二島鏈內美軍就沒有任何優勢可言，日韓的立場就可能動搖，這就是美軍，和美國政府的焦慮所在。

然而，影響國家決策的一個重要的無形因素就是深層的價值觀，也就是文明基礎。在美國的華人，特別是移民一代，不論政治立場如何（未完）

影片連結：https://youtu.be/E7YvslrY-I4

閱讀全文請點閱 https://www.theintellectual.net 新大學 / 名家專欄 / 張文基

本文原載於中美論壇專刊第 487 期

搶救人權 為台灣而戰—曾群芳等案訪談紀錄

曾建元

時間：民國 102 年 10 月 8 日上午

地點：國立臺灣大學新聞研究所攝影棚

受訪：曾建元（時任中華大學行政管理學系副教授、國立臺灣大學國家發展研究所兼任副教授暨客家研究中心特約副研究員，現任國立中央大學客家語文暨社會科學學系兼任副教授）

訪問：邱榮舉（時任國立臺灣大學國家發展研究所教授兼社會科學院副院長）

案主：

曾群芳，臺灣省苗栗縣竹南鎮中港客家裔人，民國 17 年農曆 10 月 17 日（國曆 11 月 28 日）生，竹南公學校、新竹州立新竹中學校、國立臺灣大學法學院商業專修科畢業。時任臺灣東光教育基金會董事長。

案由：

一、中國共產黨臺灣省工作委員會學生工作委員會案《學委案》（投案，未起訴）

二、中國共產黨臺灣省工作委員會新竹地區工作委員會竹南支部殘匪翁木等叛亂案《翁木案》（臺灣省保安司令部 45 年 2 月 28 日（45）安月字第 0154 號）（投案，未起訴）

民國 37 年 1 月，曾群芳臺大畢業證書

■ 令尊所牽扯的政治案件是怎麼樣的案件？

　　其實家父並沒有真正因為涉入案件而被判決入獄，但他曾經被羈押。家父主要牽涉到兩個案件，一個是中國共產黨臺灣省工作委員會學生工作委員會

《學委案》，另一是中國共產黨臺灣省工作委員會新竹地區工作委員會竹南支部《翁木案》。家父在 1947 年二二八事件期間，曾參與臺北學生軍起義，之後，於當年 6 月和國立臺灣大學法學院商業專修科的同班同學王清池共同加入地下黨省工委學委，是由同班同學臺大法學院支部幹事鄭文峰牽引和監誓並接受其領導，在此之前，鄭文峰曾經在 6 月稍早帶家父出席一次某處咖啡廳裡臺大學生的聚會，公共行政專修科的陳炳基也在列，他是法學院學生自治會的主席，鄭文峰是在那一天由陳炳基介紹跟著集體入黨的，這是家父涉入《學委案》的緣由。二二八之後，臺灣人對中華民國的統治日益不滿，曾經參與二二八起義的臺灣大學生把政治改革的希望寄託在中國共產黨，臺大法學院學生的集體入黨風潮，反映了此一時代風氣。家父入黨後，與同班同學林從周（三郎）共同接受鄭文峰的小組領導。1948 年春天畢業後，家父進入臺灣糖業股份有限公司服務，在臺糖期間編入產業支部，除此之外，也因在臺北市工作的緣故，在組織上也隸屬於郭琇琮領導的臺北市工作委員會，屬於第五街頭支部。產業支部和第五街頭支部都是由臺灣信託股份有限公司兼大公企業股份有限公司董事長陳忻的秘書、時任職於華南銀行的高懷國所領導，高懷國即為林從周的入黨介紹人。臺北市工委會的書記郭琇琮，是臺大醫學系的助教，臺灣學生聯盟的創辦者，二二八臺北學生軍的領導者之一，以化名李志光領導家父。

　　1950 年 4 月 27 日省工委書記蔡孝乾在嘉義縣竹崎鄉中和村畚箕湖道生醫院林立醫師公館被捕，政府依其口供隨即展開臺灣全省的大逮捕，並在 5 月 13 日由國防部總政治部主任蔣經國召開記者會對地下黨人招降。家父所吸收的黨員、也是他新竹州立竹南公學校的學弟、遠親表叔黃華昌被循線捕獲，整個學委相關組織的關係乃一一曝光。家父在 1950 年初的時候向臺糖請調到花蓮縣光復鄉花蓮糖廠工作，不到一個月之後，同樣是臺大同班同學和臺糖同事的陳廷裕，到光復糖廠找家父，家父向光復街上的新竹州立新竹中學校學弟林克恭借了錢，和陳廷裕兩人共同從光復開始棄職逃亡（未完）

閱讀全文請點閱 https://www.theintellectual.net 新大學 / 名家專欄 / 曾建元

港獨之石，可以攻玉

何步正

　　香港有港獨。在殖民地時代，香港沒有人談港獨，因為要嘛就是收回香港，回歸祖國，港獨給誰？港獨思維萌芽是在中國收回香港之後，有一些人認為要完全脫離中國，再發展出香港人不是中國人的一套論述。香港九七回歸中國，五十年不變，法律條文，教育內涵，文官警察，制度和官員辦公的殖民地精神依舊。香港變化增強最大的是世界各國駐港的各類特務，美國駐港領事館人員千多名，香港區區小島，是美國駐亞洲各領事館中最龐大的人員配置。

　　九七回歸，中國傾全力照顧國內發展，給香港很大的寬廣自主的方便。領導人的選舉，香港反對袋住先，發動遊行要一人一票真民主。中央說，香港應該要及早訂定國安法，香港意見不一致，遲遲不能定出香港特色的國安法。香港政客自我過分膨脹，多次丟失可以有更大更多的自主領域的機會，終而由中國中央訂立香港要遵守的國安法和領導人的推選規則。香港是中國的一個特別行政區，中文理應是當然的法定語文。奇妙的是，香港人上法庭，尤其是高院，是全英文，你可以申請中譯。樓宇交割，法律爭辯，文件是英文。政府內部會議的文件和開會用語是英文。警察應對上司，仍然是：Yes，Sir。香港一國兩制，是兩制到如此地步，那還不夠嗎？香港有些人說，還不夠，我要港獨。

　　香港的教育制度，自成一派，中國味很淡。香港是中國的一部分，但沒有愛中國的教育，還可以發展出香港人不是中國人的論述。反送中，一人一票真選舉，到阻街破壞，不惜你我俱焚，前線主角竟都是十幾二十的年輕人。他們沒有經歷過戰禍和階級鬥爭的痛楚，自由安定繁榮均與生俱來，老師課本友輩大都說反送中一人一票是真理，我們就和這不公不義的社會拚了！他們可以到新界大埔，吼叫，你們支那人，滾回中國去。舉起美國旗、英國旗，

光復香港。香港區議員選舉，這些人大勝，區議的地盤和資源有機會讓他們再大勝立法委員選舉。如果立法選舉再大勝，則反對中央的聲音和力量是在建制之內，不再是民間雜音。形勢發展，香港會變成是反中反華反共的基地，而這基地，就橫放在中國外向大門的要衝，這是不能容忍的形勢。於是，立委選舉押後，公佈實施適用香港的國安法。隨著國際形勢丕變，關稅、制裁、對抗，中外雙方已經不在乎表面的和諧。於是，中國中央不再自縛手腳，行動積極果斷，扣捕肥佬黎，加強拘控速度，各種組織、政治組織見機紛紛自動解散，不滿意的有顧忌的人，各自買機票離港。香港一個新局面，於焉橫空出世。反共反中反華的前線基地，清除乾淨。

香港回歸才二十多年，就有港獨。台灣脫離殖民地，回歸中華民國有七十多年，有臺獨就不稀奇。蔣介石要殺豬拔毛，當然不會臺獨。國民黨錯舉李登輝，臺獨由暗獨到明獨坐大，是國民黨自作的業障。臺獨不見得就一定要反共、反中、反華。民進黨人許信良，一度高舉大膽西進，這和反共、反中都摸不上邊。陳水扁之後，要打垮國民黨，別樹一幟，簡單有效的手法是反共、反中。強化這概念的長久之計，是從教育著手，反中反華，哈日媚美。為什麼要反中反華，綱舉目張，首選就是臺灣獨立。

臺獨就一定要反中反華？本來就不見得一定要，但，不如是，就無從和國民黨區隔分別。民進黨人從來沒有列出我要給臺灣人民什麼，國民黨曾經有十大建設、反攻大陸；共產黨有五年計劃、十年計劃；孫中山有百年大計。民進黨只有選舉，沒有願景，沒有方向，只有這一次選舉和下一次選舉，如何打垮國民黨，如何取權執政。民進黨政府甚至劃不出就算是只有三個月，令人信服的抗疫進度。

民進黨完全執政多年，切香腸式地推進臺獨，堅決果斷，不惜違法枉法，造謠做假，沒收打擊，追殺國民黨不遺餘力，目的只有一個，不能給任何反對力量有生存的空間和時間。民主和獨裁，合法或不法，解釋權在政權在握者。執政者的臺獨行程，低調但明確。門面功夫是假借反中反華反共（未完）

閱讀全文請點閱 www.theintellectal.net 新大學 / 名家專欄 / 何步正

一九九〇年往訪蘇聯

何步正

蘇聯貨幣體制混亂下產生的畸型現象　萬寶路香煙好使過盧布

和團員在莫斯科合照

東歐是個值得開發的新市場，是個未經驗證的假設。為了這樣子一個美好的希望 - 香港到東歐的商人 - 絡繹於途。我們貿易團十幾個人，行程是香港－蘇黎世再轉莫斯科。在瑞士的蘇黎世機場，我們又遇上香港的另一個電子貿易團，他們的東歐行程是波蘭－南斯拉夫－匈牙利再去捷克。大家都抱着同一想法：東歐是一個新的消費市場，我們不要比別人慢，我們要跑在別人的前面。

辦理到東歐和蘇聯的簽證不能在香港辦。這次我們是報道曼谷辦簽證。香港的商會和商人，正全力開拓東歐和蘇聯市場，香港有關部門的簽證方法，不管是我們去或者是他們來，都趕不上時代的需要，有待迅速改善。冷戰時代已經結束，香港的簽證政策思維，却仍然停留在冷戰時代的頭腦。

香港出口產品，以日用消費品為主，貿易團成員，也保留了這特色。這些產品的最佳推銷方法是帶上實物樣品作示範介紹。但是，在出發前，團長則一再聲明，不要多帶樣品，但可以帶多些目錄和印刷品介紹。

我們團長在啟程中，就一再叮囑，要多購萬寶路香煙，蓋妙用無窮。我們是姑且聽之。

排隊購物已成蘇聯人生活中重要一環　蘇聯制度創造守規矩消費者

蘇聯不單止幣制混亂，令盧布及不上萬寶路受歡，而且在物資供應匱乏情況下，消費者往往要排隊輪購，但蘇聯似乎習慣了這種情況，都能平靜和

順的輪候。

　　莫斯科不像紐約、東京有許多高聳的摩天大廈，它給人一種古老，略顯殘破的老京都形象。雖然如此，仍不失却是一個世界大國首都的雄偉氣派。這裡的房屋雖殘舊，可道路却大致暢通、整潔。難以設想，五十年前的俄羅斯首府和今日的莫斯科，差口別究竟有多大。幾條主要道路，其寬暢程度，居然可以一來一往同時可以行十二條綫道。亦難以想像，五十多年前的道路規劃，就有這樣子廣闊的眼光。

餐室偶遇戴著獎章的蘇聯老兵，
邀請我們團員合照

那天是星期日，我們路過一家麥當奴店，門外排着長龍，從緩慢的移動速度計算，要買一份麥當奴，至少要花半個鐘頭以上的時間，但排隊的人龍有條不紊，蘇聯人習慣了安靜和順的等候，一包餅乾，一包糖，他們都要平和地等候，更何況是政治改革的大變動，他們更是耐心和順的等。他們的衛星在天空飛，他們在首都莫斯科的百貨公司，却根本就沒有甚麼商品可供出售。在一家百貨公司的雪糕櫃台，偌大的一個櫥櫃，就只有一種雪糕，所有排隊的人也只能是購買此單一品種。餅乾花款也不過二、三種，縱使如此，人們還必須先排隊付款換取所需的餅乾邊條，然後再排隊憑條領取餅乾，那些餅乾的質量，看上去絕不會勝過香港嘉頓餅乾。其他日常用品的品種其單調劃一，使得我們看來很平常不值一顧的消費品，蘇聯人却認為值得花時間去排隊輪購。

　　人民沒看過世面，可能以為這個世界本就如此。他們生命的創造力，居然就只是創造了排隊的耐性。對如此一個不為人民做幸福為首要之務的政權。蘇聯人民有個令人難以認同的忍受的耐性。（未完）

閱讀全文請點閱 www.theintellectal.net 新大學 / 名家專欄 / 何步正
本文原載於 1990 香港經濟日報

台灣的社會主義左派路線

孫中曾

　　第一個我們在講什麼是左派的時候，左派在英文來講是 The Left 或 Leftist，後來，發展的新左是 New Left。左派本來是在左邊的位置開始的，法國大革命期間，他們在三級議會位置安排的時候，坐左邊位置的都是反對王權，坐右邊都是支持王權，包括教權。坐左邊的都是支持革命的，坐右邊的都是反對革命的，立場很鮮明。這兩種左派有什麼意義？這對人類文明的意義很大，最重要的意

孫中曾

義是在左邊力量，就是要求平等的權力，除了王族、貴族、教族之外，他們希望擁有更完整的市民權力。市民權力的核心精神就是我們（只人民）要求相等的權力，所以他們反對王權。但，為什麼反對王權？我們反對王權的部份，都來自一些反對權力所造成對人的不平等。所以坐左邊都反對這一點，坐右邊的都擁護原來的王權。所以，左本來就是從左邊的位置開始。坐左邊的就是支持革命，反對階級的結構，也就是說左翼的政治是支持社會平等，支持平等，社會之間要有一個機制，人和人之間必需平等。我們今天在講左派、右派的時候，我常常舉一個例子，在臺灣的政治光譜來講，民進黨或原來的黨外就是接近左派，為什麼？因為他支持原來國民黨比較專權的統治，他反對這個部份，就是要讓人民擁有更好的權力，這是民進黨的理想，或者黨外的理想。和在法國大革命的時候，坐在左邊的位置一樣。照理講，民進黨是左派，但是當他取得政權的時候，就是陳水扁第一次執政的時候，他第一件事情要做的，應該讓資本運用非常大，非常多的經濟、政治的模式改變，就是我在選舉上不要花錢，當我選舉不要花錢，我，就是人人就平等了，沒有因為經濟、政治所生的不平等，而造成選舉上的不平等，可是民進黨執政時有沒有做這件事？他完完全全可以修憲來做，讓每一個人擁有參與政治

的權力，這就是左派要做的事。他不做這件事，而且，更可能加重了讓金錢成為選舉重要關鍵因素的時候，請問他是什麼派？他叫右派。這很好分辨。

　　對，資本主義是影響的關鍵。我舉這個例子的時候說明了（未完）一件事情，太陽花運動的時候，他鼓動學生，為什麼說鼓動？他在某個意義上，是反啟蒙。待會我們會講到啟蒙，在新左的一個關鍵地位。左派有一個發展的過程，在法國大革命的時候，要求共和的是左派，法國有共和的問題，我為什麼要要求共和？共和就是我和你分享皇權，這就是關鍵。提出共和的就是左派，仍然支持皇權的就是右派。在十九世紀到廿世紀的時候，我們有更多的例證出現，例如社會主義、共產主義、無政府主義，這些全部都是屬於左派。為什麼社會主義、共產主義是左派呢？關鍵就是左派和馬克思之間的關係。馬克思其實是左派或是左派意識的源頭，在臺灣，以前講馬克思是犯禁忌的。以前要被抓起來，但我們現在不會，我們現在講梅克思韋伯，以前警總是要沒收他寫的書的，因為馬克思和梅克思韋伯都有一個 MAX。為什麼我們說馬克思和我們的權力有密切的關係？第一個為什麼馬克思會討論到…他的起源就是要解決人類的不平等，為什麼人類會有不平等？因為，在英國工業發展時代，強大的資本主義和工業化的社會在英國實現，我們在馬克思和恩格斯的全集裡面，我們遺漏一個馬克思很重要的著作一八四四年的哲學經濟手稿。這個手稿是馬克思寫的，在手稿裡我們發現馬克思在最源起的時候，對人類個人存在的價值付予非常珍貴的部份。珍貴部份的關鍵是他對於英國在工業革命之後，所產生的社會不平等，他產生新的看法。在馬克思第二稿裡，他提到英國紡織廠裡，就業的十五萬八千八百一十八個男工，和十九萬六千八百一十八個女工，在南卡特斯郡的棉紡工廠裡，每一百個男工就有會有一百〇三個女工，在蘇格蘭甚至達到二百〇九個。在英國的麻紡廠裡，每一百個男工也有一百四十七個女工，在有些海岸廠裡，更達到二百八十個。馬克思所有的觀念是建立在經濟發展的模式上，他說由於勞動組織的改變，也就是工業革命的改變，所以婦女就業的範圍擴大了。（未完）

閱讀全文請點閱 https://www.theintellectual.net 新大學 / 名家專欄 / 孫中曾

歸回的異鄉人

楊雨亭

　　十年前（2008 年）我在台北出
版了我的第一本書，自傳體的《上校
的兒子》，七年後的 2015 年，北京
的文史出版社幫我在大陸也出版了這
本書。之後，很多大陸朋友訝異這本
書怎麼會通過審查的？因為這是一本
談台灣外省人第二代的心路歷程，對

1950 年代最苦的父母在台灣眷村

故國的思念，對父母的懷念，對 1949 年的傷慟，對於兩岸親人的處境，對
自己家人的未來，感嘆幾代人的飄泊離散，看不見未來可以有一個定點，盼
望有一天我們這艘飄泊了七十年的舟終於可以下錨，說「嗨！總算是到了頭
了！」然後，帶著家人上了岸，不管是北國風光，還是江南煙雨，可以安穩地、
喜樂地落戶，有了自己的家，自己的國，從此不再有鄉愁，也不再有恐懼。
想像中，我像民初的一個老頭，穿著舊長袍，戴著瓜皮帽，抽著旱菸，喝著
濃茶，坐在四合院裡，看著自己的妻兒孫子女，那滿足幸福的味兒，好像幾
千年來，咱中國人就該是這副模樣。

　　在《上校的兒子》裡的一篇〈也談張愛玲和我的母親〉中，我這麼說：
「一九四五年四月，日軍佔領中國半壁江山已經接近八年，再過四個多月日
本就要投降了。那時張愛玲二十四歲，在上海日據淪陷區寫的作品：『晚煙
裡，上海的邊疆微微起伏，雖沒有山也像是層巒疊嶂。我想到許多人的命運，
連我在內的，有一種鬱鬱蒼蒼的身世之感。』一九四五年的以後六十年，我
在台北看山，陽明山、紗帽山、七星山、大屯山……，在台北的北疆起伏，
青山綠水，山中有嶺，嶺後有山，山往下落成丘陵，起伏綿延，幅員遼闊，
再往北走，就接著大海。雨天，山巒沉在雲煙裡。我自幼家在陽明山腳下的

芝山岩，一九九一年回國後住在距離芝山岩四五公里的天母，逢到雨天有閒我就走進山中，稠密的山林裡，濃蔭高大的相思樹林間歇遠遠地隔著火紅的野櫻花樹，在雲霧細雨裡看深谷、聽澗水蟬鳴，自有一種靜謐中的喜悅。一九四九年我的父母離開大陸到今天，我想到許多人的命運，我的父母，我在大陸家鄉的哥哥、親戚，我的妹妹與弟弟的家庭，我自己家庭裡的妻與兒子們，妻的父母與她的姐弟，看到了三代的身世。……不知為什麼這幾年台北給我孤島的感覺，像一九四一年租界淪陷前的上海。」又說：「想到上海，是我媽一九五〇年離開中國的城市，我媽和張愛玲的生死幾乎同年，長的不像，但是味道像，那個年代的女人都有那股味道，穿著藍布旗袍，上了淡粧，抱著穿著厚襪子的孩子照相，甜蜜安寧中看出亂世中淡淡的哀愁，一個古老的國家在動亂中離開傳統走近現代的最後美感。」

　　我媽是四川成都人，我外公是個屠戶，所以我家幾代都習慣性地吃蹄膀、回鍋肉、紅油抄手，我太太也繼承了我媽媽的部分手藝，我的兒子們這一代也跟著吃蹄膀、回鍋肉、紅油抄手。媽媽一九四〇年前後從成都到了上海，學到新生活方式，比如說穿旗袍、高跟鞋、跳舞、抽煙、打麻將。男人對她來說是惟一的依靠。一九四九年，爸爸是軍統局下的一個警察，在混亂中先逃到台灣，媽媽帶著三個孩子在蘇北，路子怎麼走？她只有一個人先到香港，再想辦法在台灣找到我爸，等時局平定，就回來接孩子。過了四十幾年，兩岸從來沒平靜，三個孩子，也就是我哥哥，在大躍進時都餓死了。我媽到死咱們沒讓她知道，她心裡可能明白，也裝了一輩子。媽媽一九九四年年底在舊金山過世，活了七十三歲，我從台北攜長子趕去，看到棺槨裡躺著的母親，摸著她冰凍的臉和手，我號啕大哭，在地上打滾。火化後我帶回一小瓶骨灰，現在放在我家的酒櫃裡，靠近媽年輕的照片邊上。我媽葬在洛杉磯，每次去掃墓，在洛杉磯一大片整齊的山坡墓園裡，看到我媽的名字居然會平躺在一小塊黑色大理石上，無法想像她當年在四川、南京、上海、香港、台灣、再到陌生的美國，這麼長的歲月她也熬過來了。媽媽走了以後（未完）

閱讀全文請點閱 https://www.theintellectual.net 新大學／名家專欄／楊雨亭

在學術文化上建立自我

杜維明

固然,知識分子不同於專家學者。但是知識分子能夠學無專長嗎?如果知識分子既沒有歷史意識和文化修養又沒有任何特殊的訓練,他究竟憑什麼資格來對重大的社會問題或基本的人生問題發表意見?知識分子自然不應把自己鎖在象牙塔裡和外在的環境脫離關係,但是知識分子如果完全背棄了學術界,他不但不能在「權力影響」的角逐中獲取勝利,反而會喪失掉自己的靈魂。因為當知識分子放棄了批判的精神和高於現實政治的理想,他就會失去了衡斷價值的獨立標準。於是金錢、官位和武器逐漸凌駕「知識」之上,「知識」分子的發言權被剝奪了,自身的存在也畢竟被就全盤否定。目前的情況來觀察這已不是預言而是寫實了。

我們不反對在學術上有成就的知識分子敲開學術的大門,直接面對現實社會的挑戰,但我們更希望年青的知識分子能回到書房、回到教室、回到學術界作一番潛沉內斂的真工夫。滿腔熱血和坦誠直率確是難能可貴的,但是今天中國知識分子所面臨的考驗不僅是經濟的、社會的和政治的而且是文化思想的,所以,我們如果不能在文化思想的領域裏奮鬥出一條路來,我們也許天翻地覆地叫囂一番,然後一哄而散,讓別人去收拾殘局,但這樣做絕不會有任何長期的貢獻的。

要想有長期的貢獻,我們即使沒有宋儒爭百年不爭一日的氣魄,至少也

應有「只問耕耘,不問收穫」的抱負。自然,我們都急於發生一點「實際」的效用,為中國找出一條通向富強的捷徑,但是今天在中國知識分子之中最缺乏的莫過於「隔離的智慧」了。

沒有這種智慧，我們免不掉又變成另一批激情主義的犧牲者。五十年來中國的知識分子一代一代地走出校門去追逐實效和富強的影子。今天中國的知識分子已經彊化了，連這名稱的本身都好像是時新的泊來品，因此我們不能重蹈唯物和實用的覆轍再來一次毫無意義的掙扎。

商業廣告必須醒目，競選演說也必須簡斷有力，但是知識分子的分析和評判卻不能只求扣人心弦而不顧客觀的理論基礎。因此培養「隔離智慧」最具體的方式就在保持學術研討的分析精神和自我反省的能力；前者可以幫助我們把握對方的要點，後者可以幫助我們洗脫自己的私情。只有如此，健康的學術界才能逐漸地構造起來，知識分子才有棲身之處，才能獲得真正的發言權。現在連最起碼的標準都沒有、超然的「問題層次」更是空中樓閣，假使有什麼論戰那又免不了一團漆黑，如果再沒有一批學術界的勇士，敢抱著「寧願被他人漫罵而絕不曲解他人」的雅量，則前途仍很暗淡。

事實上，真正的學術成就都是由十年寒窗和鍥而不舍的長期努力所獲得的，如果我們仍以為靠自己的鴻鵠之志，不作埋頭苦幹的工夫，就能夠跳出專家型態的限制，直接邁向思想的新境界，那麼我們儘可再來宣傳「全盤西化」讓世界各地研讀中國現代史的外國學生又找到些笑料。

在國際學壇上，中國文化的發言人實在太少了，英國的湯恩比，法國的沙特、馬塞爾，德國的海德格、耶斯伯，奧國的海耶克，以色列最近去世的布伯，印度的拉德克理辛那，和日本的西谷，都會飛越重洋到世界各處去傳播祖國的文化思想，使得全球各地的青年學子對英國的史學精神，法國的存在主義，德國的現象主義，奧國的自由經濟學派，猶太教的精義，印度文化的內涵以及日本的東方哲學皆有所了解。我們如果再來宣傳在美國也早就過時的杜威哲學，試問國際學壇的第一流學者會發生什麼感想？當然我們不能把連自己都不相信的古董來塘塞外國學人，但是我們必須開始有系統地先來了解自己！（未完）

閱讀全文請點閱 www.theintellectal.net 新大學 / 政論壇殿 / 大學雜誌
本文原載於大學雜誌第 3 期

〈新希望〉榮耀屬於中國——這一代青年的呼聲

劉容生

四月廿六日，俞叔平教授的一篇「遊德觀感」給國人帶來了一配當頭棒喝——中國！中國！妳現在一無可驕傲的地方！五月十八日，一個一個外國留華學生的一篇「人情味與公德心」，又給國人帶來了多少的難堪與羞辱——中國！中國！妳現在的國民道德水準竟被一個自稱為「夷人」的，說的如此低落！

五月廿日，少數青年開始覺醒了，開始憤怒了——一種自民族種性的憤怒！

中國！中國！，難道真的如令此人失望？

中國！中國！難道真的就這樣喪失在我們這一代青年的手裏？

於是：

「自覺」的呼聲，驚醒了多少青年的睡夢！

「自覺」的浪潮，激動了多少青年的希望！

從此，

這一代的青年不再消沉了！

這一代的青年不再沉默了！

我們的認識

我們必先建立起一種認識，那就是這一次的「五、廿自覺運動」的激發，決非是一封信，一篇文章的功勞，也不是那一群人的登高一呼所引發起來的。我們只能說一篇「遊德觀感」，篇「人情味與公德心」只是問題發生的導火線，而署名為「一群你的好同學」的呼籲則為問題的導火者。真正燃燒起來的是我們這一代無數青年一顆火熱的心，那是已經積壓在我們這一代青年心中很久很久了的問題。

有了以上的認識，進一步的我們就可以了解我們就可以了解：

公德心的缺乏，只是當前問題的徵候之一，因此徒喊「提高公德心」絕非解決問題之根本辦法，我們惟有把眼光放遠，把問題擴大，切實地討論問題之根源與癥結之所在。

然後，拿出我們青年的力量，打破所有足以危害我們社會國家發展的障礙；推翻所有足以阻止我們社會國家前進的不良傳統。

進而，為我們的社會，我們的國家，我們的同胞，我們的民族建立起新的風氣，新的傳統，開創新的命運，新的前途。

因此，「自覺」之意義，乃為全中華民族靈魂之自覺，乃為全中華民族自信心之自覺，非僅「公德心」之喚起而已；「自覺」之範圍，乃為全世界所有中國人之覺醒，非僅一校一地之覺醒而已也！

我們的信念

我們相信：

任何一個國家民族之前途與希望，完全繫諸那一代每一個青年的身上。

而每一個青年的價值，則取決於三個標準：

一、堅定而強烈的民族意識與愛國家的信念。

二、正確而獨立的判斷能力與思維能力。

三、對一切高尚事物——知識、道德、真理追求的熱情。

我們更相信：

未來世界文明與精神之重心，將落於我們東方民族！

基於以上的信念，使我們堅決的相信着：

我們這一代的中國青年若無希望，那麼不僅引發中國將走上滅亡的一途，整個人類世界的文明，也必將走上衰退的道路。

因此，我們相信，這一次的「自覺運動」它至少具有下列三層的意義：

第一層：它要求每一個青年本身的「良心的自發」與「行為的自新」。

「良心的自發」，是就對一個人內心而言的：它要求我們每一個（未完）

閱讀全文請點閱 www.theintellectal.net 新大學 / 名家專欄 / 劉容生
本文原載於〈新希望〉第一期 中華民國五十二年六月六日

185

站在二樓看母親

王學安

想起母親，心中總是有千般滋味，今天是母親節，晚上有跟母親在微信視頻，其實每次跟母親視頻聊天的時候，寥寥數語，總是那幾句很快就說完了。我會問一下母親有沒有認真吃飯，吃了什麼，最近身體感覺如何，今天有沒有和父親出門，去哪兒逛街了，最後會提醒母親注意休息。自從我又重返學校讀書這兩年母親對我說的最多的就是好好吃飯，別太省錢，如果沒有錢就打給我，把英語考試通過，完成老師的要求，要拿到畢業證，或者講一下最近在手機上看到的與考試、畢業、工作等密切相關新聞，而以前工作的幾年間母親是從不看這些內容的，只是不斷囑咐我找個合適的對象結婚，我正處在什麼階段，母親就關心什麼。母親是個刀子嘴豆腐心的人，儘管和母親生活在一起的時候，我常常跟她頂嘴，她一生氣就說不管我了，但心裡始終用她的方式在關心和愛著我。

成年後面對母親，我常常有兩種感受在心底里不斷交織，一種是很愛母親，因為總是會回想起童年乃至青少年時期的點點滴滴，每一個細節裡都充滿著母親對我的愛。小學四年級我轉到礦區上學，那時候還住在村子裡，母親每日早晚風雨無阻地穿過七八里地的鐵路接送我上下學整整一年，下雨的時候就打著傘獨自一個人在外面等我；高中三年在外租房陪讀，搬過三次家，母親為我忍氣吞聲，家裡沒有洗衣機，大冬天母親在零下溫度的冰水里幫我洗衣服，把家裡收拾的一塵不染，從沒讓我自己下過手做什麼家務；小時候我身體一直都很虛弱，經常感冒發燒，母親擔心我的腦子被燒壞，半夜不斷起床

年輕美麗的母親

照顧我以至於常常一整夜睡不好，擔心我吃的沒營養，訂購新鮮的牛奶給我喝，煮雞蛋給我吃；學生時代乃至工作後的七年時間，母親每日三餐換著花樣地給我做飯，從沒湊合讓我在外面吃過，每次家裡買來的好吃的母親自己捨不得吃都留給我。母親長得很漂亮，年輕的時候是村里有名的美人，但在我童年時母親很少給自己買新衣服，總是穿著舊衣服，每年卻都要給我買新衣服和新鞋子，後來家裡條件稍微好一些，才會偶爾給自己添置過幾件衣服，現在年歲漸長，又回到從前，很少再為自己添置衣服，卻總是對我說女孩子要把自己打扮的漂漂亮亮，這兩年因為求學沒有工作收入，我也很少給自己買衣服，每次放假回家，母親總是要買新衣服給我。

　　一種又是對母親的怨念，覺得母親不理解我。母親總是要求我不能這樣做不能那樣做，擔心我做的事情的過分會有什麼危險，既希望我上進又覺得我不行，母親固執地認為「謙虛使人進步」，以至於無論我如何努力，換回來的總是一句「你不行」，尤其在我高考失敗後，母親對我失望透頂，她只希望我能安穩工作，一輩子過得平平淡淡就好。也許是我從小一直都很聽話，父母講什麼一般都能聽到心裡去，他們總說為我好，我也知道。青春期也沒有特別叛逆，高中的時候學業壓力很大，又感受到母親為我付出了那麼多，母親的期望越高，我就會讓她越失望，那時候開始經常跟母親吵架，吵完出門回來就又跟母親和好了。隨後在外地上學兩年，回家工作就一直與父母生活在一起，隨著年紀的增長，我越來越渴望擁有內在獨立的空間，但母親仍舊把我當作小孩子一般，讓我覺得很不舒服，與母親之間的衝突就日益增多了，她說東，我就想往西，不想按照她的想法做事，母親的固執脾氣又不會允許我按自己的想法來，於是我就想跟她保持距離，或者離母親遠一點，這樣我就可以做自己想做的事情，不用受母親的管束，也不會受到母親習慣性的批評而感到挫敗感。親近的人彼此都了解對方的弱點，所以講一句就能抓到關鍵，傷人也是傷到最深的地方，父母和孩子之間，夫妻之間往往都是最親近的人，也是傷的最深的人，我和母親之間也不例外，情緒上來（未完）

閱讀全文請點閱 https://www.theintellectual.net 新大學 / 友站推介 / 心學復興

我的三十年

劉莞

　　我出生於 1980 年代末到 1990 年初的這段時間裡，我的家鄉在魯西平原上，山東與河南交界的地方，從行政區劃來算，我的家鄉有傅斯年、季羨林這些文化名人。處在兩省交界處的地方，是很容易被忽視的，家鄉所在的地級市至今沒有高鐵，附近的河南省的地級市，幾乎是連火車都沒有，不過倒是在今年（2022）後來居上通了高鐵。

一、吃

　　我的同鄉季羨林先生寫過一系列懷念家鄉的散文，其中有一篇《賦得永久的悔》，是懷念他的母親的，是以吃為主線的記憶，我也先從吃開始，回憶一下自己過往的生活，以及其中反映的時代變遷。小時候每當吃飯時，尤其是有浪費糧食行為時，就會聽到媽媽不厭其煩地講述他們小時候的吃飯經歷。除了大舅和大姨出生的年代早，趕上了 1959-1962 那三年，後來的兄弟姐妹就沒有過挨餓的經歷，能吃飽，但是肯定吃不好。他們吃的最多的，是地瓜乾麵。地瓜，我們那裡叫紅薯，收穫了以後，就切片曬乾，再磨成粉，蒸成窩窩，據說口感是難以下嚥的。或者就直接蒸地瓜吃。現在有些年輕人會在網上問：地瓜既然是健康粗糧，為什麼不把它當主食吃？倘若他們的父母也是 60 後，聽了以後恐怕是要哭笑不得的，在那一代人的記憶裡，地瓜的回憶是痛苦的，多少人吃傷了，後半輩子再也不碰一下它。後來，到了 70 年代末，生活條件好一些了，吃的更好一點了，就吃玉米麵，玉米麵糊糊，玉米麵窩窩。大概直到 85 年左右，才能把小麥麵粉當成日常主食。

　　我出生的時候就是吃白麵，雖然饅頭已經成了日常，但是從艱苦年代過來的家長，還是會特別珍惜糧食。饅頭熱的次數多了，表面會有一些地方被水蒸氣浸泡，吃在嘴裡特別難受，如何能在不知不覺中把這點邊角料偷偷扔掉，是童年時期跟家長鬥智鬥勇的一個主要節目，他們每每看到孩子偷偷把

這些部分咬下來吐掉，或者摳下來扔掉，都會痛罵「作」，跟「作死」的「作」是同意字。在山東，主食主要是饅頭，日常的一日三餐都是饅頭＋粥的組合，間或有其他的包子、麵條、菜湯之類的調劑，菜主要是各類炒蔬菜，每天吃肉的生活，是到了 2015 年以後才進入日常的視域。

　　牛奶之類的也是稀罕物，我上小學四年級時，有奶牛養殖戶賣一種散裝牛奶，那種口感和後來喝到的蒙牛伊利之類的包裝牛奶不一樣，因為我沒有喝過國外的牛奶，無從對比，所以也不知道哪種更地道。上初中時，伊利牛奶興起，我的父母為了給孩子補充營養，會按照廣告詞的說法，每天供應一包牛奶。而回憶起當時我的很多同學，就是另外一番情況。我讀的初中學生主要來自農村，學校只有一個食堂，食堂有兩個房間。學生住校，一周回家一次，每學期開始時，送上百斤小麥給食堂，兌換大約是等額的「饃票」，那是塑膠製品的一小片，上面印製著「饃饃一個」「饃饃兩個」「一斤」之類的字樣，學生的一日三餐都只有一種：饅頭加辣片，湯就只有麵湯。我偶爾不回家的時候，也會去食堂吃一次，我沒有飯票，就用錢買，一個饅頭兩毛錢，一張辣片一毛錢，一頓飯兩個饅頭一個辣片，共計五毛錢。我這樣偶爾吃一次，覺得不錯，住校的同學每天吃三頓，倒也沒聽過他們抱怨吃的不好。直到上初三的時候，偶然聽到一個家長站在校門口抱怨食堂營養差，我才意識到這樣的吃法可能是有問題的。現在的中國年輕人也會流行吃辣條，他們大概不知道，在二十年前，有很多地方的中學生，是每天都靠吃這個生活的。讀高中的時候，學校是新建的，食堂也有兩個，每個三層，比起初中的食堂好了很多，不過大多數的學生依然是來自農村，過得很節儉。我在吃的方面不會刻意省錢，但是一天也花不了五塊錢，有肉塊的餡餅，也不過一塊錢一個，一份蓋飯也不超過一塊五毛錢。上大學以後，看到食堂裡四塊錢一份的紅燒茄子，著實吃了一驚：大學食堂怎麼這麼貴，一份菜就抵得上高中一天的飯錢了。上大學這年是 2008 年，說實話，食堂的飯菜依然是比較匱乏的，就那麼幾個可憐兮兮的肉菜，就是青椒炒雞架，豆角炒肥肉絲（未完）

閱讀全文請點閱 https://www.theintellectual.net 新大學 / 月旦人間 / 軒轅茶室

我在文化大革命中的經歷

許金聲

一、文化大革命在動盪的思想狀態中來臨

　　文化大革命前，我正在讀高中。當時，我正處於一種精神危機狀態，活得很艱難，整天都似乎是生活在苦惱之中。——學習目的不明確，感覺不到生命的價值，生活沒有信仰的支撐。

　　從小就充滿對生命的好奇，大概是從小學五年級開始，由於父親的去世，開始認真思考人生的意

許金聲 18 歲

義，儘量地找書看，儘量地尋找多少有共同語言的朋友。儘管這些思考沒有找到一種具體的世界觀和信仰，但卻已經樹立了一種信念：在沒有意義的時候，尋求意義就是一種意義。在沒有信仰的時候，尋找一種信仰就是信仰。我也逐漸地自我意識到了，自己是在追求真善美。

　　當時正宣傳號召〝樹立革命的人生觀〞，學雷鋒的運動正在蓬蓬勃勃地開展。對於強大、單一的社會輿論的宣傳，我感到很不舒服，意識範圍受到極大的擠壓。但在那個年紀，是無法與整個社會結構抗衡的。在強烈的意識形態的氛圍之中，我也懷疑自己，是不是出了什麼問題。我認真地、仔細地把《雷鋒日記》讀了若干遍，甚至還讀了劉少奇《論共產黨員的修養》，但感覺並沒有解決問題。

　　"我是誰？" "人生的意義是什麼？"這些的確是我從內心深處產生出來的問題。我每天都在有意無意地思考著，甚至是冥思苦想，渴望有一種答案。反復閱讀《雷鋒日記》，儘管雷鋒的事蹟也多少使我有所感動，卻解決不了我的實際。在所謂的新社會長大，沒有吃過舊社會的苦，沒有他那種樸素的階級感情以及對共產黨的感恩思想，自然也無法讓自己樹立起雷鋒式的無產階級的世界與人生觀。而且，我也不明白怎樣才算〝樹立無產階級的世

190

界觀與人生觀〞?

當人生意義的問題來臨的時候，學校學習的課程是引不起我的興趣的。只有當我在某門課程上表現出出色之時，我能夠得到一些虛榮心的滿足。這個時候，我常常去四川省圖書館，這是我尋求安慰的地方。記得當時在圖書館看書的人很多，特別是在星期日，閱覽室總是座無虛席。這時候，借到書後，就只有到花園裡找個乾淨、安靜的地方席地而坐了。也就是這個時候，我第一次看到關於佛洛德的介紹。記得當時他關於〝性〞的看法，一下子就使我非常好奇，也非常震驚。但他的這些看法，並不能解決我當時的安身立命的問題。——當時正值青春年少，對異性充滿好奇，但他關於〝性〞的看法亦使我覺得多少言過其實。

一次，碰到學校一位思想活躍的年輕老師張某某，他是極少數願意涉及一些較深問題的老師。我對他談起了自己關於人生觀的一些苦惱。他說我缺乏階級觀點，正是他推薦我讀了劉少奇的《論共產黨員的修養》。可是讀這本書，翻來覆去卻找不到能夠打動自己的話語。看來它離自己的狀況太遠，有一點不著邊際，如飄風月影，落不到實處。

我為自己的這種思想狀況感到著急。一次在成都春熙路舊書店裡，偶然買到一本《試論雷鋒世界觀的形成》。此書從哲學的角度對雷鋒世界觀進行了一定新的探討，僅此一點，在當時已經算是足夠獨特了。我把這本書視為珍寶，反復閱讀。我為什麼對雷鋒缺乏共鳴？我在什麼地方不對勁？在當時狀態下，我需要有更加理性、更加徹底、更加深刻的東西來說服自己。也許，越是真誠地渴求一種信仰，越是不可能輕易地皈依。

這本書寫道：〞一個人雖然關於某種世界觀的知識沒有足夠多，但他確是用這種世界觀的指導自己的行為，那麼，我們就應該說，他基本上樹立了這種世界觀。〞當時我反省：這段話是否擊中了我的要害？（未完）

閱讀全文請點閱 www.theintellectal.net 新大學／月旦人間／軒轅茶室
本文原載於心理學家許金聲公眾號

從小渡口走向大江大海

林文映

老梅城有個渡口叫水打伯公碼頭，座落在靜靜的梅江邊上。雖極之簡陋，卻是萬萬千千客家人飄洋過海闖蕩世界的起點，這當中包括張國榮的父親張活海。自從坐船抵埗香港謀生後，張父未曾帶子女返鄉省親祭祖。

筆者翻查客家移民史料

上世紀中葉，粵東客家山區交通非常落後。以梅縣為例，距離最近的出海口汕頭，大約200多公里。出門遠航，多數先從水打伯公碼頭搭木船到汕頭。百川納海，遷播全球80多個國家和地區的逾五百萬梅州籍華僑華人，鑄造了「客都」之稱。

「水打伯公」碼頭位於梅江橋畔，對來自梅州、有一定年齡的香港人來說，是集體記憶。碼頭長一棵茂盛的古榕樹，樹下有一個伯公神位。樹旁有小木屋，由薛姓人家經營煙絲茶葉的生意。以前，從南美洲、歐洲和東南亞回來的華僑，往往會在碼頭歇腳，捲一撮煙絲，劃一根火柴，佇立在江邊吞雲吐霧，往事如煙。

這個小小的渡口，見證了中國歷史的許多節點。香港嘉應五屬同鄉會總幹事李景欽告訴筆者，上世紀五十年代以前，梅州鄉民「過番」（下南洋或漂洋過海到更遠的地方），通常是從水打伯公碼頭坐小電船去汕頭。沿途有許多站，比如其伯父就是在西陽上船，再坐大船到非洲對開海岸的毛里裘斯。60年代，由於中國大陸漸漸進入政治狂飆的歲月，當局限制出國。汕頭開往香港的船班越來越少，改由坐客車到廣州，再坐火車至羅湖抵港。

台灣新竹、桃園、苗栗、美濃的客家人，籍貫梅州的佔了多數，水打伯公碼頭同樣是漸行漸遠、若隱若現的記憶。筆者的舅公李繼淵，是國民政府

時期的立法委員。他於 1949 年由南京直飛台灣，在梅州老家的妻子及兒女，則從水打伯公上船，經松口鎮到汕頭，住在筆者外公經營的布匹店，等了一個多月才取得前往台灣的批文。

台北市梅縣同鄉會會長古龍建，1947 年隨父母抵台時年僅四歲，也是從梅縣的水打伯公碼頭坐船到松口，轉到汕頭再到台灣的基隆。

對老梅城的居民來說，水打伯公給市井生活亦打下深深的烙印。

梅江河以前經常鬧洪水。要知道水患有多嚴重，人們就會問：水打伯公浸了沒有？淹了，表示水可能衝進河唇民居了；水還沒泡伯公的腳跟呢，表示還好。在平時，作為客家人守護神的伯公，神位前香火很旺，總有信眾在祭拜，祈望出遠門一帆風順。

非常遺憾，這麼一個承載一代代海內外梅州客家人記憶的碼頭，竟然被無情拆卸。1983 年，官府建造江北防洪堤，水打伯公碼頭從此灰飛煙滅，沒留下任何痕跡。

小渡口雖然消失了，但激起了許多藝術家的創作熱情。老畫家曾寧根據他 1969 年 5 月的現場速寫稿和記憶，前些年創作了國畫作品，再現了近半個世紀前的水打伯公的面貌。畫面有過番乘搭的小火船、水上人家的舢舨、做買賣的蓬船。碼頭上熱鬧非凡，恍如水鄉小城版的清明上河圖。

筆者在台北市的淡水，在澳門、珠海、深圳，還有東南亞的許多地方，都見當地政府修築「漁人碼頭」，既可留住歷史遺跡，又可帶旺旅行，搞活經濟。梅城雖不是漁港，卻是一個充滿歷史底蘊的江畔山城，有無邊的風韻，有說不盡的小城故事。強烈建議政府重建這一處充滿人文價值的渡口，既可慰解無數海外僑胞的鄉愁，又可增加這座文化名城的歷史厚重感。

點閱 https://www.theintellectual.net 新大學 / 名家專欄 / 林文映
可以看到更多林文映先生的文章

評拉子婦

顏元叔

假使「拉子婦」是真實故事，則它有虛構心說的佈局與安排；假使「拉子婦」是虛構的小說，則它有真實故事的真實感。這個短篇是「大學雜誌」的總編輯何步正交來請我過目的，我不知道作者是何許人，不過，我委實感覺他這篇東西不錯。

關於這個短篇的內容，我不必多囉嗦了。作者要表達的，全部浮在字面上─這並不意味它的淺薄，而只是說極為明朗化罷了。但是，我願意指出根本上，這是一篇種族問題的小說，是一篇多數迫害少數的小說，是一篇異鄉人受苦於敵視環境的小說。我們不必把拉子婦誇大成為「耶穌式」的人物。然而她的故事頗有這種傾向，也就是說，她的故事頗有原始象 (Archetype) 的規模；因此，容易引起讀者的共鳴——人喜歡迫害人，卻也喜歡同情被迫害的人。形式與技巧上，「拉子婦」有幾處極可取。從男主人翁違背父親的意思娶了拉子婦，到男主人翁後來迫害拉子婦，其間有一長段時間的跳躍，作者並無交代：他沒有解釋，男主人翁的心理是如何轉變的。但是交代顯然沒有必要，因為故事已經充份暗示，轉變的原因是什麼。所以，這個時間的跳躍，反而顯得是可取的經濟手法，而由於這種佈局的經濟，更加深了故事耐人尋思的含蓄。男主人翁當時為什麼娶拉子婦，這也沒有明確交代，但是，故事的後半部，當敘事者和他的妹妹到深山上去探看男主人翁時，才強烈地從男主人翁的生活環境中被暗示出來。原來，男主人翁像蘇武牧羊，幾乎沒有選擇，不得不娶番女。年青時，性的引誘可以抗拒一切社會的壓力；年紀大了，男主人翁被社會壓力征服了，同化了─或者，原來的種族成見復活了，所以轉而迫害起拉子婦來。

作者的筆觸是輕微細緻的。例如，拉子婦在故事前半部被描寫為有豐碩

的乳房，而在後半部則乾黑如麻布袋了，紅顏老去，遭人遺棄，給這個主要為種族問題的故事，染上了非常強烈的夫婦問題或男女關係的色彩。　拉子婦在故事中幾乎沒有說話，是一個「啞靜」的角色，這正意味著她的被動與消極的地位—她「挨著」活了一輩子。在行為上，拉子婦也沒有什麼有意識的行為；唯一的一次是替二妹戴上一頂斗笠—而這一行為正足以表示她的「人性」是全部的，是充份的。最後，請求醫病的一幕，處理最佳：男主人翁一邊打著算盤，一邊拒絕了敘事者為拉子婦所做的請求。後來，男主人翁居然把拉子婦叫出來，當面對質，這真是 Maehianel ban 透了。我覺得筆觸的含蓄，最大特色，也是最大成就。不　過，這種含蓄在故事的最後幾行中，似乎消失了一些—作者有些兒沉不住氣了。

　　也許這個故事還需要一些反諷(irony)的處理，特別是在男主人翁和祖父的關係上，以強調男主人翁後來只是另一個「祖父」而已。除此之外，我覺得這是一篇合人滿意的作品。

《拉子婦》作者李永平

中國和東盟十國的關係 塑造 21 世紀亞洲新紀元

關品方

21 世紀是亞洲新時代，中國和東盟十國之間的關係是核心。歷史上中國與大多數東南亞國家都沒有發生過軍事衝突。歷史上中國封建王朝和鄰近藩屬統治階層是朝貢從屬的關係，基本上是和平共處。中國封建朝廷在地方豪強勢力和當地民眾之間矛盾激化時，出兵協助平亂以恢復秩序，往往是應當地之需求。戰爭只屬短暫，相對於和平時期可謂微不足道。在某一程度上反映了在中原文化向外傳播進程中，地方種族、氏族和貴族的當地傳統文化和中原文化之間的撞擊和衝突，沒有素質優劣之分別，只有發展階段的差異。由於文化風俗和行為習慣不同，中國和東南亞鄰近國家交惡只是短暫一瞬，僅是歷史發展的小漩渦。中國和東南亞周邊國家和平友好的交往是中國的亞洲關係的主流。經濟和文化交流的基本途徑是雙向互動，從來不以戰爭手段解決紛爭問題。筆者認為，在這方面我們需要有清醒的理性認識。

中華文化的傳統基因是睦鄰交往、互通有無，以陸上絲綢之路和海上絲綢之路為典型。「一帶一路」倡議，實在是傳承中國幾千年來睦鄰興邦、和平發展歷史性安排的現代翻版。

中國和東盟十國的關係，以 15 世紀初的鄭和七下西洋為起點，從中就可以見到其和平友好的睦鄰本質。鄭和的航行並不是軍事行動，而是極大地促進了中國與東南亞國家之間的文化交流和貿易往來，掀起了中國與東南亞文化交流的高潮。鄭和船隊遠航到東南亞各國，把中國的工藝製品、生產技術和文化影響帶到南洋和西洋，推動了東南亞國家地區經濟文化的發展，隨後互派使節，經貿交易，互贈禮品書籍，促進文學藝術交流，互相移民，派遣學生和僧侶互訪。所謂朝貢貿易，是中國與東南亞國家之間官方經貿交易的

一種形式和封建舊式用語。中國基本上是以平等看待別國，並非居高臨下。文化發展有先後之分，並無優劣之別。在經濟活動開發、人民相互遷徙、文明互動傳播等方面，在 21 世紀新紀元，新時代新征程，應該從這個角度去正確界定中國和東盟十國之間的關係：「在互相尊重主權、互動發展、合作多贏、和平共處、平等互利的基礎上，外交關係以和平共處五項原則為依據，發展新型的國際關係。」在筆者的認知之中，這是 21 世紀國際關係應有的原則和基石，有別於自以為是、唯我獨尊、居高臨下、霸凌欺壓、武力脅逼及「順我者昌、逆我者亡」的殖民帝國主義的落伍思維。

在中國和東盟十國關係之中，中越之間的關係特別敏感。二十大剛過，越南黨政代表團突然訪華，有其深刻原因。新冠疫情以來，西方反華媒體刻意營造這樣一種印象，渲染越南製造業快將取代中國，並正實現經濟的快速騰飛，這是捧殺越南的表現。其實越南內部問題不少。據報道，上月初越南的西貢商業銀行（國內第五大銀行）遭到擠提，直接原因是越南有大型地產公司董事長被捕，導致該公司發行的債券違約，本利無法兌付。債市危機的漣漪效應導致越南房地產開始崩盤，影響到越南盾持續下跌，創近四年以來的新低。越南股市一個月內暴跌接近 30%，今年以來累計已下跌接近 50%，股市債市匯市樓市同時下跌，陷入經濟困境，情況和 1997 年 7 月爆發的亞洲金融風暴（那次是從泰國開始）相似。

過去一段時期，越南財政部加快出售國有企業股權，但效果不佳。外資開始做空套現，謀利出逃。國內既得利益集團忙着轉移資金到境外。政府掌控的國有資產暴跌，甚難找到接盤。經濟下行，政府稅收減少，行見通貨膨脹，本幣貶值，失業高企，民心不穩，「顏色革命」症候群隱然出現。

越南的黨政領導不蠢。如今環視全球，對越南來說唯一能夠挽救其局面的，只有中國。上月 30 日，越南黨和國家高級代表團訪問中國，據有關分析，除了大量一貫親中的北方系之外，還有不少一貫反華的南方系。（未完）

閱讀全文請點閱 www.theintellectal.net 新大學 / 海峽波濤 / 海峽波濤
本文原載於 2022/11/13 點新聞

思修文德，遠人來服：什麼是真正的「統一」？

劉莞

2019 年，我們剛剛邁入的這個新年，開啟得並不太平。這邊廂給出「和平統一」新方案，那邊廂焦急跳腳竭力否認，雙方的啦啦隊員們誰也不服輸，都誓言絕不低頭。大陸人民覺得：我們終於要實現七十年的統一夢了。臺灣人民覺得：我們才不要被對岸的意識形態統治。雙方情緒都很高漲，可能大多數的時候，歷史總是被集體情緒裹挾著進行的，但是如果我們在今天這個自詡新文明的時代，要有智慧地解決問題，能否靜下心來冷靜思考問題的根本面目，而不是暴力抗爭，比最終誰能慘勝？

海峽兩岸的問題是中華民族的歷史傷痛，這是沒錯的。1949 國民政府遷台，同時也帶著大批的中國文化精英，讓中華文化的精華在臺灣這個島嶼得以保存。這些文化精英們，不僅傳承了中國傳統文化的血脈，也在戒嚴時期積極抗爭謀求民主與自由，保全了知識份子的人格與尊嚴，從這一點來說，臺灣是「中西碰撞」歷史背景下當之無愧的中華明珠。延續這一優點的臺灣，形成了溫和有禮、自由文明的社會氛圍。我很喜歡導演李安的電影，李安的電影中表現出的那種溫馨而又圓融的智慧，就是「中華文化在臺灣」的一種高度展現。在電影《喜宴》中有個片段：偉同結婚的當天早晨，他的父母去房間叫他起床，偉同給父母行跪拜禮，接著他的父母親昵地像小時候那樣撫摸他，咬他的胳膊。這種非常「中西結合」的場景是不會出現在大陸電影中，既不會出現在與李安同齡的導演執導的電影中，也不會出現在與電影的時代背景相同的電影中。因為相對應的同時的大陸，既對跪拜這種封建餘孽行為神經過敏，也難有親子之間親昵的溫情，畢竟，傷痕和苦情都還訴不完，怎麼會有閒情逸致去經營溫情？

然而，這種寶貴的精神財富，今天的臺灣有珍視它呵護它嗎？韓國瑜在競選的時候說：「上一代人給我們這一代留下了很好的基礎，可是我們這一

代人對不起下一代的年輕人。新一代的年輕人是怎麼長起來的？你們的成長是伴隨著藍綠惡鬥啊！」當中國大陸停止了政治鬥爭，轉而集中力量發展經濟，臺灣地區的力量卻好像從經濟發展轉向了政治鬥爭。臺灣的經濟發展走在大陸前面，經濟富足了，人民便要更多的自由與民主，然而當民主與自由的要求拋棄文化與文明的根基，就容易轉變成以意識形態為主導的民粹。先設定出民主的假想敵，然後拼命反對它，就對了，反正是為了爭取民主和自由，正義無比。一波又一波的民粹主義浪潮沸反盈天，讓大陸人看了發現：「原來文革非我獨有，果然兩岸是一家。」不知搖旗吶喊的小將們是否有想過：你們今天所擁有的自由吶喊的權利，是很多「先烈」們不畏生死抗爭得來的，這其中包括來自大陸的外省文化精英，也包括臺灣本省的民主運動人士，他們爭取民主自由的初衷，是否只是為反對而反對呢？權利的外殼下，要不要有理性精神文明的支撐？

對於很多大陸人來說，都有深深根植於內心的統一執念，當個體被國家主義精神裹挾，便有如「神力加持」，個體變成國家精神的化身，以愛國的名義就能橫行天下。很多大陸人的精神狀態，是「膨脹」與意識形態結合的，膨脹是一種「天朝上邦」的自豪感，尤其是當中國的經濟發展促使中國不斷強大，就更促進的中國人的膨脹心，更把一些意識形態的東西認為理所當然：「我強我有理」。但是，你有沒有與經濟體量足夠匹配的精神內核呢？真正的自信不是自認為能靠強力征服一切，這不是中國精神，中國的大國精神是王道，是自然而然地使人心悅臣服的自信。從 1949 到 1976，大陸這片土地上對中國文化的摧毀力，是無法否認的。被摧殘的文明，在臺灣和香港得以延續，不然這幾十年來不會出現以金庸、高陽、司馬中原、白先勇等人為代表的文化人物。這段歲月的大陸，更難給韋政通這樣獨立思考的思想家以呼吸成長的土壤。要知道，在八九十年代，是這些遺落海外的中華文化在反哺大陸人民的精神生活。今天大陸要統一，要不要先接回遺落的文明？在中國歷史上，任何一個統一的政權，都有一段「盛世」，但是每個朝代的（未完）

閱讀全文請點閱 https://www.theintellectual.net/zh/ 海峽波濤 / 天壇筆記

香港人，將是和平聖火的傳接者！

甄燊港

一位日本作家，曾有一句名言：「槍桿固難打倒暴君，但筆桿卻可揭發其罪孽；槍也不能使歷史倒流，但筆桿卻可使暴君雖百年、千年而倒流重現！」

中華民族而今又進入了一個社會劇變的時代。變更需要動員民眾，動員民眾必須讓民眾了解事實真相；因而真相乃是動員民眾最有力的武器。我們既要了解昨天、前天的真相；更有權了解今天、明天的真相。以南非巨人曼德拉的經驗，朝野之間、朝代交接之時，「沒有真相，沒有和解」！

歷代封建專君，為圖永久保位，歷史總成為專君「諱」言真相的工具。「成王敗寇」所形成絕對威權的鐵律下，從未注入「相對制衡」的民主鮮血，歷史永遠屬於勝利者單方操弄的工具，古來無助百姓的生命，全單靠聖君賢相 人治文明，對其「良心發現」的期盼下苟活，免於恐懼的日子，永成為奢侈。國內如此，國際間所見，更強烈的強凌弱眾暴寡，弱肉強食的叢林法則，以歷史的長河，已成為人類社會的鐵律！

直到近代以來，自由、平等、民主與人權，隨著幾次產業革命的工商業文明，才逐漸轉變了從叢林中帶來的野蠻與嗜血。由於飽經「以血還血」的冤報教訓，開始將「有緣大慈、同體大悲」的文明，從同類的睦鄰、親善到異類的寬容慈憫；從個人周遭的小愛 利己，擴及於大愛 利他，不僅及於弱勢間同類的濟弱扶傾；更及於受害頻絕的異類；甚至也將博愛及於延續下代子孫攸關的氣候、生態及宇宙萬象。

武力霸權的硬體文明，將財力、腦力在科技發展成的武器，已將人類推到毀滅的懸崖。

然而武力文明「山登絕頂」之後，顯然心力的 軟體文明已知 必須隨之攀

登「我為峰」駕馭於科技絕頂之境，才得免於人類文明為科技所顛覆。

「強權即真理」(might is right)，以武力先占，可為合法領土主權的叢林法則，早先已由國內法對人際暴力的否定之後；國際間憑武力，已不得作為掠奪領土主權的合法依據！

揭禁人權普世價值的兩公約，乃著眼於人類和平文明的持續與永恆，國家主權既不可侵犯國民人權，強權更不容侵犯弱勢國家，更何況遠古以來默默維護地球生態資源的弱勢原住民族，賴以維生的傳統領域！

而今以亞洲第一文明化自詡的日本，居然在舉世已熱烈追求文明升階，接受普世價值的今日，戰後幡然以和平而致富，卻因文明轉型升級失敗，而重操失敗軍國的老路，其責任 更在於民主和平佈達者的美國，對此一王道文明缺乏真正信心和能力，當今面對此一頻臨毀滅的霸權爭奪戰，明顯由於自恃於核子戰備之優勢，已準備棄和平民主之王道，而取選邊助戰之霸道；寧放手為霸權而決戰！

常霸權對峙難調難伏，仲裁者已成主戰一方；惟一 擔任維和者，只存弱勢者的島主國，原始傳統領域的古來原民與移民，萬古以來這一塊地球罕見的原始生態 維護其完整，是靠他們的數代祖先所保存、所珍惜至今的領域，乃是地球資源中，南北海流空海生物交會的天然博物館。最具資格發言，表達不可任意將它作為毀滅性的墳場，則已非原住民族的主人莫屬！

身為華人的一份子，而今更自認為不止是"中國"人，更已是現代地球村世界自由民的一份子，核子霸權對決的戰爭，不管爆發在何處，已都是大家的庭院！

冷靜以觀，港人看釣魚台 40 年前，以 1972 年時代在臺灣 大學雜誌時代即與俊宏學長一起奮鬥過，青年學生繼北大之後 為失土必爭的精神抗議美日的私相授受，不論兩岸政府的態度如何，用凜然的正義 表達美日行為的違法與爭議，當時我在台大，國民黨對學生控制 達腥風血雨的階段，俊宏學長還在黨中央掌管黨文宣的時期，仍大膽的把學校學生對保釣所禁止的（未完）

閱讀全文請點閱 https://www.theintellectual.net 新大學／月旦人間／紫荊傳真

從海鷗談起

許倬雲

　　野草是一份海外刊物。編者和投稿主要來源是美國和香港。台灣出去唸書的和中國大陸跑出來的當年的紅衛兵。時間跨越 1972 年到 1977 年。主要編者和籌錢邀稿的工作人員包括張系國、董克康、嚴昭、何步正等人。

　　編者和投稿人的名單粗列之有：張系國、阮大仁、李家同、許倬雲、何步正、張顯鍾、江玲、馬以南、嚴昭、柯尹文、陳璧華、黃長生、郭譽先、周楚、李雅明、黃俊英、夏沛然、胡美澄、林政、曹維鳴、吳開恕、任德厚、祝偉中、黃默、邱立本、郭正昭、曹日新、項義、董克康、黃樹民等人。

該期有許倬雲的早期習作〈從海鷗談起〉，轉介如下：

野草 23 期 (1974 年 10 月) 第 8 頁

　　有一位友人問到「天地一沙鷗」的意義，他特別提到江青與蔣經國對於該書的不同評價。這篇短文，可說是因此而起，可是主題卻不是對這本小書的書評。

　　這本書能夠在美國暢銷一時，當是由於書中的主角完成了今日美國一般人想做而無法做到的事─擺脫團體的拘束，擺脫人的齊一化。美國文化原建築在新教精神的基礎上，對權威挺得起腰桿，對社群壓力可以怒目橫眉。憑藉這份精神，早期的開拓者有勇氣闖入這個新大陸，龍騰虎躍，各自墾拓自己的新事業、新境界。然而新大陸的土地逐漸滿處是人了，各行各業也都有了規範，對從業者加以約束。在今天，美國人已不容易有「此處不留人，自有留人處」的氣度。賭氣拂袖，未必在別處能找到一個同樣噉飯所。物質舒適的提高，也提高了慾望的水平，一般人為了這份生活的安適，早變成銀行押欵的奴隸

一張一張押契，軛在一般人的頭子上，哪裏還能高飛？

　　第二次世界大戰後公眾傳播工具的發達，經由電線把娛樂及新聞傳入每一家的居室起，也經由企業化的報章雜誌把意見與知識壓入一個人的網膜。其結果是高度的齊一化統一了大家的大腦。天下不僅車同軌，人同文；而且舌尖吐出同樣的旋律，口腹接納同樣滋味的漢堡肉餅。六零年代時有一些青年人為了反抗這種齊一化，故意不修邊幅，不注重修飾。可嘆也可笑的是，不旋經間，這種反抗也變成風尚，嬉皮打扮也有了一定的制式。

　　第二次大戰後美國政府的權力日大，尤其聯邦政府，經由各種社會福利法案，及各種管制政策，已經實質上的統治了公民的口腹、行動、以及思想。在公眾傳播工具與廣告事業變成政治的一部分後，人民不再容易有真正的選擇，辦賢與能變成了選臉譜，選化裝後的面具。人民惟一可依恃的自衛武器是法律，然而法律條文成例，浩瀚如海，白首窮究，也只不過摸到一條邊。人民只好依賴律師及法官，可是這批人中又有幾人靠得？君不見，水門事件中正面鋤奸的與反面搗蛋的都是此中人物？

　　岩下灘頭的鷗群，受成規的約束，以及對幫體的眷戀，使他們不敢飛，也不想飛，為什麼海鷗只該滿足於口腸，為什麼飛行的姿態不許有新花式，為什麼稍有一個新想法的海鷗就該受棄逐的處分？他們的飛行距離只是東巖到西巖，他們所關心的也不外乎白天有兩條魚，閒下打打架，夜間擠在成一團，靠彼此的體溫以抵禦無邊大洋上襲人的寒氣。

　　另一方面，海鷗約翰拿象徵的是個人的意志。他不想擔任領袖，也不想獲得更多的魚蝦。他只想盡可能的發揮自己的潛能，海鷗的體型是為了飛行而發展的，可是一般海鷗未曾想過如何使這個流線型（未完）

何步正、李雅民、張糸國、馬以南、胡卜凱

閱讀全文請點閱 www.theintellectal.net 新大學 / 政論壇殿 / 野草
本文原載於野草第 23 期

盧寵茂帶領港深醫院開創新風氣

謝悅漢

**盧寵茂帶領港深醫院開創新風氣 將國內醫院「三甲制度」
推動國際化**

在訪問盧寵茂教授後，才知道深圳和香港一河之隔，
但醫療文化和制度是有相當大落差，不過深圳經過多年努
力改進，兩地差距已縮小很多，尤其自 2012 年設立香港
大學深圳分院（以下簡稱「港深醫院」），盧教授力推「綠
色醫療」文化，開先河創新風格，影響甚為深遠。

所謂「醫者父母心」，盧教授的「仁心仁術」不僅是對待個別病患者，
他為港深醫院樹立榜樣，醫院內實施醫護人員「陽光收入」，和推動「高薪
養廉」薪酬制度，逐漸影響其他國內醫院傚效。國內醫院實施「三甲制度」，
一個要求相高和嚴謹的醫院評級制度，但未被國際認可，而香港和澳門的醫
院則是接受澳大利亞 ACHS 國際認證評審，港深醫院亦於 2015 年成為內地
首家獲得澳大利亞 ACHS 國際認證資格，表示所有國際保險集團均認可港深
醫院受保。

盧教授認為要花費巨額費用僱請外國機構為本國醫院評審，而評估過程
中涉及大量國家安全資料和病人資料，他建議將「三甲制度」評級標準國際
化，此項建議逐層滙報至中央衛健委並獲接納，這項重大任務落在港深醫院
上，他在此方面功不可沒。以下是訪談詳細內容：

深港兩地如何加強兩地醫療融合？

現時有逾 50 萬港人長居大灣區各個城市，當中有數萬港人要回港到醫
管局覆診，在當今疫情困擾下，港深醫院會為他們覆診，我認為今次可作為
試驗計劃，逐步加強兩地醫療融合，內地「人力資源和社會保障部」表示，
港澳台居民可在內地購買醫保。

港深醫院如何帶領深圳進行醫療改革？

港深醫院一直推行醫療改革，我們大力主張醫護人員「陽光收入」，和推動「高薪養廉」，一經發覺員工有任何非法得益或收取紅包，便立即予以停職或革職處分，令他們不敢有非份之想，本醫院護士一般年收入約 25 萬元（人民幣，下同），一般醫生平均年收入是 67 萬元，高級顧問醫生收入可高達 180 萬元，而且醫院每年薪酬增幅相當高。港深醫院是不靠推銷藥物或爭取病人數量為目標，是靠優質服務和合理收費取勝。在此次疫情之下，一些靠銷售藥物或病人數量為主的醫院，因病人減少去醫院令醫生收入劇降，而港深醫院醫生收入保持穩定。

香港大學深圳醫院推出各種便民措施，無論是全預約，家庭全科急診，急診預檢分診，團隊診療，打包收費，以及堅持「院內暴力零容忍」，「紅包零容忍」，港大深圳醫院在深圳開先河和創造新風氣。香港大學深圳醫院以高標準定位，佳績榮膺 2019 年深圳市「市長質量（社會類金獎）」，這也是首次有醫療機構獲此殊榮，港大深圳醫院成為深圳質量保証機構的一張閃亮名片。

醫院建院以來，全新診療模式受到社會和民眾的認可和讚賞，各項措施在深圳和國內獲得推廣，本院不僅於 2015 年成為內地首家獲得澳大利亞 ACHS 國際認證資格，於開業五周年後順利晉級為三級甲等醫院，是全國最年輕三甲醫院，2017 年成為國家住院醫生規範化培訓基地，廣東省普通高等醫學院教學醫院，和「國家藥物臨床試驗機構」的資格。

截至 2020 年 6 月，港深醫院服務門診患者人數高達 890 萬人次，出院患者 30 多萬人次，作為香港特別行政區長者醫療券首個使用點醫院，服務跨境香港醫療券長者逾 2 萬人次，成為深港跨境醫療重大突破。

作為院長，你是否尚有其他重任在身？（未完）

閱讀全文請點閱 https://www.theintellectual.net 新大學 / 月旦人間 / 紫荊傳真
本文原載於 2021/4/1 微博不平則鳴冷眼看世界

坐牢爸爸與他的家人

楊雨亭

　　至於說崔叔叔犯了什麼罪？那個年代裡，是說不準的。但是直覺告訴我，我相信崔媽媽，她的態度說明了她相信崔叔叔。 ---- 一九六四年，士林。

　　民國五十三年，我們家從日本回到台灣以後，希望能有好一點品質的生活，爸爸在外派三年的日子裡存了些錢，媽媽標會，準備蓋自己的房子。以那個時代來說，爸爸已經盡力讓我們家過的日子超過同樣環境的人許多了。那時候前後一段日子，爸爸發佈了國民黨中央黨部六組總幹事的職位，之前在原軍事機構已經升了上校，剛滿四十歲，挺紅的。我愛我的父親，不過今天回頭看，之後他在這個位階上原地踏步了二十幾年，直到他退休。

　　第二年，我們搬出了窄小又沒有廁所的眷村，暫時住在士林鎮中正路火車軌邊第二排上一個租來的三樓公寓裡，我們住在一樓。爸爸媽媽有自己的房間，四個孩子睡在客廳裡，我們有自己的廁所，小廁所裡有一個蓮蓬，可以站著洗澡。以前在眷村裡洗澡是在廚房裡，頭頂上有一個小燈泡從屋樑上懸下來，人坐在一個小木板凳上，在一個大澡盆裡舀水，劣質的肥皂滑手，經常掉到水泥地上，拿起來上面黏著一些黑砂子，再洗起來不免刺到皮膚。小便就對著地小，再用水沖到地面上的一個水孔，聯結到屋外的小水溝，否則要走到村子尾的公廁，不但遠，晚上挺嚇人的，最主要的是又髒又臭，能不去就不去。

　　那時後台灣開始蓋三樓到五樓的公寓，到今天我不明白為什麼台灣的公寓樓要用三公分見方的小方瓷片（他們叫二丁掛）貼在外牆，這種小方瓷片和浴室裡牆壁上貼的完全一樣，實在不好看，經過風吹雨打，日子不久，看來就十分陳舊，一點美感沒有。這幾年台灣蓋的房子用料比較講就，像樣一點的建築物已經不再用二丁掛貼牆了。雖然如此，當時新蓋的房子還是顯出新的樣式。只是現在回頭看，房子的品質真是差，不過也要計算那時一般人

的收入，爸爸一個上校一個月可能拿不到兩千塊錢，約合當時美金四五十元，建商給老百姓蓋的房子也只能蓋成這樣。

　　一天晚飯後，爸爸一位崔姓同事的太太帶著她的三個兒子到家裡看爸爸，那三個兒子裡頭，大的已經讀初中了，比我大兩歲，老二大概比我小兩歲，和我的大妹同年，老么更小，大概和我小弟同年，六七歲左右。我有記憶的是他們的媽媽帶著眼鏡，臉色憔悴，和我爸說話時坐的很端正，誠懇而凝重，低聲認真的說明事情原委，明顯的是她已經失望了，又在期望著能有什麼意外。大兒子老成的超過他的年齡甚多，兒子們共同的特徵是眼睛圓圓亮亮的，而且都顯出不安的表情。他們走了以後，我問爸是怎麼一回事？爸爸告訴我，這家人的男主人前一陣子因案判刑，坐牢了，崔媽媽來請爸爸幫忙，能不能想辦法早一點放出來？他們家的家計已經沒辦法再維持了。

　　崔媽媽不久請我們家孩子週末去他們家吃晚飯。約好的日子到了，我和妹妹弟弟在五點半鐘，還有天色的時候出門，他們家距離我們家很近，走路不要十分鐘，就在現在中山北路五段中正路口，賓士車場後面的巷子裡（這條巷子今天還在，改為單行道）。右拐走進巷子，路窄，大概四五公尺寬，僅容一部汽車行走，兩部車迎面錯車都難，右側是一長排新蓋的五樓公寓，左邊是一排矮小陳舊的紅磚老房子，比地面低大概兩尺，這種老房子絕大多數為本地人所有，當時外省人普遍沒有土地與自己的房子。那一帶多是田地菜園，如果走出巷子左轉，穿過中山北路，再往北走兩百公尺，右邊的丘陵地就是蔣介石與宋美齡住的官邸，官邸右邊是幾十頃寬闊的園藝試驗所，主要培育菊花，周邊植種了高大的檳榔樹，聯外有一條道路，道路底近官邸有一個小教堂，叫凱歌堂，是蔣介石、宋美齡與國民黨高層信仰基督教人士禮拜天早上聚會的教堂，牧師是周聯華。官邸左邊是六十戶的干城四村，為官邸內工作與侍衛人員的住處，裡面的小孩多數是我的小學同學。七海指揮所負責官邸的安全與防衛，有一個師以上的兵力看守。依循著官邸旁的公路往前行兩公里，過雙溪橋，往左轉是芝山（未完）

閱讀全文請點閱 https://www.theintellectual.net 新大學 / 名家專欄 / 楊雨亭

香港反送中—父和子的戰場

何步正

　　我們一群五十多年的老朋友閒座，有歷史老教授和他四十多歲的兒子同座，我們談香港蒙面鬥士，也說蔡韓之爭。

　　四十多歲兒子是股票公司經理，收入豐裕。盛讚香港蒙面鬥士，不計算自身利益，為爭取香港民主自由走上最前線。老教授訓兒子，這些人蒙面不敢真面目示人，是不負責任，破壞社會安定的懦夫，蒙面是為了逃避責任，不值得支持。

　　兒子回嘴：「蒙面是因為惡警打人，放催淚彈，年輕人不得不保護自己。香港人的自由正在一天天受到侵蝕，我們要爭取回正在失去的自由，我們要拿回我們也包括你們正在失去的民主和自由，憑什麼理由不感激他們勇猛。老教授，殖民地時代，香港人何來民主？我們香港今天的自由，又如何比不上殖民地時代的自由？罵習大大，罵中共，說中國潰亡論，香港書攤到處都是，你的居住自由，行動自由，言論自由又何時減少了。民主是理念，體驗民主靠制度。英國不是一人一票，但不見得比美國一人一票差。中國在實驗他們說的民主集中制是有效率的制度，三十多年的時間，國力提升，掃除貧窮，有目共睹，儘有諸多要改進修正的地方，不見得就是蒙面人說的極權專制，不民主不自由。老教授父親很有耐性的在解釋。」

　　兒子忍不住了，插嘴說：「1997，到現在二十多年了，很多香港人居住劏房，殖民地時代殖民地政府還懂得建廉租屋，安定住房條件。送中條例，香港百萬人上街反對，林鄭政府一意孤行，是一個妄顧民生的政府，和平訴求已經失去作用，才迫得年輕人蒙面勇鬥。你們一輩有樓有高退休金，是利得一群；年輕輩拿低薪住不進屋，前途茫茫，他們爭取的民主自由，不光只是他們的，也是你們的。你看，你一層樓無端端坐著就升值七百萬，我每月五萬元收入省吃省住，每月淨存壹萬，要七百個月，58 年，還不如你坐著升

208

值的樓價。那些三萬元一個月的打工仔，今生無望能有自己的房，你說這公平嗎？」

我看鬧得有點僵，岔開話題，問：「政治問題要用政治手段解決，武鬥勇猛，破屋堵路，如何能夠解決政治問題？而且毀了年輕人一生，不值得也沒有效果。明知勇武不能解決問題為何還要勇武？一國兩制是香港唯一必然的路徑，你們香港人二十多年來不自己好好經營規劃，卻縱容年輕人勇武自毀，是什麼道理？」

年輕股票經理幾乎是跳起來吼：「你怎麼說我們香港人，我們上街抗議和平遊行多少次了？有用嗎？他們聽嗎？我們和平抗議，他們聽，早就不用勇武上街了。」

「你們的立法會議員，你們的選舉團不就是你們自己香港人嗎？二十多年來你們香港人自己不作為，怪得了誰？」我也發怒了。

年輕人更怒了，用力把抽到半根的香煙恨恨用力弄熄了，對著我吼：「選舉團大部份不是我們選舉出來的，根本不能夠代表大部份香港人。他們那些人自私自利，土地房屋大公司不就在這些人手上？香港高樓價不就是這些當權建制派一手造成的嗎？對中共中央唯命是聽，妄視香港人利益，不就是這些人嗎？我們上百萬人上街遊行，港府有實際行動回應嗎？派錢派糖，不改變制度有用嗎？你們說我們暴力，沒有錯，我們用暴力。我們用暴力，你港府才有反應呀，不是不送中了嗎？我們和平上百萬人上街，有人聽嗎？為什麼那麼多香港和理非容忍我們暴力，為什麼我們暴力團體在區議會大勝，不就說明我們暴力有理嗎？我們用暴力，付出很多代價，但我們不是暴動。我們暴門破窗，有去搶東西嗎？我們暴力是表示不滿，要求制度性的改革，給我們自由，給我們民主，給我們普選。

「港獨就能成功嗎？」我問。

「年青人大部份不談什麼港獨，我也不是港獨，我們只是爭取更好的環境，過我們的日子。這不過是個有暴力的運動。有些人港獨，但我不是（未完）

閱讀全文請點閱 https://www.theintellectual.net 新大學 / 名家專欄 / 何步正

大破大立的司法、檢察及法治改革方案

張靜

願我國之法：
為生民立命 為公義立基
矢保護善良 矢打擊邪惡
不屈從權貴 不剝奪窮弱
無強加之罪 無不白之冤

大破大立改革方案之一

破：廢除司法院、大法官憲法法庭、最高行政法院、懲戒法院。

立：建立單一的最高法院。

解說：

單一的最高法院，唯一負責終審案件之審理，置大法官 11 至 15 人，其中 1 人為院長，1 人為副院長。

所有大法官之出任，由法官（及檢察長）民選審查委員會接 受各界推薦，審查後，推舉雙倍人選交由總統提名其中 1 人， 經立法院議決同意後任命，任期至年滿 80 歲為止。

大法官的資格限制：年滿 50 至 70 歲。2. 有擔任 20 年以上 法官、檢察官、執業律師或 10 年以上法學正教授年資及經 驗。3. 無犯罪前科及遭受懲戒。4. 最近 5 年內有 20 萬字以上的法律專門著作。

廢除現行制度有 5 個「最高級」的司法機關，及過多的 「最高級」法官（現約有 100 個），避免各「最高級」法 院之間判決結果之分歧與互推審判權及責任，更避免三審 法院變成更繁複之四審、五審法院，造成案件訟爭的沒完 沒了。

最高法院所審理之案件，僅以下級審判決所適用之法律：牴觸憲法、2. 違背廢除前司法院解釋、與 3. 違背過去的 最高法院、最高行政法院判例

為限。

如為避免修憲，此單一的最高法院可逕稱為司法院。

大破大立改革方案之二

破：廢除各高等行政法院及最高行政法院及廢止以之而來的行政訴訟法。

立：建立單一化的普通法院，並在民事訴訟法中，增設原來行政訴訟中基於其公共 利益或公共安全需要而不得不規定之特別民事訴訟程序。

解說：

目前我國法院採取民事與行政審判二元化，除普通法院的高等法院（及分院） 與最高法院外，還有高等行政法院與最高行政法院，行政法院體系廢除後，只 有一元化的普通法院及如智慧財產及商業法院、少年及家事法院等專業法院， 仍屬普通法院體系。

除避免二元化法院下之互推審判權及責任外，更排除幾乎總是在維護官權的法 院存在。

現行行政訴訟制度實施的結果，行政法院被譏為人民「敗訴法院」或「駁回法 院」，基於避免過於維護官權、官官相護與本位主義，應讓行政訴訟回歸民事 訴訟而一體適用，除非基於公共利益或公共安全需要才增設特別的民事訴訟程 序規定。

行政訴訟不復存在而只有一元化的民事訴訟，美國及日本司法體系均係如此。

大破大立改革方案之三

破：廢除法官為終身職。

立：所有法官任期至年滿 80 歲為止。

解說：

觀諸各民主先進國家法制，法官之任期並沒有必要非終身職不可， 如英國的治安法官、美國各州的民選法官。

人過 80 歲，精神、體力大都已逐漸老化，難以勝任繁重的審判（未完）

閱讀全文請點閱 https://www.theintellectual.net 新大學 / 名家專欄 / 張靜

香港，南蠻之地，浴火重生

何步正

香港，南蠻之地。近兩百年歷史，一直是麻煩，反叛、革命的發源地。

黃花崗七十二烈士，過半是廣東佬。武裝革命的黃埔軍校，在廣東。

鄧小平改革開放，要跑來廣東，在廣東深圳開跑。

認識世界，打破封閉，推翻帝制的歷史人物，康有為、梁啟超、孫中山都在廣東。

今天，高喊時代革命，反港府，反中央，暴力衝擊，不惜以卵擊石，明知不可為而為之的蠻勁，居然還是廣東，一個殖民地翻轉過來的南方小島－香港。

蠻動的根源，大家都說過了，人所共知：政治經濟深層次矛盾，屋價高企，貧富懸殊，薪金低成長，教育失調，新國族論港獨思維萌芽，港府小政府大社會政策和社會要求脫節，政治問題沒有確切認識，認真應對。富二代、官二代炫富張揚，港府面對暴力進退失據，暴力青年後經濟時代放縱不羈，外來勢力暗背裡推波造勢等等，造成今天暴力難收，香港自殘自毀的荒唐局面。

新加坡有一個李光耀，香港可惜，沒有一個香港李光耀。香港自認民主派的政治人物，十分強調兩制，故意忽視一國，因為怕失去票源市場。不敢明說港獨，但用表示港獨的行為，爭取年輕人的選票。衝，脫序，以之表示自己夠勇猛，是領袖。任何理性一些的說法，會被認為是落後軟弱，要靠邊站。香港民主派人物說，一人一票才是真普選真民主，其實香港立法會選舉不光只是一人一票、而是一人一票之外，還有些人是一人兩票。勇武蒙面戰士說要自由，他們自由到無法無天破壞公物，堵路破門，以為自己代表了公民抗命。但是，香港 7－11 哪個店不放上幾本罵共產黨，中國崩潰論的書，香港什麼時候出現過因言論入罪的案例？香港今天的政治人物，為了票源出風頭，說些不切實際的空話，提不出實際可行的政綱，三五人一個派系，各

吹各螺，為了選票隨時撕破面，香港沒有一個拿得出實在可行的政綱的黨。香港實際情況就是一國兩制，政治人物高抬兩制，卻就是故意輕忽一國。報紙雜誌大學教授，不罵幾句老共，不批評一下習大大，就好似不夠民主自由。建制派眾人，儘量和政治問題離開得遠一些，以示清高中立。要表態，就虛應了事。

香港今日暴力之亂，固是以上眾多因素，日積月累終而爆發之果。只是，香港人數十年來，只看到自己輝耀奪目東方之珠的光彩歷史，把自己老是停留在外匯券的時代，半閉目半塞聽中國大陸改革開放數十年繞道成長的空前成就。總以為普天之下，一人一票的民主就是普世終極價值，就是不願意虛心聽認真看中國傳統大政府，中央指揮良治賢政的歷史紀錄。中國根治了人民吃不飽穿不暖的落後局面，重建了中國再次復興的信心，中國第二大經濟體已是不用再雄辯的事實。然後，還是有些香港人說：「那又怎樣，你還是不民主不自由。」不過呢，中國政府從來沒有說過中國不民主和不自由，那是體現的政制和解讀並不完全相同。我們為何不讓每一個地方的人民自我認受自己美好的生活，他們自己認為活得好好的，你硬是說他活得不好；他們自信滿滿，你硬是說他謊言滿天。你也可以看，海外中國留學生為什麼如此一致在海外舉起紅旗，不贊成香港暴力；為什麼那麼多中國網論認為香港是自殘自毀。我們香港為什麼不先管好自己呢？香港一國兩制，香港的一國，是歷史也是政治現實，改變不了。香港有些人要港獨，可以，請便吧。有種就拿起槍桿子攻打解放軍香港駐軍總部，勇武革命去，但請不要毀公物，塞道路，破壞香港人正常的社會秩序。沒有這個起士也可以，你就不妨放言高論，香港言論自由，但請勿傷害香港，什麼人權法、香港法之類，這些行為對香港有害無益。（未完）

閱讀全文請點閱 www.theintellectal.net 新大學 / 名家專欄 / 何步正

「知中疑美」：台灣的中道

黃光國

　　目前世界上正在進行兩場大規模的國際會議，一場是美國總統拜登倡議的第二屆全球民主峰會，逾一百二十個國家的代表參與。俄烏戰爭仍然是本屆民主峰會的熱點：美國刻意要營造出國際大力支持烏克蘭抵抗俄國侵略的氛圍，德、法代表相關繼發言挺烏，烏克蘭總統澤倫斯基呼籲提供更多武器給烏克蘭，抵抗俄國的侵略。

　　「以戰止戰」是民主峰會的主軸議題。相對之下，北京在海南島博鰲論壇的主題則是「和平避戰」。大陸總理李強在開幕致詞時指出：和平是發展的前提，亞洲要實現更大的發展，就絕不能生亂生戰。許多國家希望中國在俄烏戰爭中發揮帶頭作用，西班牙總理桑傑士則鼓勵習近平和澤倫斯基對話。

　　只要對美國「軍工複合體」稍有了解的人，都會懷疑：美國鷹派政客之所以偏好「以戰止戰」，到底真的是要「止戰」？還是為了販售軍火，從中獲取龐大的佣金和利益？再考察美國兩百五十年的歷史，總共參與了一百零七次戰爭，所謂「以戰止戰」，難道不就是他們「好戰」的藉口？

　　全世界最相信美國的政府，就是蔡英文所領導的民進黨政府。不久之前，在蔡英文出訪中南美洲之際，宏都拉斯宣布與中華民國台灣斷交，顯示美國多年來玩的那一套「說辭」，連自家後院也「罩不住」了。蔡英文到瓜地馬拉訪問時，瓜國總統賈麥岱在晚宴上熱情洋溢地說：「如果中華民國台灣在拉丁美洲只剩下一個邦交國，那一定就是瓜地馬拉。」許多人聽到這番「盛情可感」的話，卻是背部發涼，擔心他會「一語成讖」。

　　另一方面，馬英九返鄉祭祖，一路上多次提到「中華民國」，在湖南大學和師生座談時，更依據中華民國憲政體制，石破天驚的宣稱：我們國家分成兩個部分，一個是台灣地區，一個是大陸地區，「都是我們中華民國」，都是中國。

這個說法傳回台灣，立即引發綠營的反彈，有人批他「一廂情願」，有人認為：這種說法「過不了中共那關」，「脫離現實」，「中國國台辦不會同意，台灣人也不會同意」。

馬英九是聰明人，綠營的這些反應應當是在預料之中。他之所以會在這個場合，提出這樣的說法，一方面是和蔡英文的中南美之行「較勁」，一方面則是在測試中共十九大之後所提出的「兩個空間論」：只要承認「一個中國」，兩岸之間可以有無限大的談判空間：可是，如果不承認「一個中國」，不論是那一種形式的台獨，沒有任何的空間」。這很可能也是中共「和平避戰」的底線吧？

總而言之，今天台灣要在如此複雜多變的國際情勢中，走出自己的一條路，一方面要「知中」，一方面要「疑美」。唯有「知中疑美」，才有可能走出自己的「中道」。這豈不是藍、綠雙方經過「兩條路線」長久爭鬥，所浮現出的結論麼？

一個中國有什麼好怕

在我看來，「一中兩憲」就是解決這個問題的最好方法。在傳統稱為「中國」的土地上，目前存有「中華民國」和「中華人民共和國」兩部憲法，這兩部憲法各有其有效的統治範圍。只要承認這個客觀事實，海峽兩岸便可以對等政治實體的立場，展開談判，解決雙方共同面對的問題，並一起開創未來。

不論是「中華民國」也好，「中華人民共和國」也罷，都不過是國號而已，只要雙方都承認「一個中國」的政治現實，便可以對等的立場，展開談判。民進黨有什麼好害怕的呢？

閱讀全文請點閱 www.theintellectal.net 新大學 / 名家專欄 / 黃光國

215

香港的中國學生周報

何步正

中國學生周報學術組

中國學生周報在九龍彌敦道。從灣仔乘船到九龍，走路去周報，約半小時的路程。

學生周報星期日開門得早，九點後，學生組員就陸續入社。我到周報社的時間都比較早，社長胡菊人很年輕，大概大學畢業不久。早上社員不多，閒著無事，菊人教我下圍棋，先從打角佈陣開始，我的圍棋知識，是那時候打下的基本功。之後，自己看棋書，打棋譜。

戴天詩人有次去周報講詩詞欣賞。戴天當時是二十多歲的年輕人，理一個平頭，是剛好台大軍訓完畢。中學生聽年輕的詩人講詩，印像深刻，同時也知道了臺灣有家臺灣大學，是詩人讀書的地方。學術組舉辦很多活動，周報給場地，也給原料。詩歌朗誦、辯論會、時事講座、辦油印刊物，每星期日早上有一個活動。演講導師很多，記得有勞思光、鍾期榮、羅業宏、秋貞理、牟宗三等。

勞思光演講給我的印象最深刻。勞先生講普通話，要轉譯為廣東話。勞先生語速快，翻譯的也譯的快，而且句子長。一講一譯，互相趕速度。勞先生講：「看問題，要從大格局看，提高角度來看事物，抓重點。」

鋼版刻印出小型報紙

彭熾教我們刻鋼版油印，學術組自己出刊物。我的報刊編輯技能是那侯學習得來的。

學術組舉辦過多次文社聯誼，很多文社朋友是那時認識的。

那時候的文社，如風雨、神州、儒林都很活躍，我們周報社友後來組合了一個文社，叫華菁文社，後來和烈焰等合併，叫開放文社。我們出版半張報紙大小的刊物，排字鉛印。華菁和開放號稱文社，其實沒有多少文藝小說，反而偏重談及政經社會類的問題和書刊介紹。社友互相傳閱的書，如「開放社會及其敵人」、「野性的呼喚」，費孝通的「農村社會」等內容，都和當時其他文社的風格大不相同。我們舉辦生活營，邀請演講的嘉賓，羅業宏先生講邏輯，秋貞裡先生講現代思潮，勞思光先生講中華文化，和當時其他文社的活動內容相‘比，華菁、開放文社，十分另類。

荔園報慶舊書廉售

中國學生周報辦報慶，在香港大會堂低座。周報有自己的舞蹈組、音樂組。

周報學術組在香港大會堂高座，邀請詩歌朗誦得獎的學生去再次表演，有二個人，多年以後仍然記得，殷巧兒和汪明荃。殷巧兒是王麗瓊的同學，成熟自信。我和王麗瓊、殷巧兒走在一起，好似是她的小朋友。她是大姐大，汪明荃是蘇浙小學的小學生，要老師帶領著去大會堂，她的年齡最細，聲音清脆，表情可愛，我是蘇浙公學的中學生，因此特別紀得這個同校的小妹妹。

青年樂園類似中國學生周報，但規模和讀者最量部遠不如周報。

周報最鼎盛期，有一次在九龍荔園接待讀者，居然滿荔園都是少年人，近數千人的活動。之後，香港大會堂接待讀者，也是近千人的活動。這兩份刊物，每年都有一個很特殊的活動吸引很多學生。那時期的英文課本價格昂貴，這兩家報刊都同時開門出售舊書，同學可以把讀完的書廉售給報社，報社也廉售給同學。在當時英文課本昂貴的時代，每到新學期開始，報社大堂都擠滿選購舊書的學生，全因那時候這兩份刊物的德政。（未完）

閱讀全文請點閱 www.theintellectal.net 新大學 / 名家專欄 / 何步正

「死而後已」的民主鬥士—敬悼雷儆寰（震）先生

徐復觀

徐復觀
（1904年－1982年），
原名秉常，字佛觀，生
於中國湖北浠水縣徐珤
場鳳形灣。新儒學的重
要人物，對中國文化和
藝術也有許多獨到見解。

【一】

臺北＜中央日報＞，昨（三月八日）天報導了雷儆寰先生於三月七日在榮民總醫院因患腦毒瘤逝世的消息，我不禁感嘆的說，這位朋友，真可算作死而後已的民主鬥士。

我和雷先生，在重慶已有機會認識。回到南京，我當蔣故總統的幕僚，雖然一貫認為國共鬥爭的勝敗，決定於國民黨能否改變自己的社會基礎，並反對以屠殺為鬥爭的手段，但對「黨外人士」，卻存有菲薄厭惡的心理；而雷先生當時正是負連絡黨外人士的責任，我不知不覺的，也對他存有菲薄厭惡的心理。彼此友誼的開始，是逃難到臺灣，我不斷反省，漸漸體悟到，只有民主才能挽救國民黨。我在香港辦《公民主評論》，雷先生兩次來港，發現他主張只有由國民黨實行民主，才可以團結反共。兩人的政治觀點，在民主這一點上有了相互的了解。《民主評論》的經費，是我向故總統蔣公要來的，他創辦的自由中國》的經費，當時似乎是由教育部資助。此外還有由臧啟芳先生創辦的《反攻》。所以有兩次會由當時教育部長杭立武先生邀約在一起，交換意見，對於以民主救國民黨，以民主團結社會，彼此間有了更深的了解、自信 … 我們的交往便多起來。

但在文化上，彼此之間，卻有很大的距離。《自由中國》以胡適之先生為首，以毛子水先生為胡先生的代言人，是反中國傳統文化的。殷海光先生本來和我私人的關係最深，所以開始也在《民主評論》上寫文章；後來因文化觀點便完全走向《自由中國》。《民主評論》當時以錢穆、唐君

毅、牟宗三位先生為中心，是發揚中國傳統文化的，我則一面強調民主，同時也維護傳統中國文化，於是我和唐、牟兩位先生之間漸漸形成要以中國文化的「道德人文精神」，作為民主政治的內涵，改變中西文化衝突的關係成為相助相即的關係。我在政治方面多寫些文章，唐、牟兩先生在文化上多寫些文章。由文化取向的不同，又時常引起兩個刊物的對立與危機。

【二】

殷海光先生以後成了《自由中國》的主將，他最恨唐、牟兩位先生，寫了很尖銳的批評文章；我則奮起為兩位先生辯護，於是不知不覺之中，彼此成了嫌隙。但雷先生性情堅韌而寬厚，對朋友非常有耐心，一直維持住我們間的友誼。我由臺中到臺北時，他常常約集座談，交換時局的意見。當青年反共救國團即將成立時，我有篇批評性的文章寫給他，毛子水先生反對採用，他改動一兩句，依然採用了；這種例子不僅一次。中美協防條約成立時，我從東海大學寫信給他，大意謂國民黨在有危機感時，舉措比較謹慎。因協防條約的成立，國民黨有了安全感，就會故態復萌。我勸他約集十幾位有志節、有遠見之士，組成一個經常性的座談會，每月座談兩次對時事交換意見後，分別寫文章，鞭策國民黨能走向合理的方向。他回信的大意說：「我們批評時政的言論，因為他們（國民黨的領導層）知道我們沒有組織，尚可以忍耐。經常性的座談會，他們會誤解為組織，便更難講話了。」我所以要把此事記出，是說明我們在前一階段主張民主，批評國民黨有些作法不民主，根本動機是要救國民黨，要加強國民黨的力量，絕沒有向國民黨領導層爭權力的半絲半毫企圖。

忘記了從什麼時候起，大家進一步認為要實現民主，只有在國民黨以外，再成立一個政黨，使國民黨處於合理競爭的地位，這對國家、對國民黨都有好處。雷先生便經常邀集民、青兩黨及國民黨中志趣相同的若干人士，在他家中交換意見，我也是其中的一分子。當時的構想，是希望在美的（未完）

閱讀全文請點閱 www.theintellectal.net 新大學 / 政論壇殿 / 自由中國
本文原載於自由中國

紀念黃信介先生九十冥誕

張俊宏

終結「打天下」的世紀、承繼「平天下」的胸懷！

按語：這句話由來於：

上世紀末，為實踐直選總統，野黨於 90 年代，「地方包圍中央」的縣市長聯盟，首次在三項選舉中，使縣市長由 0 席突破 7 席；帶動立委與最後一屆省職員和無黨結盟，獲近半數全國選民狂歡當夜，民族北路賀客散去，留下兩人各喝一杯高粱烈酒，和介以誓約，促他領導執政，當時是我對他的祝詞。

他說：這必須是英勇的祖先和上天的力量，撼動台灣人民完成的志業！

和平革命改變世界的三個階段

二戰後，台灣和平民主的寧靜革命，由來於環環相扣的三個進程：啟動中國，改變世界

※ 228 事變：赤手鬥牛－「竹桿兜菜刀」起義。

※ 美麗島事件：持劍鬥牛－康寧祥、黃信介結合遊民、遊士的舌劍與筆劍，以筆桿平天下，終結槍桿打天下的傳統。

※ 後美麗島時代：庖丁解牛－黃信介跟五人小組，由政團到政黨，結合五遊邊陲的公民運動以縣市長聯盟的「地方包圍中央」完成庖丁解牛，開啟了在野民進黨的執政之路。

※ 台政啟動台商，改變世界：1989 天安門廣場埋葬 3000 菁英的第二年，黃信介於台北自由廣場引導野百合青年運動，以國是會議決定一人一票的普選完成千禧年的和平政黨輪替，終結千年古國皇權於民權，釋放台商帶動東方大國崛起，轉變百年共產主義，以 MIT 結合 MIC 商品大軍，顛覆西方金融帝國改變世界。

和平才是最大的統一

當統一接納了獨立；獨立就成統一最堅定的力量！

毛主席，使中國 站起來；

鄧小平，使中國 富起來；

習近平，使中國 強起來！

黃信介，使人民 動起來！

結束 5000 年皇權為民權；解放台灣人民和平的心力，所釋出的台商，帶動富起來的中國飛起來；和平顛覆西方金融帝國；非血腥大和神風，更非伊斯蘭波音人肉飛彈，閩客堅持和平的中原祖先千年萬里，將陸疆開拓無垠海疆，使漢家子孫眼界，從地平線的世界，看見無垠星辰蒼穹的天下！所憑者仍非血腥武力是文明的心力！

記取戴高樂結束法蘭西百年革命遺留的災劫，最後的留言："失去記憶的民族，不會有未來"

切記：由陸及海，千年萬里由黃河流域南移拓疆五湖四海的閩客先民，其後代子孫於南島仍反哺以海洋民族愛與和平的文明，參與小平同志，帶動東方大國崛起，已使黃河眼界的中國，擴展及於無垠的星辰宇宙。所憑的絕非遊牧民族打家劫舍，嗜血成性的武「打」而能得天下；更不足以「平」天下！

留下空白，重燃硝烟？

信介以走了。留下了三十年的空白，豈能只用一句「散財童子」帶過？面對北海岸山坡上，芒草萋萋的孤墳，豈能對黃先生用一些玩笑的八卦，兼用以消遣消費「那一代人」的開拓者可乎？

結語：

美麗島事件的牢居八年，從景美到新店，後段四年，是接替了雷震先輩明德監的地氣。繼嘉文兄先出獄後，與信介以時刻未曾廢離的獨居。道道地地相濡以沫的時光，從年少輕狂到家國人類的豪情壯闊感染之深，奠定（未完）

閱讀全文請點閱 https://www.theintellectual.net 新大學 / 名家專欄 / 張俊宏

本文原載於 2018 年 35 期亞洲週刊

李怡，脫左反左，將軍息戰

何步正

　　李怡老兄，是正宗香港左仔，幼年從大陸抵港，入讀香港香島中學。從廣東遷港的中學，有德明、大同、嶺南等。如果說德明中學是右派，則香島中學就是左派。李怡出身就是左仔，太座背景偏紅。年輕時刻，李怡投稿左報《香港新晚報》，該報是中國中共駐港的左報，旗幟鮮明。大公要員羅孚，提拔左校出身的年輕人，李怡一投稿就刊登出來，鼓舞了李怡搖筆桿的今後歲月。因之，李怡自認羅孚是他的恩師。

　　李怡筆快，言簡理明，是香港健筆。李怡主編《七十年代》月刊，後改為《九十年代》。這份月刊，和《明報月刊》一樣，早期是台灣禁書，卻也是中國大陸的禁書。銷售地區是海外，所謂海外，是指中國大陸和中國台灣之外，包括中國的香港，都算是海外。

　　李怡的家和月刊辦公地址都在香港灣仔，我香港的家也在灣仔，步距十五分鐘之內。我在台大畢業回港的第一份工作，是明報晚報，朝早上班，林山木是我頂頭上司。林是老總，我是他的助手，每天早上面對面辦公。老板金庸在明報，是晚上辦公，幾年後，我轉去《明報日報》，才有機會發稿之餘和金庸每晚下圍棋。報紙編輯部工作，邀稿看稿發稿審稿，之後就是空擋。白天空餘，有時就摸上李怡的辦公室。辦月刊，出版之後就是空擋，李怡很樂意有人和他談天地找題材。李怡爽直健談，茶，咖啡，花生，就可以聊半天。那時候，明報上班之餘，張系國等台大人，尚是在美讀博的學生，聯繫了一群海外留學生，我在香港糾集了一些逃港紅衛兵，合共起來辦了一份叫《野草》的刊物。有一期，我們集合了海外多個社團，發表聯合宣言《國

共和談是時候了》一文。這篇宣言，同時在李怡主編的《七十年代》刊登出來。蔣中正時代，海外留學生群發表這木樣子一篇逆耳忠言，宣言上的簽名人頓時都上了黑名單。自此，和李怡時有往來。其時，亦即人民公社，文化大革命的時代。七十年代的李怡，思維文筆開始脫左，反左。

1997 後，一段時間，李怡去了加拿大。及後，在《蘋果日報》開專欄，主筆。同期，我亦離港去美，回香港時，例必找他閒談。有一陣子，他住北角一個適合老人退休入住的大廈，內有保安，醫務室，活動空間，餐廳，茶室。記得李怡健談善辯如故，精神亦佳。他說，黎先生支付寬裕，李怡他老人家樂意在此，安享晚年。加拿大不再回去了。

香港國安法後，蘋果肥黎出事，李怡大概也不宜久留香港，最近距離香港的地方，非台灣莫屬。萬估不到，李怡竟然在台告別文壇。李怡在香港，是脫左然後反左的典型文人健筆。很多人反左，是因為早就是背景偏右。李怡不是，李怡是左仔出身，家庭成員背景都偏紅左，眼看人民公社，文化大革命之後，才逐漸脫左，終而是反左健筆。李怡在香港脫左反左，今天，居然是在台灣將軍息戰。如此脫左反左的背景歷程，今後，再無來者。

在香港，脫左反左的另一支健筆，是我年輕初出道時的老闆，金庸。

金庸移民香港，入《大公報》、《香港商報》工作。《香港時報》是右報，《大公》和《香港商報》是左報。因之，金庸出身左傾。金庸的武俠小說《碧血劍》連戴於《香港商報》，早期成名於左派報紙。及後，自創《明報》，雖然有《神雕俠侶》、《射雕英雄傳》押陣，陳非名記者主持社會新聞，金庸第一位太太也要親上記者陣衝鋒，《明報》其時，始終是不起眼的小報。直到金庸脫左反左，社論《不要核子，只要褲子》，和中國中央的當了褲子也要核子，大唱反調。引爆了《大公報》，《新晚報》各左報全面圍殺。金庸獨筆每天社論，正面抗戰，再加上每天神雕、射雕。金庸趁此機會脫左反左，一舉成名，《明報》小報一躍成為標竿反左反極權的開明大報。我入《明報》工作之時，《明報》的大報格局已成氣候。（未完）

閱讀全文請點閱 www.theintellectal.net 新大學 / 名家專欄 / 何步正

高思在雲—朱雲漢

何步正

中央研究院朱雲漢院士，在家中辭世，享年六十七歲。

高思在雲一書，是他的力作。他有一個群體，也叫高思在雲，可見他對高思在雲一書，情有獨鍾。群內匯敘了臺海內外名嘴名筆名教授。當朱雲鵬突然貼文＂舍弟朱雲漢在家中辭生＂，眾皆愕然，怎麼會呢？俱說不捨。

多年前，和張俊宏，許信良，朱雲漢，一起午茶敘，朱主談中國大陸體制，得益良多。臨離開前，我說，黨政軍經由眾多紅二代，紅三代當一哥，並不正常也會防礙了發展進程。朱回答得妙，朱說，江山是他們紅一代

打下來的，惠及紅二代紅三代，頗符合中國傳統文化的影子。不過，中國這個餅，發展太快太龐大，紅二紅三，數量很細，且不見得，都能成材成氣侯。能獨佔獨享的比例，十數年之後，紅二代，紅三代的份額就會收縮得十分細，細到可以根本忽略不計。

高思在雲一書，主題如下：

- 以美國為核心的單極體系式微
- 資本主義全球化陷入困境
- 以西方為中心的世界日益沒落
- 劣質民主傳播給全球帶來災難
- 全球的裂解與重鑄
- 中國崛起和中國發展模式的出現，對世界而言，是石破天驚的歷史劇變
- 21 世紀是國家治理能力競賽的世紀

《人民日報》整版推荐一本書 | 台灣"中央研究院"院士談中國復興

01 人類正經歷四大趨勢性改變

以美國為核心的單極體系式微。單極體系形成於後冷戰初期。20 世紀 90 年代海灣戰爭後,美國成為世界公認的唯一超強,主導了蘇聯解體後的新國際秩序,曾一度被視為順天承運、結構牢固,但不足 20 年便根基動搖。

《高思在雲》朱雲漢著
中國人民大學出版社
2015 年 9 月

"第三波民主"退潮。該浪潮源於 20 世紀 70 年代中期,20 世紀 90 年代初達到高峰,曾被美籍日裔學者福山斷言為人類文明演變的終點,沒有其他體制可超越,但維持不足 40 年就出現退潮。

資本主義全球化陷入困境。二戰後由美國主導的國際經濟重建為資本主義全球擴張打下基礎。蘇東劇變後,經濟秩序自由化趨勢空前發展,所有國家的政治與社會秩序都被資本主義市場邏輯所統治。隨著"華盛頓共識"破滅、反全球化運動興起,金融危機致西方經濟增長引擎熄火。日益懸殊的貧富差距引起激進變革呼聲,近 60 年的國際經濟秩序自由化趨勢面臨空前危機。

以西方為中心的世界日益沒落。這是四大歷史趨勢逆轉中最具本質性的結構變化,也是近 300 年歷史發展趨勢的大逆轉。18 世紀初,中國、印度、伊斯蘭世界仍與西方分享世界舞台。隨著工業革命及殖民主義擴張,西方主導人類歷史長達 300 年。進入 21 世紀後,世界權力重心明顯東移,亞洲正成為人類歷史舞台的主角,"新亞洲半球"的崛起預示西方獨占鰲頭時代接近尾聲。

四大發展趨勢同時逆轉對人類社會將產生深遠影響。它意味著衡量"進步"與"落後"的歷史坐標受到質疑,也意味著非西方國家在選擇(未完)

閱讀全文請點閱 www.theintellectal.net 新大學 / 名家專欄 / 何步正

習賢德，愛國愛黨

何步正

大學雜誌的老朋友們，創刊五十年之後，2018 年在台北重聚。老社員張俊宏、許信良、邱立本、甄燊港、何步正茶聚話舊之際，商議何不趁機會成立網上新大學。這任務，委託我去執行。

離開台灣五十年，紙本和網絡畢竟是不同的運作，俊宏邀請賢德兄配合推動，習兄爽快即應，立即開工。我從美國搬回台北，和習老大共同推動新大學上網。

習先生心思細，下筆快，新大學的項目分類，和我一次咖啡閒敘，隔天，就完成了分項綱要。是十分典型的新聞界鍵筆。

新大學辦公就在我住的地方，四房兩廳，二房一廳公用，另二房一廳是我私人活動的空間。每星期六下午到晚上，客廳開放，是各路朋友到此閒談敘會的場所。習賢德、張俊宏、何步正是主人的身份，必到。經常來的朋友如張靜、鄭水萍、施正鋒、林深靖等人，愈到傍晚人愈多。客廳可以輕易坐滿二十多人，有咖啡，有茶，有花生、小吃，客廳的窗面對台大舊法學院，是習賢德和我年輕時上課的地方。到傍晚，新大學請客，簡便的牛肉麵或水餃，賓主共樂。習先生興趣廣泛，來者大都是在大學授課的教授，話題不缺，天南地北，時事舊聞，是我和習老兄在台北的一段快意時光。

習老兄對空軍歷史和 228 事件，著力很多。在武之璋的藍天講座，多次就 228 事件專題演講，資料豐富實在，是十分專業的研究蒐集的成果。正因如此，習老多次告知我，或許當局會對他不利。在台灣，憑他的專業經歷，居然就業困難。習老多次跑去中國大陸各省，也多次告

訴我，某大學已大致定案給他在大學的教職，卻都最後石沈大海。習的專業不是理工科，談論人文時政，俱會有個人觀點。閒談時，我建議習老兄，時政人物，老兄是否可以保守些，少表達些品評意見。習兄一方面點頭稱是。唯是，老習是一個是非分明，愛憎明顯的個性。領導不見得不同意你的看法，但你的愛憎分明會影響到上司的官位難保。老習每次給我好消息，每次不多月就表達失望不解：怎麼答應了的教職就是不能到位呢？及後，我太座由於用美國護照，每三個月就要離台、回台一次，太座嫌麻煩，又掛念自家的屋子，堅持回美。新大學網站亦已定型，可以遠控，2019 年打道回美。和習老見面聚談就變得每年一兩次了。

　　大選期，特別回台投票，邀約了陳憲中、邵子平、邱立本、李雅明、鄭水萍和習老兄一起飯敘，習兄一向反獨促統鮮明，是晚，老習倒是對台灣整體前景不表樂觀。這一次，不料竟是最後一次的共敘了。

林深靖、鐘秀梅、李雅明、何步正、習賢德、邱立本、
孫中曾、張麗齡（後排，由右至左）
陳憲中、邵子平、鄭水萍、陳達弘（前排，由右至左）

請點閱 www.theintellectal.net 新大學 / 名家專欄 / 何步正

憶老友，王曉波

何步正

鄧維楨有一次邀請各校文友往他老家郊遊，就那次機會，認識了王曉波、王拓等一群老友。那是一九六七年的事。

我是那群體內唯一的僑生，我用我的正宗廣東國語自我介紹，我是何步正，眾人驚呼，暴政！我廣東腔國語再說一遍，何步正。曉波狂笑，你這個廣東佬，就是暴政。（廣東語，步正，暴政，同音）

曉波大三，我大一。同期去成功嶺。僑生可以去也可以不去成功嶺，都不受拘限。但，我大一就去了成功嶺，因此，我們是同期去成功嶺。在成功嶺假日，我和黃樹民，會同曉波帶路，去曉波家午飯。家小簡單，曉波老爸樸實少語，外婆老邁，妹妹年輕漂亮，比曉波漂亮多了。就是不見曉波的媽媽。

成功嶺，何步正、黃樹民、王曉波

成功嶺後，回台大上課。我們多個男生在校外租屋同居。記得同居人有王曉波、黃樹民、黃榮村、王中一、陳秋坤和我。居屋到台大，單車大約十五分鐘的距離。曉波騎大單車，前後可以坐人，曉波經常邀請說我載你到校區，我個子小，就坐在單車的前單槓條上，曉波騎車的鼻息吹著我後腦。

曉波說，唱一些中國大陸的歌，我就唱，我的祖國。那是一首六十年代中國大陸流行的歌，我七歲逃離廣東中山，這些流行歌可以唱得爛熟：五星紅旗，迎風飄揚，勝利歌聲，多麼響亮，歌唱我們親愛的祖國，從今走何繁榮富強！

曉波說，國際歌呢？我又唱：起來，飢寒交迫的奴隸。起來，世界受苦的人。

曉波老是找機會，說我載你去上課，每次就是要聽這兩首歌。在路上沒有任何人可以聽得到，就咱倆人。六十年代台灣，這兩首歌，白色恐怖，可以讓你入獄坐大牢。

曉波為人正直，好打不平，黃榮村告訴我，有一次警察局在路上打路邊小攤主，曉波認為隨便打人不對，爭吵起來，警察動手打曉波，曉波回打。警察打人又打了台大學生，警察不對，要賠罪。

曉波說，你們警察請客吃一頓，我就算了。結果，警察局請客，我們一屋子的同學因之大吃了一頓警察飯。

張俊宏、黃晴琦、王曉波、黃榮村、鄧維楨、何步正（由左至右）

大二，鄧維楨要辦出版社，出書辦雜誌，大學雜誌。總動員所有人力。物力財力都是老鄧的，我們就是出人力。曉波、師大王拓，一大群老友，拉訂戶，硬推銷，我去當執行編輯，老鄧和我，加上曉波、王拓等人，邀稿，寫稿，校對，一腳踢全做，將軍小兵都是同一批人。

在眾朋友中，我學歷最低，年紀最輕，為什麼我去當編輯，比較合理的解釋，是這位僑生，背景在海外，乾淨，夠衝，不那麼恐懼這白色恐怖。

曉波介紹我去邀請張系國主持域外集，龔忠武、李歐梵等人都是那時候經張系國拉進大學雜誌的重要作者，經常寫稿人有杜維明、金耀基、汪榮祖、劉述先、陳少廷、孫震等名家。

那時期，自由中國，關了。文星，關了。李敖在坐牢。王拓邀請師大余光中，我邀請台大顏元叔，他倆人聯合主持文學專欄，李永平在大學發表他的成名作拉子婦（那時候李是台大學生）陳鼓應小市民的心聲，李登輝的農業座談，張俊宏的台灣生產力，都在大學雜誌陸續登場。曉波在各段時間都在幕後鼎力協助支持。（未完）

閱讀全文請點閱 www.theintellectal.net 新大學 / 名家專欄 / 何步正

鐵漢黃光國，反字當頭

何步正

在台大學生時代，台大的大學論壇，大學新聞的活動中和光國兄時有見面。離開台大五十年後回臺，和大學雜誌的老友們同敘，並議定辦新大學網站。一天茶敍時，光國兄問我要否探訪一些老朋友，第一個名單是韋政通老先生。陳復開車，光國和我共三人和韋先生晚餐。五十多年未見面的老友，韋先生談興極濃。光國兄念舊且極有人情味。

光國兄熱情坦誠，學術成就之外，活動力強，有推動社會活動的細胞和積極參預的動能。中國大陸和台灣，光國兄一再提議，一中兩憲是彼此兩岸的良方。我建議：不妨上網宣道，光國兄劍及履及，很快就約定在簡永松先生的辦公地點開室上網，我安排錄影上網的工作，開講就是四集。

光國兄精力充沛，戰鬥力強。平行政府的活動，就常見他的影子，他要站在第一線，和今天臺灣當權者對著幹。其勇猛積極的力道，是今日台灣學術泰斗中，為數不多，甘願且能帶頭前衝的大將。光國兄是台灣當今學術大師中，願且能身先士卒對權力當局，筆伐吶喊，造反當頭，反教改，反媚日，反反華，反反中，反獨裁，反貪腐，反帝，反殖，反備戰，呼籲和平，十分典型的中國傳統讀書人的風骨。台灣寶島，歷年來出現反獨裁，反貪腐，反當帝國棋子的正義之師：雷震，傅正，殷海光，楊國樞，朱雲漢，今日的黃光國。都讓我們追思緬懷。

前一陣，新大學網站要揀選在新大學網站刊登過的舊文出書，由於篇幅有限，每作者只限選三篇字數不多的舊作，在眾多他的近作中，光國兄中意

以下三篇：
‧一中兩憲聯合共和國
‧自我殖民的雙語政策
‧為（大日本帝國）招魂，（台灣之塔）的媚日史觀
這三篇文章，大致概括了光國兄近年宣道的主題。

　　我正在商請光國兄為這三篇文章做最後校對或增刪，並為將要出版的新大學文摘寫序。萬估不到，前半年，還生龍活虎的老友，居然在睡夢中，不打一個招呼，安安靜靜地就仙去告別了。

　　聞惡訊，稍定，眼睛一濕。老兄，只大我一歲。

（前排）孫隆基、陳達弘、黃榮村、何步正、黃光國、鄧維楨
（後排）甄桑港、陳太、劉容生、邱立本、陳復、吳昆財、白先慎、
郭譽先

請點閱 www.theintellectal.net 新大學 / 名家專欄 / 何步正

美國霸權走向崩塌的兩座里程碑

水秉和

從去年到今年，美國霸權走向崩潰的兩個里程碑出現了。第一座里程碑產生在去年 2 月 24 日俄烏戰爭爆發之日，第二座里程碑產生於今年 3 月 10 日，當王毅與沙特和伊朗代表，經過五天的秘密會談，出現在北京人民大會堂的電視機前，共同展示出他們簽訂的三國聯合公報，宣佈沙特和伊朗兩國通過中國的斡旋，達成了將重新互設大使館，恢復正式交往的協議。

霸權，我們引用維基百科的定義，即"在國際關係中，一個國家，在單極世界中，其軍事力量是如此強大，以至於沒有國家有能力跟它對抗，它的經濟力量也在同一個水平，並且它具有野心和意願，把某種秩序強加於國際社會之上。"

從這個定義，我們應可瞭解，為什麼拜登接掌白宮以後，指責中國說，中國企圖改變"國際關係的既有規則"。因為，這既有規則是美國訂的，而美國是當今的霸權。這個指責并沒有錯，因為中國正在致力於一件事，那就是建立一個多極世界。多極世界的意義不就是要推翻美國的霸權嗎？

是的，美國的軍事力量是如此強大，在北約組織的配合之下，七十年來，沒有國家能夠跟它對抗。它在二戰後發動了多次戰爭，主要有韓戰，越戰，科索沃，伊拉克（2 次），阿富汗，利比亞和敘利亞戰爭，每次都是強凌弱，有時獲得聯合國安理會授權，所以合法，有時沒有獲得授權，屬於非法。但是，去年 2 月 24 日的俄烏戰爭不是美國發動的，它是普京發動的。2021 年尾，普京動員了十萬大軍，陳兵烏克蘭邊境，然後向北約發出照會，提出六點要求，請北約於兩週內答復。他的要求，簡單說，包括：烏克蘭保持中立，不得加入北約；北約停止東擴，撤出 1993 年以後在加入北約的中東歐國家境內

部署的進攻性武器。

拜登與北約盟友進行了緊急協商，隨後拒絕了普京的要求。其後果就是，普京發動了"特別軍事行動"，侵入了烏克蘭。事後有報導稱，拜登不相信普京會真的採取軍事行動。也就是說，他誤判了普京，但是，不能改變的事實就是，作為霸權的領袖，他不能容許普京阻止他擴張。

無論如何，由 30 國組成的北約組織，其軍事與經濟力量完全可以壓倒俄羅斯。但是，普京不顧一切，依憑強大的核子武器，向霸權挑戰了。霸權的本質是擴張性的，是壓制性的，若要反霸權，那就必須有一股力量來阻擋它擴張，必須有一股力量來反抗它的壓制。這一次，普京主動向美國和北約挑戰，阻擋它東擴，并用本身的力量來對抗它的壓制（制裁）。如果美國霸權隨後逐漸崩塌，那這就是它崩塌的第一座里程碑。

俄烏戰爭是霸權崩塌的轉換點

俄烏戰爭并不是一般人所說的代理人戰爭。它是一場分工式戰爭：為了避免核戰，北約不直接參戰，而是由烏克蘭跟俄羅斯進行傳統的軍事戰爭，北約則從側面向烏克蘭提供武器，情報，培訓，政府正常運作等多方面的支援。在這一方面，它是一場代理人戰爭。可是，另一方面，北約同時跟俄羅斯直接進行了經濟戰和金融戰，也就是讓西方企業退出俄羅斯市場，拒絕俄羅斯應用 SWIFT 國際結算系統，同時向俄羅斯發動史無前例的極限經濟制裁。它的戰略構想是：只要烏克蘭能夠在戰場上支撐一段時間，北約和歐盟就可以在經濟上壓垮俄羅斯，導致俄羅斯內部發生變化，弱化俄羅斯，推倒普京，促使親西方的政權產生。

現在看來，這個戰略設計至少犯了四個嚴重錯誤。第一，為了避免核戰，北約不容許烏克蘭攻擊俄羅斯本土（雖然烏克蘭進行了數次偷襲），不向烏克蘭提供遠程導彈和先進戰機，可是它卻無法制止俄羅斯攻擊烏克蘭全境，包括它的基礎設施，如發電站，水廠，軍工廠，彈藥庫，公路和鐵路（未完）

閱讀全文請點閱 https://www.theintellectual.net 新大學 / 名家專欄 / 水秉和
本文原載於中美論壇專刊第 503 期

去美元化與本幣貿易

盛嘉麟

　　美元以美國的利益為核心，任性的寬鬆發行，升降利率，增減匯率，制裁他國，作為張牙舞爪的金融武器，攪亂國際經濟的安定，失去了作為世界貨幣應有的操守及品質。世界上受到美元霸凌的眾多國家，目前雖然無力更換世界貨幣，但是避開美元至少可以減低風險，因而掀起了國際間近年來去美元化的浪潮。

　　美元作為世界貨幣順理成章的被世界各國持有，作為多種用途的外匯儲備。國家發行貨幣需要有金銀、外匯、票據、有價證券等當作發行準備，美元就成了各國貨幣發行準備的主要外匯貨幣。國家的經常收支帳戶需要保有相當數量的外匯，作為日常國際支付之用，美元也是各國外匯儲備的主要貨幣。國際貿易結算，國家需要多種外幣應付貿易結算支付之用，美元也是各國貿易結算的主要外幣。

　　目前世界各國持有的外匯儲備中，美元處於絕對優勢。截至 2022 年，美元占全球外匯儲備比重為 59.53%，歐元是 19.77%，日元 5.18%，英鎊 4.88%，人民幣 2.88%。

　　外匯儲備中有一部份用於國際貿易結算，它可以是出口國貨幣，也可以是進口國貨幣，但最方便的是國際通用的第三國貨幣。美元是世界貨幣，也處於絕對優勢。根據 2022 年 SWIFT 的統計，美元 39.92%， 歐元 36.56%，英鎊 6.30%，人民幣 3.20%，日元 2.79%。

　　但是歐盟約卅個大小國家之間的貿易都算是國際貿易，結算支付都通過SWIFT，造成歐元的佔比偏高，並不代表歐元的強度。如果把歐盟視為一個經濟體，只統計對歐盟外部國家的貿易結算，才能代表歐元的真正強度。調整結果，美元 60.6%， 歐元 13.6% ，英鎊 9.6%，人民幣 9.7%，日元 4.2%。

有趣的是，作為世界第一貿易大國，人民幣在國際貿易結算的名義佔比3.20%，經過歐元調整後的佔比 9.7%，但是人民幣在國際貿易結算中，除了經過 SWIFT，還有經過中國自己的跨境支付系統 CIPS，可是數量極少，沒有統計資料。專家只能估計，人民幣在國際貿易的結算佔比，應該從名義上的 3.20%，去掉歐元的重複計算，升為 9.7%，再加上跨境支付系統 CIPS，實質上的佔比已達到 10% 的地位。

各國苦美元久矣，加上俄烏戰爭後美國對俄羅斯發動的貨幣金融極限制裁，美元武器化震驚世界各國，尤其是「新興市場／發展中國家」。表現在國家發行貨幣的外匯準備上，有 24% 的各國中央銀行正在購買黃金，增加黃金持有量替代美元，主要包括俄羅斯，中國，印度，土耳其，埃及及阿拉伯國家。表現在國際貿易結算上，世界上有 110 個國家考慮去美元化，計劃用本幣貿易，停止使用美元。

本幣貿易說來容易，實行起來困難重重。國際貿易結算必然需要有類似共同貨幣的媒介。從以往的金銀貴金屬，到以金銀為本位的紙幣，到保證可以兌換黃金的美元，而 1971 年停止兌換黃金以後的美元，則是以美國強大的經濟力量，金融信用及石油掛勾為保證。一旦各國實施本幣貿易，不以美元作為共同的媒介貨幣，各國貨幣紛紛出現在國際貿易結算平台，百十種良莠不齊的各國貨幣，必然造成不可想像的無序狀態，使國際貿易難以進行。　最基本的本幣貿易是貿易雙方都以對方的貨幣購買其貨物。以中國為例，中國是 140 個國家的最大貿易國，本幣貿易之後，中國人民銀行可能持有 140 個國家良莠不齊的貨幣。孟加拉的貨幣只能向孟加拉進口貨物，衣索匹亞的貨幣只能向衣索匹亞進口貨物。中國人民銀行擁有大批花不出去的孟加拉幣衣索匹亞幣，必須建立複雜無比的，各國貨幣可以自由兌換的國際平台，否則情況難以管理。（未完）

影片連結：https://youtu.be/FrvAvHPTwPE
閱讀全文請點閱 https://www.theintellectual.net 新大學／友站推介／中美論壇
本文原載於中美論壇專刊第 521 期

編者的話

戰鼓擂，良雞叫，春燕不回歸

何步正

　　一九六八年，王拓、王曉波、邱立本、甄燊港、鄭樹森、何步正，都還是師大、政大、臺大的在校學生。鄧維楨出資，這些在校學生出力，其中，邱、甄、鄭、何都是僑生。大學雜誌於是橫空出世。及後，張俊宏、許信良等人加入。而張、許兩人，當時都是國民黨中央黨部的幹事。張宅在和平東路，大學雜誌的校對、送給訂戶的工作，就在張宅。都少不了師大、台大的男女僑生的無薪義助。許榮淑教書之餘，燒菜做飯，招待這些義工。及後，張俊宏、許信良、陳鼓應等人，都是黨外，國民黨外的黨外要將。

　　五十年後，這些人都垂垂老矣，居然重燃＂要正義，為人民，真民主＂的黨外初心。這一次，張俊宏、施正鋒、游盈隆、許榮淑的黨外，是民進黨的黨外。

　　2017 年，〈新大學〉網站於焉面世。

　　台灣和香港，經殖民治理後回返祖國，卻有大不相同的情境。

　　英國人殖民治理香港百年，一個貧窮的小村，演化為六十年代的亞洲四小龍。一九九七，香港回歸中國大屋頂下的中華人民共和國。

　　台灣歷經中國沿海漢族移民，明清，紅毛，清鄭，日本殖民，日本投降，台灣回歸中國大屋頂下的中華民國。國民政府投入海量人力、物力、兵力抵臺，終在六十年代和香港並排，共進入亞洲四小龍之列。

　　一九四五年前，五十多年的現代史，中國大陸戰禍連年。香港和台灣，

236

僥天之倖，離開戰禍，居住這兩地的漢民生活遠為平和安定，來自戰爭造成的心理傷害，生命的悲搶，港臺兩地居民，大都沒有太多親歷悽慘的痛苦烙痕。對戰禍的製造者，產生不出強烈的仇恨感。對戰禍的苦難，缺少了一份切膚的哀痛。

漢族，尤其是廣東、福建沿海民眾，用賣豬仔的身價，飄洋渡海。他們手上沒有洋槍大炮，只有蠻強的生命力，赤手空拳，在美洲、非洲、、南亞、在香港、在台灣，存活，壯大。香港和台灣的漢族居民，都同樣有被殖民治理的歷史，卻都保留著中國文化的傳承，民族血緣的聯接。但臺港兩地居民，對被殖民歷史的回顧和評述，並不完全類同。

1997香港回歸前。英殖民政府，為香港建水塘，平價廉租屋，普及中文、英文雙語教育，放任中華文化自由生長。開通地鐵，過海隧道，新建亞洲一流的機場。未任港督在最後的一天，也就只是一個小輪船，在小碼頭，不到一個小時的簡單儀式，悄悄然下旗回去日不落帝國。斯時也，香港是亞洲四小龍，一港之地，外銷貿易額可匹對一個大中國數省的總和。香港人是如此評價英殖治港的，所有所有這些政績建設，都是治理者用我們香港的地，收我們香港人的稅，理應要做的事。

日本人自中國清朝手下武力奪取台灣，管治台灣數十年。為統治效益，為日本的所謂東亞共榮的殖民之夢，為了收刮原材料回日本，在台建有水塘，鐵路。廣推日文學校，壓抑中華文化，槍殺反日的台灣居民。中華民國收回台灣，帶黃金萬兩，經教人材，有十大建設，清廉治理，政黨輪替執政，偉然有亞洲小龍盛名。和韓國人的不媚日，和香港人的不媚日英美，台灣卻大不一樣。台灣有一些人媚日，親美，仇中。對日本殖民統治，一些台灣居民有多一些卑媚的好感，有李登輝類的「身為台灣人的悲哀」錯亂，進而抗中、反中、仇華，反自己祖宗血脈，忘棄中華文化脈系，訴求台灣獨立。

晚清民初，抵外侮，內戰，抗日，中國大地是血淚交織的難困日子。香港和台灣，大戰前後，卻，例外地遠離戰禍，民強地富，大發韓戰、越戰的戰爭財。如果，在當時，香港和臺灣沒有相對穩定的政權，提供了安全發展

的機會，這兩地，就沒有條件創造出位列亞洲四小龍的效績。這兩地，香港和台灣，是中國近代歷史，享有能遠離戰禍的獨特的異數異地。但，今天放眼看現實，台灣這異數，這異地的「異」，已蕩然無存，戰爭的風險，烏雲蓋大地。

中國改革開放，設若沒有一個強有力的穩定政權，擋外侮，禁內亂，財經教育科技因之得以高速發展，就不可能出現，也不可能支撐得住今天世界二強鼎立的局面。

香港曾經有過港獨的聲音，港獨不在英治下出現。港獨萌芽在97回歸前後，有所謂河水不犯井水之說。中國大陸改革開放之後，國力飛躍前進，而香港滯後。香港當時一些政治人物過度自信，高調「兩制」，故意忽略並低估「一國」的重要性，再加上國際背後勢力綜合，終引發港獨暴力之亂。唯，不及一年，中國出力，香港回復平靜，重新出發，港獨終而消音。香港是一個十分開放自由的城市，回歸後，前後有兩次港人出走潮，一次在宣告97回歸；一次在動亂之後。第一次出走，不足五年，大量回流，香港房價飆升數倍。第二次出走，流入的人口高過出流人口，樓價企硬，微升。港深廣澳的大灣區前景空前看好，香港國際金融地位企硬，香港作為對內對外的窗口地位依然重要，港深的河套特區是特區中的特區。香港人由是自我認定，他們是居住在香港的中國人。香港，中國東方之珠，繼續光輝耀眼。

台灣的臺獨，不在日治期。而在中華民國回收台灣之後。初，反蔣，後期民進黨人進一步催化，演化出一批反中反華，到仇中仇華的聲音，媚日崇美到要拿起掃把，街頭巷戰，戰鬥到底。香港人看中國大陸，數分鐘舉步過橋即是，有香港人反共，但不會仇中仇華。台灣有不少人，不過海看，亦不用望遠鏡遙看，而是固限在自我劃定的時空內，仇視一個自我想像的，虛幻的不真實的中國。為了保護執政和繼續貪腐，睜目自我膨脹，故意誤導民眾，蓄意低估並漠視中國為了統一而投入的軍經實力，和決心要統一的意志力。錢穆感覺香港是文化沙漠，遠渡台灣，要將花菓飄零到台灣落地生根，發芽長菓。錢老萬估不到，台灣這裏，有人要絕祖棄宗，說，這裏是南亞土族，

238

教科書沒有了秦漢唐宋元明清。在這裏，有台灣，有這個國家，沒有了中華民國，要放棄掉中華文化。

香港人已認識到，中國絕無意，更無必要把香港打造成第二個上海，或第二個深圳。香港地位特殊，功能特殊，無可替代。香港就是香港，一國兩制的中國特特區的香港。台灣比香港，有遠較優越的實力談在一個中國的大屋頂下的和平共處的條件，中華民國早於中華人民共和國，有自己的軍隊、憲法，還有一個大海相隔。但，人權、尊嚴、公平，所有所有，是坐下來談才會有。戰爭之下，就沒有所謂人權和尊嚴，更沒有平等公允，只有絕情殺戮。時間已經不在我們這一邊，在軍事上，在軍心上，我們沒有了 A，沒有了 King and Queen，我們大概只剩下 65432。

臺獨媚日的氛圍，是絕症，不可能有出路。

中華人民共和國的國歌，是抗日戰歌（中華民族，到了最危險的時候；把我們的血肉，築成新的長城；冒著敵人的炮火，前進，前進）。中華民族抗日，中國軍人死亡三千多萬，比台灣總人口數還要多。中國抗日，是國仇。在中國人民眼中，一個媚日、仇中仇華、要獨立的地區政權，其危害幾近抗日國仇，就再不是骨肉兄弟。骨肉兄弟，不可相殘，但一旦因媚日倚日、仇中仇華，被列入國仇國恨，不再是骨肉兄弟，殺戮就會變得理直氣壯。此所以，媚日倚日、仇中仇華的臺獨聲浪，危害最大，離兇險的戰禍只有半步之遠。

要謀求永久的和平，只能依靠我們自己。尤其不能自甘為別人的棋子，別人可棄的馬前卒，更不可能相信別人會為你上你的戰場。

「來來來，來臺大；去去去，去美國」，一大堆台灣培育出來的精英，在美國，搖著綠旗，為他們的務實臺獨副總統吶喊。可是，他們的子子孫孫，黃皮白心的 ABC，不能背唸：人之初，性本善，他們卻在海外說三話四。春燕飛去，再也不會回來築巢生蛋。這些臺獨人，只會在海外，放言喧嘩。

如果所謂維持現狀，就是這樣子繼續訴求台灣的明獨暗獨，沒有中華民國的 Taiwan 現狀。繼續媚日反華，仇華仇中，講抗拒，不接觸，不對談。今天的中華民國總統不講「中華民國」，她口中只有「這個國家」，這樣子的現狀，其實是高度戰爭風險的現狀。戰爭與和平，竟然只是舉手投票之間的旋轉門。今天，這種已經是戰爭前奏的所謂現狀，必須打爛，打破。新的中華民國領導人，必須要有能力和決心，打破現狀，堅決不為別人馬前卒，要自主尊嚴，創造新局，建立兩岸和平的基石。只有和平，才能為台灣居民提供安定、富裕、共利的大環境。

媚日倚日、仇中仇華的臺獨，讓大陸彼岸捶擂戰鼓天高響。

這裏有識良雞高叫示警，卻必須要能叫醒沉睡裝睡的人。團結合力，扳倒貪腐的政權。

台灣尚有很多春燕飛去不回歸，卻在室外上跳下竄，獨立獨立，呱呱叫。

金門街景。在這裏，五星紅旗和青天白日旗和平共存。

作者簡介

水秉和 1942 年出生於蘭州，1949 年全家遷臺後在新竹落戶，從中原大學水利工程系。畢業後留美，改讀政治，在獲得密西根大學政治學博士候選人資格後進入聯合國服務，直到退休。三十多年來，他的時評散見於港台及美國的報刊，並長期用彭文逸的筆名為香港的《九十年代》月刊 "自由神下" 專欄寫稿。他曾經在美國的《新土》、《知識分子》兩個刊物和香港的《抖擻》雙月刊擔任編寫工作。（美國）中美論譚社理事（2013-）。現居拉斯維加斯。

王學安 華夏心學教育研究院執行長，徐州工程學院人文學院心學教育研究中心客座研究員，心學復興公眾號主編。國家二級心理諮詢師，華人心學智慧諮詢師連續三期修課學員。作品散見於心學復興公眾號。

王顥中 在苦勞網擔任記者八年時間，過去曾投身學權、同志與樂生運動。社運經驗使我相信改革需要由下而上；而要挑戰結構，還需要改造了的主體作為動力，因此需要人由內而外。對運動充滿熱情，又深刻感受到困頓。於是在迷惘中，也冀望知識能夠發揮引領人的作用。

石文傑 台大歷史系、師大史研所。中學歷史老師退休。

朱雲漢 國立台灣大學政治系，美國明尼蘇達大學政治學博士、台灣大學政治系教授，蔣經國國際學術基金會執行長。中央研究院院士，成為 1949 年以來政治學門的第二位院士（另外一位是胡佛院士）。
在國立台灣大學政治學研究所長期開設「中國大陸政經社變遷」、「國際政治經濟學」以及「東亞政治經濟」等課程。

何步正 廣東中山建斌小學、香港蘇浙公學、台灣台大經濟系。《大學雜誌》編輯、美國《野草》編輯、香港《明報》編輯、香港《明報晚報》編輯，"新大學"編輯。文章散見於香港《明報》、香港《明報晚報》、香港《經濟日報》、香港《亞洲週刊》、《野草》、"新大學"。

吳昆財 嘉義大學應用歷史系教授，史學博士，專長：中國近現代史、國共關係、兩岸關係、中美關係。中正大學歷史學博士。嘉義大學應用歷史系教授。專長：中國近現代史、國共關係、兩岸關係、中美關係。文章散見於中國時報、聯合報、《海峽評論》等。

杜維明 第三代新儒家代表人物，哈佛大學教授，中華民國中央研究院院士，中華人民共和國孟子研究院名譽院長。
東海大學中文系，師事徐復觀，亦受牟宗三思想影響。哈佛大學哲學博士學位。曾任教於普林斯頓大學、柏克萊加州大學，哈佛大學中國歷史和哲學教授，美國人文、藝術及科學院院士。曾任美國夏威夷東西文化交流中心文化交流所，出任哈佛燕京學社社長。2010 年，應聘為北京大學高等人文研究院院長，至中華人民共和國任教。杜維明也是拉曼大學國際顧問委員會成員之一。

汪明生 1987 年獲美國 Indiana University 公共事務博士，1992 年於中山大學開創公共事務管理研究所。相較於政府主導的公共行政與企業主導的企業管理，公共事務尤重民間社群的跨領域連結治理。

經在地觀察城市轉型中的潛力與隱憂而提出市場導向的行銷高雄，並以小額募款公民自發方式於 1994 年成立高雄都會發展基金會，前後持續推進百場以上的大小內外產學活動。

敬邀李國鼎、孫運璿、趙耀東等前輩先進領銜，於 1998 年成立中華公共事務管理學會，推進兩岸城市治理等公共事務交流。於 2010 年邀請 70 位大陸公管院長來台舉辦較具規模的院長論壇。

2016 年成立台灣孫文南院，公開倡議兩岸孫統，爭取經社深化融合與城市試點統好。2017 年於廣西柳州與社科院台研所首辦‘兩岸南南合作發展’論壇。

2023 年與清華台研院及中國社科院合作，在台開辦‘百工百業和平發展’與‘百工百業創富共榮’等系列論壇。

出版‘公共事務管理概論’、‘公共事務研究方法’、‘判斷決策與公共事務’等領域專書。並發表 SCI、SSCI、TSSCI、CSSCI 等國內外學術期刊論文 70 餘篇。

周陽山 台灣大學政治系畢業（1979），美國紐約哥倫比亞大學政治學博士（1981～1988）。曾任台大新聞研究所教授，立法委員，監察委員，國民大會代表，中國文化大學教授，新黨召集人（黨主席）等職。研究課題包括近代中國政治思想史、孫中山思想、比較政治及比較憲法、社會主義制度、東歐與俄羅斯等。文章散文見於《中國時報》，《聯合報》，《海峽評論》，《祖國》，《觀察》等報刊。

林文映 香港客家會館館長，長期在網媒思考 HK 撰寫專欄。香港浸會大學進修，澳大利亞墨爾本 Box Hill Institute of Tafe。歷任梅州市第六屆政協委員、香港客家文化研究會會長、台灣大學客家研究中心諮詢委員、廣州外語外貿大學粵商研究中心研究員、香港作家聯會理事、香港詩人聯盟秘書長、香港《嘉訊》主編。發表 50 多篇學術論文。

林深靖 出生於嘉義縣新港鄉月潭村。1990 年赴法留學，工作於巴黎近郊雷諾畢永固車廠 (Renault Billancourt)。返台之後，先後擔任過歐洲文教基金會董事兼研究室主任、《九二一民報》主編、第四屆亞洲地區非政府組織論壇執行長、民主文化基金會執行長、開南大學公共行政系兼任教授、開南大學推廣部台北分部主任、陸委會諮詢委員、新北市政府「國際諮詢委員會」委員、財團法人浩然基金會研究員、世界社會論壇 (World Social Forum) 國際委員會成員、國際知識集體 INTERCOLL (International Intellectual Collective) 亞洲聯絡人、《新國際 New International》雙週刊創辦人、《臺灣立報》主筆、香港《亞洲週刊》特約撰述、《中國時報》專欄作家、《風傳媒》專欄作家、《天下雜誌》獨立評論專欄作家。

現任：新國際經貿文化社社長、「平行政府」秘書長。

邱立本 《亞洲周刊》現任總編輯。著有《邱立本文集》。曾分別在 2006 年、2008 年及 2012 年等這三個年度，被中國大陸網民選為中國一百位公共知識分子之一。更在 2010 年，榮獲星雲新聞獎；2011 年，獲亞洲出版協會 SOPA 最佳新聞評論獎。國立政治大學經濟系。《大學雜誌》擔任執行編輯，在當時總編輯、台大心理系教授楊國樞的領導下，投身這本雜誌推動政治改革的浪潮，後轉往《中國時報》當國際新聞編譯。紐約新學院經濟學碩士，在美生活期間，曾於不同的媒體，擔任記者、編輯、副總編輯和主筆的工作。發表多篇關於社會、時事、媒體、經濟、政治等評論。

施正鋒 政治學者、自由撰稿人。Ohio State University 政治學系博士、Iowa State University 政治學系碩士、台灣大學農業經濟系學士。前東華大學原住民民族學院院長、淡江大學公共行政學系主任。主攻國際關係（專長比較外交政策、國際政治經濟），副修比較政治（專長族群政治文章散見《中國時報》、《聯合報》、《台灣國際研究季刊》。著有《台灣人的民族認同》、《自我認同與民族認同的追尋》、及《美國的交友之道》等 30 本。

段心儀 台北市中山女高、北一女中退休國文老師，中華語文教育促進協會祕書長、理事長。聯合報民意論壇，中國時報時論廣場，海峽評論，鵝湖月刊。

胡卜凱 台大畢業；半導體、電信業工程師；保釣運動發起人之一。文章散見於「時事論壇」部落格。

范湘濤 大陸出生，台灣長大，美國定居。中原大學土木工程系畢業，臺灣省土木工程技師高考及格。南加州大學（University of Southern California）土木工程碩士，加州執照工程師。曾擔任加州日報董事，論壇報社長，新土雜誌編委。（美國）華夏政略研究會創會理事，中華民族之騰飛研討會第一屆、第二屆會議組織委員。中華之聲廣播電臺政治評論節目主持人 (1993-1996)。現任洛杉磯扶貧教育基金會理事。（美國）中美論壇社首任社長（2013-2015），現任中美論壇社理事。著作有「從新土到論壇報」一書。

孫中曾 淡江大學土木工程學士，清華大學歷史所碩士，文化大學哲學博士。亞太綜合研究院研究員，國際藝評人協會常務監事，永達技術學院專任講師，康力生技股份有限公司科研商貿部執行副總。

孫隆基 生於 1945，重慶，幼年遷香港，居住至中學畢業，赴台就讀於國立台灣大學。後赴美深造，於明尼蘇達大學獲俄國史碩士，史丹福大學東亞史博士，在美加任教多所大專院校，2005 年退休後赴台教學。著有中英文著作多篇，著名者為《中國文化的深層結構》、《殺母的文化》、《歷史學家的經緯》等等。

徐復觀 明治大學經濟系、陸軍士官學校步兵科。1933 年秋，在國民政府參謀本部參謀總長辦公室、軍事委員會委員長侍從室及中國國民黨中央黨部當黃紹竑的幕僚。任八十二師的團長。1938 年春，到武昌珞珈山武漢大學校舍參與軍官集訓。徐復觀頗受蔣中正賞識，1942 年以國軍少將軍銜、歷時半年，與毛澤東、劉少奇等人晤談。他曾寫道「與毛（澤東），向蔣報告：「中共有能力奪取全面政權，假定國民黨這樣下去的話」。同年徐到重慶白碚的勉仁書院拜訪熊十力，兩人結下師徒情誼。
1947 年，和商務印書館合作辦《學原》雜誌。1955 到東海任中文系教授兼系主任。投稿參與雷震的自由中國半月刊。1960 年代，錢穆與唐君毅於香港籌辦香港中文大學新亞書院，徐復觀亦曾在中大講學研究。

張一飛 重慶出生，臺灣教育，居美華裔，成大電機，羅島博士，科研為職，教育為標，寫作為趣，工作多年，學術研究，科技發明，人才培育，行政管理 (IBM TJ Watson Research Center and Polytechnic University), 曾經外調，受邀服務 (Executive Yuan, Office Automation, Univ. of Texas,Display Technology, IBM Auston, Workstation, Univ. Of Singapore,Singapore Computer Board, IBM Singapore, Intelligent PublicInformation System and III and ITRI of Taiwan，AdvanceTechnology), 開發系統，技術轉移，前瞻計劃。現任選職，松墨城區，教育委員，公眾電視，每周節目， 製作主播 (Community Education -Scramble Game Show - Dr.Wordman Show), 致力促進，中美關係，文化交流，教育改進，

以盡民職。現任（美國）中美論譠社理事。

張人傑 財團法人凱達格蘭基金會新台灣國策智庫研究小總召集人。

張文基 畢業於臺北建國中學，台灣大學學士，加州理工學院化工及化學物理博士，南加州大學退休教授，現任(美國)中美論譠社社長(2015-),該社的宗旨是推進中美相互瞭解合作，促成海峽兩岸和平統一，宣導和諧平等多元世界。每週出版一頁政治評論專欄，刊登於全美各地中文報刊，並與台海兩岸媒體有戰略夥伴關係。曾任加州理工學院中國同學會會長(1971),南加州中國同學會聯合會創會會長(1971),西區中文學校校長(1988),南加中文學校聯合會執行委員及副會長(1988,1989),南加州台大同學會理事及年會主辦人(1988,1989),華夏政略研究會創會會長(1992-95),執行理事(1995-2014),中華之聲廣播電臺評論節目主持人(1993-1996),美國扶貧教育基金會會長(2004-2008),美國 TLARGI 橡膠教育基金會執行長(2010-2014),南加州紀念二戰勝利七十周年委員會主席(2014-2015),華裔美軍後援會常務理事(2003-2019),等等。

張系國 計算機和電腦專家、著名台灣作家、科幻小說作家，曾創辦《幻象》科幻雜誌，台灣科幻小說重要推手。台灣大學電機學系畢業，美國加州柏克萊大學博士，美國匹茲堡大學電腦科學系教授、國立東華大學華文文學系榮譽教授。《大學雜誌》域外集編輯，美國《野草》雜誌編輯。

張亞中 祖籍山西，文化大學機工系學士、政大外交系碩士、漢堡大學哲學及政治大學政治學雙博士，孫文學校總校長、兩岸統合學會理事長、吳斯懷八百壯士捍衛中華協會顧問、反軍購聯盟總召集人、南華大學亞太所教授、國立臺灣大學政治系教授、陳履安總統競選團隊政策總召、國大代表、國際佛光會世界總會理事、中華人間佛教聯合會常務理事、人間佛教研究院研究員。

張俊宏 國立臺灣大學政治學系、國立臺灣大學政治學研究所畢業，民主進步黨政治人物，曾任《大學雜誌》執行人、《臺灣政論》總編輯、民間全民電視公司創辦人、第六屆臺灣省議員、臺灣政治經濟研究室創辦人、民主進步黨中央常務委員、民主進步黨秘書長、代理民主進步黨主席、第二至五屆立法委員、海峽交流基金會副董事長、城鄉改造環境保護基金會董事長。

張靜 律師。專業領域：智慧財產法及智慧財產訴訟、民法、刑事法、司法改革、承辦代表案件。資深媒體人。國立政治大學法律學系。大成台灣律師事務所律師、臺灣陪審團協會理事長、中華國家法治改造促進會常務監事、國立雲林科技大學科技法律研究所兼任副教授、司法改革國是會議委員。

梁海明 絲路智谷研究院院長；海南大學一帶一路研究院院長；國內一帶一路研究知名學者。研究領域「一帶一路」；宏觀經濟；粵港澳經濟合作與區塊鏈。

梁啟源 哈佛大學博士後研究、台灣大學經濟研究所博士。其主要學術研究專長為能源經濟、環境經濟、產業經濟、生產力分析及經濟預測。其曾任行政院政務委員、總統府國家安全委員會諮詢委員、總統府科技諮詢委員會委員、經濟部顧問、中華經濟研究院董事長、中央銀行監事等政府部門諸多要職，並為國內整體能源及發展策略提供諸多良策與建言。現為中央大學管理講座教授暨台經中心研究員、中央研究院經濟研究所兼任研究員。

盛嘉麟 大陸出生，三歲到台灣，留學美國後定居。成功大學交通管理學系，鐵道工程及管理組畢業，交通人員高考及格。政治大學企業管理研究所畢業，MBA。猶他州立大學，數學及電子計算機碩士。

在台時任職台灣省公路局，中國農民銀行。來美後任職 Rockwell International, Northrop Grumman 工程。2015 年退休，住在 Maryland 州。

在台時期文章散見於《中央日報》、《國語日報》、《中國經濟》、《交通建設》、《拾穗》等報章雜誌。現任（美國）中美論壇社理事。

習賢德 國軍先烈子弟教養院，從小苦讀，考進師大附中，喜愛寫作，多次參加作文比賽並獲獎，奠定他後來從事新聞工作的基石，民國 60 年考進輔大大眾傳播系成為第一屆學生。畢業時，同時考上台大、政大研究所，他選擇進入台大三研所就讀，就學期間，開始到聯合報擔任新聞記者，曾升任為召集人、派駐菲律賓等，民國 71 年考上外交人員特考，接受訓練後曾分發到外交部服務，民國 77 年考上台大三研所博士班，重回新聞工作，分別在自由時報、大成報及自立早報等媒體服務，民國 83 年正式回到他的母校輔大大傳系任教，作育英才，也曾擔任系主任及傳播學院副院長等職，民國 105 年退休。"新大學"網站第一任總編輯。

許金聲 原北京市社會科學院應用心理學研究中心主任，社會學所研究員。中國大陸最早研究、介紹馬斯洛心理學的學者之一。主要專著：《走向人格新大陸》（1988），《活出最佳狀態》（1998），《人格三要素改變命運》（2002），《第三次革命：通心》（2010），《通心的理論與 方法》（2019），《大我實現之路——全人需要層次論》（2021）。譯著：馬斯洛《動機與人格》，愛德華·霍夫曼《馬斯洛傳》等。2008 年退休後在常州建立全人心理學培訓基地，舉辦工作坊，培訓心理諮詢師，以及按照自己方法進行諮詢的"通心輔導師"，一直到現在。

許信良 黨外運動的主要領導人與代表人物之一，中壢事件的當事人他曾任臺灣省議會議員、桃園縣縣長、民主進步黨主席及中華民國總統府資政等。《大學雜誌》編委、"新大學"網站社員。1995年出版《新興民族》，在民進黨黨內提倡西進中國大陸，因此遭受黨內指責；而後經由辯論，民進黨的政策定調為「強本西進」。

許倬雲 籍貫江蘇無錫，生於福建思明，擁有美國與中華民國雙國籍，歷史學家，現為美國匹茲堡大學歷史學系榮休講座教授，中央研究院院士。曾先後執教於台灣、美國和香港的多所大學。研究領域主要在中國文化史、社會經濟史和中國上古史。他將中國歷史上的文官制度，以管理學的觀念，分析解釋，開了中國管理學研究的另一途徑。此外，他還積極介入台灣公共政治，對台灣社會的民主政治轉型頗有貢獻。

許榮淑 民主進步黨及人民最大黨創黨黨員，曾任中華民國立法委員，現任人民最大黨主席、深耕文教基金會董事長。

1981 年，許榮淑代替被判叛亂罪的張俊宏參選中彰投增額立法委員，當選。

2009 年，許榮淑說，民進黨動輒指控包括中國國民黨在內的與中國大陸交流者「出賣台灣」，卻不拿證據出來，還禁止她與范振宗出席第五屆兩岸經貿文化論壇以監督國民黨，顯然是自相矛盾。許榮淑說，身為大黨的民進黨還是要面對中國問題，她今天的行為就是要讓民進黨面對中國問題，「（民進黨主席）蔡英文，妳的中國政策是什麼？告訴我這個老阿嬤」；她同時諷刺，在民主、自由、人權及法治都落實的時候，民進黨中央現在又要用言論箝制她與同樣出席第五屆兩岸經貿文化論壇的范振宗。7 月 27 日，民進黨召開臨時中評會，開除許黨籍。

2010 年 4 月 29 日，許榮淑、美麗島系大老許信良、中國國民黨榮譽主席連戰、中國國民黨榮譽主席吳伯雄、親民黨主席宋楚瑜參觀中國 2010 年上海世界博覽會，在上海西郊賓館會見中

國共產黨中央委員會總書記胡錦濤。

陳俐甫 國立台灣大學政治學博士。台灣教授協會副秘書長。淡水牛津學堂博物館與馬偕紀念館主任。

陳復 思想史學者與心學家，現職擔任國立東華大學洄瀾學院院長兼縱谷跨域書院學士學位學程主任，洄瀾學院通識教育中心與人文社會科學學院華語文教學暨書法國際碩士班合聘教授。國立清華大學歷史學博士與碩士，私立東吳大學中文系學士，曾擔任國立台灣師範大學科學教育中心博士後研究員，創立海峽兩岸心理諮詢協會，擔任創會理事長與榮譽理事長，曾任國立東華大學共同教育委員會主委兼大一不分系學士班主任、國立東華大學通識教育中心主任、國立宜蘭大學博雅教育中心主任兼生命教育研究室召集人。長期關注於實驗教育、生命教育與通識教育這三個領域，其辦理的縱谷跨域書院學士學位學程藉由特殊選才凝聚出一批各具才藝的青年學子，共同藉由專題發展專業，並展開在地實踐。
陳復長期關注中華思想與中華文化的各種議題，並思考如何將這些議題應用於社會中，其專業研究在齊文化與齊學術、陽明學與中國現代化、本土心理學、心學心理學暨華人本土社會科學，並將這些研究成果發展到應用類的心理諮詢領域，稱作智慧諮詢。擅寫詩文，倡導與實踐心學來復興中華文化。曾榮獲知名國際新聞雜誌《亞洲週刊》（第 21 期）公布第六屆全球傑出青年領袖大獎。著有《心學工夫論》（2005）、《書院精神與中華文化》（2005）、《先秦齊文化的淵源與發展》（2009）、《戰國齊學術的特徵與影響》（2009）與《心學風雲記：王陽明帶你打土匪》（2018）、《王子精靈法則：陽明心學智慧記》（2018）、《轉道成知：華人本土社會科學的突圍》（2020）等書

曾建元 臺灣客家人，東吳大學法律學系比較法學組法學士、國立政治大學三民主義研究所法學碩士、國立臺灣大學國家發展研究所法學博士。曾任中華大學行政管理學系副教授、國立臺灣大學國家發展研究所兼任副教授暨客家研究中心副主任、行政院促進轉型正義委員會平復司法不法組研究員；現任國立中央大學客家語文暨社會科學學系暨淡江大學資訊傳播學系兼任副教授、華人民主書院協會暨公民監督國會聯盟理事長。著作：《馬克思主義法律概念的批判性研究》、《一九九零年代臺灣憲政改革之研究——民族主義與民主轉型的觀點》。

游盈隆 國立台灣大學政治學系畢業後，美國北卡羅萊納大學取得政治學博，任教東吳大學政治系。1997 年，山水民意研究股份有限公司（山水民調）成立，擔任首席顧問。1999 年，辭去山水民調顧問職務。2016 年，發起成立台灣民意基金會，擔任創會董事長。2019 年 6 月 23 日，以民進黨"維持現狀"、立法院廢除"公投綁大選"、蔡英文拒絕特赦陳水扁和破壞初選制度等為由宣布退出民進黨。

馮達旋 馮達旋，物理學家（核物理，量子物理）、教育學家，美國物理學會會士，現任澳門大學全球事務總監、校長特別顧問，是複旦大學、南京大學、等多所內地高校的榮譽和講座教授。曾任美國德雷賽爾大學物理講座教授，美國國家科學基金理論物理組主任，德州大學達拉斯分校研究副校長兼物理系教授，台灣清華大學和成功大學資深副校長，美國橡樹嶺國家實驗室和布魯克文國家實驗室諮詢委員等重要職務。2019 年 1 月初，馮達旋教授被聘為海南大學國際顧問委員會主席及海南大學「一帶一路」研究院榮譽院長。

黃人傑 台灣師範大學三民主義研究所和政治學研究所教授兼所長，弘光科技大學人文社會學院院長。

黃光國 美國夏威夷大學社會心理學博士，國立臺灣大學心理學系教授、國科會卓越計劃主持人及教育部國家講座教授，高雄醫學大學心理系講座教授、國立東華大學洄瀾學院榮譽講座教授。主要研究方向為科學哲學與方法論、本土社會心理學，並結合東西文化，以科學哲學為基礎，開展社會科學本土化運動，並發展本土社會心理學。著有《人情與面子》、《知識與行動：中華文化傳統的社會心理學詮釋》、《社會科學的理路》、《儒家關係主義：哲學反思、理論建構與實證研究》、《反求諸己：現代社會中的修養》等及中英文論文 100 多篇。

黃晴琦 城鄉改造環境保護基金會董事長。

黃榮村 中華民國心理學家，彰化縣員林市人，現任考試院院長，曾任教育部部長、中國醫藥大學校長。黃榮村的學術專長為人類知覺、認知科學及決策與選擇行為。黃榮村亦以自由派學者身份聞名，主張捍衛學術自由。台大歷史系，之後轉系至理學院心理系，學士、碩士及博士學位。獲博士學位後任教台大心理系，曾赴哈佛大學、卡內基美隆大學、洛杉磯加州大學、聖路易大學等處擔任訪問學者及客座教授，歷任臺灣大學心理系教授、系主任，與台大第一任師資培育中心主任。

楊雨亭 1953 年 5 月生於台北芝山岩眷村，作家、出版家、資訊工作者，臺灣師範大學歷史學博士、美國麻州大學電腦碩士、輔仁大學數學系，曾為軟體公司負責人、資策會副處長、美國矽谷工程師，麻州大學數學系講師。基督教，已婚，育二子，有一剛滿一歲孫女。曾出版父親軍統暨情報局回憶錄《見證一生》，愛情詩集《寂寞的螳螂》（遭夫人列為禁書，不得流傳），勵志《管理你的失敗》，個人前半生回顧《上校的兒子》（台灣繁體版、大陸簡體版）。文章散見中國時報、聯合報、世界日報、蘋果日報、自由時報、民報、台灣文學、上海文學、香港明報、九十年代、爭鳴、中華雜誌（胡秋原辦）、中國之春、中國時報海外版、成功高中校刊等。年輕時英俊非凡，風流倜儻，自比周郎，七十歲時滿臉老人斑，望之不似人君，夫人謂之「行將就木」狀，乃「報應」也！嘆人生如白駒過隙，一轉而逝，不過，尚老驥伏櫪，志在千里。

甄燊港 台灣大學政治系，是首位華人出任香港記者協會主席。雖常批評香港民主黨，但整體與泛民主派友善。2008 年，前綫主要成員劉慧卿等投靠民主黨，甄燊港及部分其他成員堅持留下來，重組前綫。主持香港人網節目〈國情燊知〉、〈國情揭露〉。

趙國材 河北省天津市人。於國立政治大學外交研究所畢業後，先後取得英國劍橋大學法律系法學學士及碩士、荷蘭海牙國際法學院碩士、愛丁堡大學法學博士等學位，並獲得聯合國海上維持和平訓練文憑。現為政治大學外交學系專任教授，講授國際公法、國際組織、國際法院成案、海洋法、國際法與外交、國際法與環境保護、戰爭法與中立法、國際私法等課程，1984-1990 年擔任外交系主任。曾任高考、外交官暨領事人員特考典試委員、內政部海洋法研修小組及國際法修訂小組委員，參與制定領海及鄰接區法。分別於南非蘭德斐文大學、加拿大大豪西大學及美國喬治城大學擔任國際法客座教授。近年來，多次赴大陸北京大學、武漢大學等校講學及參與國際學術會議。

劉容生 祖籍安徽，台北建國中學，主編「建中青年」。台灣大學物理學士，為台大自覺運動「新希望」雜誌創始人及主編。美國康乃爾大學 (Cornell University) 套用物理學博士。。曾擔任工業技術研究院光電所副所長。。擔任美國國防部研發總署 (DARPA) 大型計畫主持人，專長在高速光連線技術及套用，2000 年為美國「工業周刊」(Industry Week) 選為「50 研發傑出人才」，同年榮選為「美國光學學會」院士 (OSA Fellow) 及「中美光電學會」院士 (PSC

Fellow)，研究專長在半導體照明、高速光連線、及光電半導體元件，論文著作近百篇，美國專利及發明 28 件。國立清華大學副校長（台灣聯合大學系統）。

劉莞 山東聊城人，徐州工程學院人文學院講師，上海大學古代文學博士，中央研究院民族學研究所訪問學人，臺灣宜蘭大學生命教育研究室特約研究員，國家註冊心理諮詢師。隨筆文章散見於《中國時報》等報刊。

謝悅漢 政大畢業。新聞業，作家。文章散見於《亞洲週刊》、《超越新聞網》、《新大學》、《眾新聞》等。

謝焯珩 美籍華人，祖籍廣東開平。一九四六年生於廣州，少時移居香港並在該地完成中小學教育。其後以僑生身份留學台灣，就讀及畢業於國立台灣師范大學英語系，其間曾任港澳同學會會長，火炬雜志社社長。回港後從事教育，專任美術科教職。其後再留學進修美國尼佈拉斯加州協同師范大學教育碩士，主修教育行政。於一九七五年入籍美國，定居加州洛杉磯。美國生活期間，除正職從商外，活躍參予各界活動，包括僑社界，商政界，文藝界，體育界等。曾任十屆羅省中華會館秘書長，美國東西美術學會會長，首屆華裔民選官員協會執行總監等職務。

簡永松 1950 年代白色恐怖時期的政治犯。20 歲念大學時，看不慣當時國民黨極權又獨裁，四處向友人鼓吹造反，因為「意圖顛覆政府」，被判刑 10 年關到綠島。在獄中，簡永松認識了作家柏楊、《人間雜誌》創辦人陳映真，三人成為莫逆。
前金管會主委曾銘宗舉辦的一場金融科技專利公聽會，擁簡永松有台灣最多金融專利，甚至遠超越第二名國泰銀四倍。

顏元叔 台大外文系，美國威斯康辛州立大學英美文學博士，台大外文系主任，創辦中外文學、談江評論等雜誌，1968-1970 期間顏元叔和余光中老師是大學雜誌的專欄作家。

關品方 香港大學學士，日本一橋大學碩士，澳洲西悉尼大學博士，澳洲註冊執業會計師，國際企業管理顧問，香港經濟學會執行委員，前香港特區政府中央政策組特邀顧問，香港玉山科技協會名譽教育顧問，香港盲人輔導會／香港視網膜病變協會／光明行動慈善基金會理事，陳登社會服務基金會／香港大學畢業同學會教育基金會成員，香港大學評議會常務委員會成員，香港大學畢業同學會副會長。關教授是風險投資及專案融資專家。曾任職日本郵船，環球航運，花旗銀行，美林證券，長江實業集團，聯合技術集團，和邦控股集團，興科融資集團，澳洲上市公司鐳射控股集團，香港上市公司財華社集團，亞洲資源集團及中慧國際集團董事，耀中國際教育機構財務總監，深圳上市公司江陵汽車集團董事，珠海北師大／港浸大聯合國際學院教授兼工商管理學院院長，香港大學工商及經濟學院客席教授，香港浸會大學工商管理學院客席教授，清華大學長三角經濟發展研究所學術顧問，嶺南大學國際銀行及財務學碩士課程教授，香港大學工程學院電子商務及互聯網計算碩士課程教授。曾任香港大學浙江科學技術研究院行政院長，香港大學新聞及傳媒研究中心特別顧問，香港證券及投資學會董事兼考試審核委員會成員。現任杭州臨安青山湖科技城智庫首席顧問，香港臨安同鄉會名譽會長，香港杭州同鄉會理事，前海金融諮詢首席經濟顧問，珠海創科引聯總裁，上海橋悅物聯科技副主席，香港博雅國際教育（珠海）控股董事，浙商銀行獨立董事，香港國際經貿合作協會董事。

關於新大學網站

〈大學雜誌〉創刊於民五十七年元月一日。

2017 年，老大學雜誌的原創班底，張俊宏、許信良、邱立本、甄桑港、何步正，重會於臺北，共議成立〈新大學網站〉。首發總編輯，習賢德。接力總編輯，何步正。

於是，〈新大學網站〉—2017 年，在網上見。

〈新大學網站〉歡迎投稿，我們不付稿費，但會回告知讀者們的掌聲和罵聲。我們歡迎且鼓勵作者們一稿多投，甚或轉介友好網站刊登過的近期鴻作，字數不限。

我們網站：www.theintellectual.net

視頻 Utube：https://www.youtube.com/@user-ku9fu6ln2m

通訊電郵：theintellectualnet@gmail.com

友站推介

中美論壇社 https://www.us-chinaforum.org/；https://www.us-chinaforum.com/

中美論壇社的時論文章每星期全頁刊登在美南新聞、達拉斯日報、華府新聞日報、芝加哥時報四家大報，和美南新報、臺灣時報兩大報。

中美論壇發刊十年多以來，從全美各地，到台灣、香港和大陸，到歐洲、南美，到處都 有我們的讀者和作者，我們促進中美相互瞭解合作，促成海峽兩岸和平統一，倡導和諧平等多元 世界的宗旨也受到許多人的認同。

2015 年 8 月 15 日中美論壇社與洛杉磯郡政府，及美軍退伍軍人協會 共同舉辦 "紀念太平洋戰爭勝利 70 週年大會" 向美中參戰軍人致敬典禮盛況。

我們的文章除了在全美合作報社刊登外，有些文章也刊登在我們的戰略協作夥伴的刊物，包括台灣中國時報、台灣觀察雜誌社、中評智庫、台灣海峽評論社，及台灣新大學政論網站。三個月前，我們在新大學的網站上開啟了每週一次的中美論壇視頻 https://www.youtube.com/@user-ku9fu6ln2m。

我們歡迎讀者投稿和交流，請寄 USChinaForum@carr.com

中美論壇社年度理事會於 2016 年八月十二日上午在 LA Bob Hope Patric Hall 召開

平行政府 youtube：https://www.youtube.com/@pgtw0306

「平行政府」於 2023 年 3 月 6 日，節氣「驚蟄」當天正式開張（春雷一響，蟄伏之生命力破土而出……），臉書、Youtube、IG 當天早上同時上架。平行政府的工作室，名為「平行空間」，視頻之錄製、訪談、論壇、夏日大學、紀錄片放映及討論等皆在此進行，偶也做為招待所，提供同志好友談天說地。我們是如此自我定位：

平行政府是民間社會力的集結，與當權統治者處於平行抗衡的狀態。

平行政府堅定站在人民的立場，人民至上，公義至上、尊嚴至上。

平行政府開闊、靈動，與時俱進。對內：反惡政、反懶政、反庸政。對外：反對強權長臂管轄、反對代理人戰爭、反對軍火掮客大發災難財，力求促進世界各民族平等互惠，和平共處。

新國際 https://www.newinternationalism.net/

【新國際】全名「新國際理論與實踐中心」，是一個左翼的、進步的，著重於理論與實踐相結合，相互辯證發展的團體。網站刊頭語寫著：「思想的、戰鬥的、另類的，推動社會理論與實踐的辯證發展，解釋世界，改變世界。」為經常性組織論壇，探討時事議題，也刊登詩文創作、政治、社會、經濟等評論文章。

亞洲週刊 www.yzzk.com

《亞洲週刊》的廣告語是「全球視野，本土情懷」，最近則是「全球中文命運共同體」。該刊的讀者群以香港、新加坡、馬來西亞、台灣及中國大陸為主。大部分擁有高收入或較高的教育水平，約五成讀者屬於最高管理階層及商界、金融界人士。現任總編輯邱立本是香港僑生，政治大學經濟系畢業。

海峽評論 https://haixia-info.com/

《海峽評論》月刊 1991 年由王曉波教授創刊，王教授在創刊宗旨中說：「我們是一群無拳無勇，無權無勢的知識份子，我們自認為有權力，也有責任為不被「有力者階級」蠱惑而心存祖國統一的台灣同胞代言，我們創刊本誌，希望能結合海外及海峽兩岸的中國人共同討論祖國統一、中國前途和世界和平的問題，並把我們的知識和智慧貢獻於台灣社會，祖國統一和世界和平，也希望海內外與海峽兩岸的朋友們能給我們批評和指教。我們的宗旨是：一、政治民主，社會平等。二、兩岸整合，祖國統一。三、復興中華，世界和平。」創辦人 2020 年 7 月 30 日逝後，社內同仁秉持這一宗旨，繼續為國家的完全統一奮鬥，為中華民族的復興盡一分力。

國家圖書館出版品預行編目(CIP)資料

戰鼓擂 良雞叫：新大學網站文摘選/何步正策畫
編著. -- 初版. -- 臺北市：華品文創出版股份有限公司,
2023.11
　　　面；　公分
ISBN 978-986-5571-80-1(平裝)

1.CST: 言論集
078　　　　　　　　　　　　　　　　112018085

戰鼓擂 良雞叫
新大學網站文摘選

策畫編著：　　何步正
總經理：　　　王承惠
財務長：　　　江美慧
印務統籌：　　張傳財
業務統籌：　　龍佩旻
行銷總監：　　王方群
美術設計：　　劉小文

出版者：　　　華品文創出版股份有限公司
公司地址：　　100台北市中正區重慶南路一段57號13樓之1
物流地址：　　221新北市汐止區大同路一段263號9樓
讀者服務專線：(02)2331-7103
倉儲服務專線：(02)2690-2366
E-mail：　　　service.ccpc@msa.hinet.net
總經銷：　　　大和書報圖書股份有限公司
地址：　　　　242新北市新莊區五工五路2號
電話：　　　　(02)8990-2588
傳真：　　　　(02)2299-7900

印刷：　　　　卡樂彩色製版印刷有限公司
初版一刷：　　2023年11月
定價：　　　　平裝新台幣380元
ISBN：　　　　978-986-5571-80-1